LA GRAN DESAPARICIÓN

LA GRAN DESAPARICIÓN

31 MANERAS DE ESTAR PREPARADO PARA EL RAPTO

DR. DAVID JEREMIAH

PATMOS

La gran desaparición: 31 maneras de estar preparado para el Rapto.

Publicado por Editorial Patmos,
Miramar, FL 33027.

Publicado originalmente en inglés por W Publishing, un sello de Thomas Nelson, Nashville, Tennessee, en asociación con Yates & Yates, con el título *The Great Disappearance* © 2023 por David Jeremiah.

Traducido por Yvette Fernández Cortez.

ISBN: 978-1-64691-333-6
ISBN: 978-1-64691-334-3 (eBook)

Categoría: Vida cristiana / Escatología.

Impreso en Colombia | *Printed in Colombia*

Para Donna Jeremiah
Durante sesenta años has sido mi gran amor… mi amiga más cercana… mi más intensa animadora. Hemos hecho una vida juntos. Hemos escrito libros juntos. ¡Este está dedicado a ti!

TABLA DE CONTENIDO

INTRODUCCIÓN

Usted y yo tenemos el privilegio de estar firmes en la cresta de la ola de la profecía; vivir en una época más cercana al regreso de Jesucristo que cualquier otra generación en la historia del mundo. Percibimos la cercanía de su regreso. Vemos las señales de los tiempos. Sabemos que el mundo está alcanzando el punto climático de una crisis sin igual.

Las armas nucleares ahora son lo suficientemente sofisticadas y lo suficientemente pequeñas como para llevarlas en la mano; tales armas incluso tienen un apodo: «arma nuclear táctica». La economía mundial está colgando de un hilo de telaraña. La fragmentación política parece estar sucediendo simultáneamente en cada continente. Y los -ismos —secularismo, islamismo radical, comunismo, totalitarismo y terrorismo— se están esparciendo sobre las naciones como un caso desenfrenado de hiedra venenosa.

Estas realidades nos asustan y son desgarradoras, pero a mí me parece que también son emocionantes porque presagian el regreso de Cristo. El pensamiento de ver a Cristo me ha emocionado durante muchos años y, al igual que a usted, he tenido el privilegio de vivir en una época donde podemos rastrear las profecías de la Palabra de Dios cumpliéndose ante nuestros propios ojos.

También me siento honrado de haberme conectado, de una manera pequeña, con dos de los libros proféticos o series de libros más importantes que se hayan escrito.

Empecé mi carrera pastoral en 1969 cuando mi esposa, Donna, y yo, junto con otras siete familias, empezamos la *Blackhawk Baptist Church* en Fort Wayne, Indiana. En 1970, el segundo año de mi ministerio pastoral allí, Hal Linsey publicó un libro titulado *La agonía del gran planeta Tierra*. El libro salió a la venta unos años antes de *La guerra de los seis días* en el Medio Oriente, cuando la gente estaba enfocada en los eventos extraordinarios que se estaban desplegando en Israel.

Este libro llevó el mensaje de la profecía bíblica a las conversaciones del día a día, y se convirtió en el libro de hechos reales más vendido de los años setenta. Vendió más de veintiocho millones de copias antes de 1990 y, con el tiempo, fue traducido en más de cincuenta idiomas. Algunos expertos lo han calculado, todos los libros vendidos de Lindsey fueron más de treinta y cinco millones de copias.[1]

Hal Lindsey se graduó en el Seminario Teológico de Dallas, el mismo seminario del que yo me gradué en 1967. Ambos tuvimos el privilegio de aprender de algunos de los más grandes maestros de la profecía bíblica en la era moderna con profesores como Dwight Pentecost, John Walvoord y Charles Ryrie. En su libro, Lindsey tomó las verdades teológicas que aprendió en el seminario acerca de las porciones proféticas de la Escritura, así como la sabiduría de sus propios estudios subsecuentes y los conectó a los eventos en el presente y el futuro.

La coautora del libro de Lindsey era una mujer piadosa y dotada llamada Carole Carlson. A principios de los ochenta, conocí a Carole y a su esposo, Ward, en la conferencia *Forest Home Bible* en California, donde yo era uno de los disertantes. En algún momento de esa semana, Donna y yo nos reunimos a tomar café con Carole, y ella sugirió que quizá podría ayudarme a que algunos de mis sermones proféticos se publicaran.

De esa conversación surgieron dos libros. El primero, *La escritura en la pared*, que salió a la venta en 1992, que plasmaba el mensaje del libro de Daniel en el Antiguo Testamento. *Escape de la noche que viene*, un comentario contemporáneo en el libro de Apocalipsis, en el Nuevo

Testamento, fue lanzado el primer día de la Guerra del Golfo y llegó a ser mi libro más vendido de todos los tiempos.

Recuerdo con cariño las horas que Carole y yo pasamos juntos, hablando sobre profecía y discutiendo cómo hacer que cobrara vida para nuestros lectores. Desde entonces, tanto Carole como Ward han pasado a la presencia del Señor. Sin embargo, están vivos todavía al día de hoy, no solo en el cielo, sino también en los libros que ayudaron a dos autores a crear.

Al final de los setenta y al principio de los ochenta desarrollé una relación con un pastor de California llamado Tim LaHaye. Por la providencia de Dios, me llamaron para ser su sucesor a la entonces llamada Iglesia Bautista Scott Memorial en San Diego, California. Hoy en día, esa iglesia es *Shadow Mountain Community Church.* Después de cuarenta y dos años, todavía soy el pastor de esa iglesia. Me llena de gratitud pensar en que Tim LaHaye y yo hemos pastoreado la misma iglesia durante más de sesenta años.

A principios de los noventa, Dios colocó una carga sobre el corazón del Dr. LaHaye durante el vuelo de regreso a casa después de un compromiso para predicar. Tras un estudio fuerte de las Escrituras, él había llegado firmemente a la conclusión de que todos los creyentes cristianos serían separados del mundo antes de la tribulación por medio de un evento llamado el Rapto.

Ese día, en el avión, no pudo evitar darse cuenta de que uno de los pilotos estaba coqueteando con una de las azafatas. El piloto tenía puesta una argolla de matrimonio. El doctor LaHaye pensó para sí: *¿Qué pasaría si este fuera el momento que Dios eligió para quitar a sus creyentes fieles de la tierra, dejando perplejos a miles de millones de incrédulos? ¿Qué pasaría si el Rapto sucediera mientras yo estuviera montado en un avión?*

Fue entonces cuando decidió escribir un relato ficticio de lo que podría suceder en la tierra en los momentos posteriores al retorno del Señor en los cielos para llevarse repentinamente a todos los cristianos al cielo.

Para escribir las series, el doctor LaHaye unió fuerzas con un autor experimentado llamado Jerry Jenkins. El primer libro, *Dejados atrás*, se publicó en 1995. Si usted lo ha leído, probablemente recuerda la escena inicial, la cual presenta a un piloto aviador a quien una azafata frenética interrumpió diciéndole que docenas de pasajeros habían desaparecido. Solamente faltaban los cuerpos; todo lo demás: ropa, zapatos y hasta los empastes de oro, quedaban.

¡Qué gran escena de apertura para una novela, especialmente una basada en las verdades bíblicas a punto de desplegar una profecía!

Ese libro y los quince posteriores vendieron cerca de ochenta millones de copias. Los últimos seis volúmenes de la serie, debutaron cada uno como número uno, en los listados de los más vendidos, incluyendo *New York Times, USA Today, Publishers Weekly* y el *Wall Street Journal.* Dos de los libros se convirtieron en películas, y toda la serie inspiró a la creación de una colección infantil de los libros *Dejados atrás.*

Incluso mientras escribo estas palabras hoy, una nueva película de *Dejados atrás* ha sido lanzada, más de dos décadas después de que se publicara el primer libro.

Tuve el honor de caminar a través de algunos de esos días emocionantes con mi amigo Tim LaHaye. En varias ocasiones él me invitaba a almorzar y me regalaba una copia firmada de su publicación más reciente de la serie.

Le debo mucho a Hal Lindsey y a Tim LaHaye. Ellos me ayudaron a entender cuán importante es enseñar las Escrituras proféticas. Las cuales, por cierto, constituyen el 27 % de la Biblia. Creo que una de las razones por las que Dios bendijo estos libros excelentes, escritos por Lindsey y el doctor LaHaye, fue esta: el Rapto es el evento central en cada serie.

El Rapto también es el evento central en la profecía bíblica.

Mark Hitchcock escribió: «Más que cualquier otra cosa, estudiar el fin del mundo me ha ayudado a entender toda la Biblia. Y aunque hay muchas verdades acerca del fin del mundo que han impactado profundamente mi vida, una verdad sobresale de entre las demás: el Rapto».[2]

¿Quién entre los seguidores de Jesús no estaría emocionado al oír el sonido de la trompeta, oír el grito del ángel y sentir el jalón hacia arriba de la gracia magnética y eufórica de Dios llamándonos a salir de este mundo y permitiéndonos ver a nuestro Señor Jesús cara a cara? En este libro, presentaré mis puntos de vista, profundamente guardados, sobre el tiempo del Rapto en el programa general de Dios para el fin del mundo. Sin embargo, la mayor verdad acerca del Rapto no es el tiempo, sino su realidad; pues benditos son todos los que con amor hayan esperado su venida (2 Timoteo 4:8).

¡Cuánto necesitamos esta esperanza! Es nuestra esperanza gloriosa en un mundo lleno de desesperación. Pedro habló de cuán maravilloso es estar «aguardando estas cosas» (2 Pedro 3:14).

Sí, pero usted tiene preguntas, ¿no es así? Preguntas sobre el Rapto. Preguntas acerca del tiempo y la secuencia. Preguntas que empiezan con «¿Quién?», «¿Qué?», y «¿Cuándo?».

Por eso, me he entregado completamente a este libro. Es la culminación de décadas estudiando este tema. En las páginas siguientes, explicaré el significado de la palabra *Rapto*, la diferencia entre el Rapto y la Segunda Venida, y el gozo de la espera a que nuestro Salvador venga en cualquier momento; una doctrina a la que llamamos el inminente regreso de Cristo.

¿Qué hay del caos que resultará en la tierra? Veremos eso también.

La verdad del Rapto se enseña a lo largo de la Escritura; sin embargo, tres pasajes surgen por encima del resto como las cimas de los Pirineos: Juan 14, 1 Corintios 15, y 1 Tesalonicenses 4. Estudiaremos cada uno de ellos a profundidad.

¡Probablemente se sorprenderá al enterarse de que algunas personas ya han sido raptadas! *¿Qué?* Es cierto, y yo se las voy a presentar.

También vamos a lidiar con preguntas muy prácticas, como estas: ¿Serán raptados los niños? ¿Qué sucederá con nuestros cuerpos al momento de la resurrección? ¿Cómo serán nuestros cuerpos glorificados? ¿Nos reconoceremos unos a otros después de la resurrección? ¿Y qué sucederá en los días y años inmediatamente después de que seamos raptados? ¿Qué nos sucederá? ¿Tendrán los que se quedan una oportunidad para recibir a Cristo como su Salvador?

Vamos a resolver todo eso y más.

Hay una cosa que *no* encontrará en este libro: el día y la hora del regreso de Cristo. Ninguno de nosotros lo sabe, y la Biblia advierte sobre intentar predecirlo. Sabemos que no fue ayer; pero no sabemos si el Rapto podría llegar dentro de diez años, mañana… u hoy.

Pero cuando llegue, todos lo sabremos. Será la Gran Desaparición, el momento en que miles de millones de personas desaparecerán repentinamente de la faz de la tierra, junto con miles de millones de cadáveres volviendo a la vida y ascendiendo a encontrarse con el Señor en el aire. ¡Imagine la emoción de los que se van y el terror de los que se quedan!

En este libro, estaremos tratando con la verdad bíblica; la verdad que lo afianza, lo anima, lo motiva, lo purifica y le da una esperanza alentadora en días sombríos. Esto es algo para pensar al momento del amanecer y al de retirarse a dormir por la noche. Esto no es solo la luz al final del túnel; es la luz que proclama la eternidad, el cielo y el cumplimiento de todo lo que Dios les ha prometido a sus hijos.

Esta es la verdad que el Salvador pronunció cuando dijo: «vendré otra vez y los tomaré adonde Yo voy» (Juan 14:3).

Es la verdad que Pablo proclamó cuando dijo que el Rapto podría suceder «en un momento, en un abrir y cerrar de ojos, a la trompeta final» (1 Corintios 15:52).

Esta es la verdad expresada en estas palabras infalibles e inolvidables: «Pues el Señor mismo descenderá del cielo con voz de mando, con voz de arcángel y con la trompeta de Dios, y los muertos en Cristo se levantarán primero. Entonces nosotros, los que estemos vivos y que permanezcamos, seremos arrebatados juntamente con ellos en las nubes al encuentro del Señor en el aire, y así estaremos con el Señor siempre» (1 Tesalonicenses 4:16-17).

Mi oración por usted es que, cuando lea este libro, llegue a estar tan emocionado con este tema que lo mantendrá presente en todo momento. Debemos enseñarles estas cosas a nuestros hijos y nietos, compartirlas con los demás, proclamarlas en nuestros púlpitos y predicarlas desde los tejados.

Acompáñeme en los siguientes treinta y un capítulos para que llegue a estar preparado para el Rapto, animado, emocionado y lleno de un gozo que hará que los demás le pregunten sobre ello cuando vean la esperanza que hay en usted.

Que el Señor lo bendiga a medida que espera con impaciencia la inminente aparición de Jesús en los cielos. Y mientras esperamos, que nos consolemos unos a otros con estas palabras.

CAPÍTULO 1

CAOS EN LA TIERRA

Imagine un Momento que viene pronto a nuestro planeta y que cambiará todo y a todos eternamente. Imagine a personas indecisas, que no saben lo que sucederá y que están siguiendo sus intereses, apurándose, tratando que sus vidas tengan sentido. Dependiendo desde dónde mire en nuestro mundo, la escena podría ser muy distinta; sin embargo, es la misma en muchas maneras.

En Estados Unidos, en China, en Argentina, en Indonesia, en Kazajstán.

Las personas aman, trabajan y anhelan.

Ese día, en todo el mundo, miles de millones estarán comiendo y bebiendo, casándose y dándose en casamiento, celebrando cumpleaños, batallando con la enfermedad, cavando tumbas. La gente estará levantándose o yendo a dormir, trabajando o jugando, disfrutando sus placeres o satisfaciendo sus vicios.

Trato de imaginar que estas cosas están sucediendo por todo el mundo, desde la salida del sol hasta el lugar donde se esconde. ¿Qué pensará la gente cuando llegue el Momento?

Me pregunto qué dirán los titulares en la mañana de ese día. Guerras y rumores de guerras. Terremotos. Hambrunas. Voces fuertes engañando a muchos. Leyes nuevas. Mentiras viejas. Nuevos dilemas. Una nación levantándose contra otra nación, reino contra reino. Algunas partes del mundo podrían reportar un terremoto, una hambruna o una plaga.

¿Serán las noticias escritas por inteligencia artificial? ¿Podrá la gente distinguir entre la verdad y la ficción?

Me pregunto cómo estará el clima ese día. ¿Soleado en un lugar, nublado en otro? Algo está por suceder en el cielo, ¡si tan sólo la gente viera hacia arriba con expectación! En los ámbitos nunca antes vistos se reúne la gloria del Señor, los ángeles están congregándose y los cielos se preparan para abrirse. Sin embargo, la mayoría de las personas están viendo sus teléfonos, son adictos a los mensajes más recientes o a los pecados más antiguos.

Me pregunto qué estarían haciendo los cristianos ese día. ¿Estarán igual de sorprendidos que todos los demás cuando suceda el Rapto? ¿Estarán entusiasmados, preparados y esperando?

¿Puede ver las masas yendo y viniendo como normalmente lo hacen? Millones de personas andando por todas partes, todo el día en las calles de Nueva York, Tokio, Mumbai, preocupándose por su dinero, preguntándose sobre sus relaciones, ansiosos por su imagen, pendientes del mercado mundial de valores, de la música más reciente, los últimos resultados deportivos.

Será un día común y corriente en este planeta… hasta que, repentinamente, ya no lo es.

Miles de millones de personas… desaparecidas en un destello más poderoso que un estallido atómico, pero en silencio. ¡Invisible! ¡Repentino! ¡Inexplicable!

Trate de imaginar este Momento extraordinario en el planeta Tierra. Cada uno de los seguidores de Jesucristo, así como todos aquellos bajo la edad de responsabilidad —todos los bebés, niños pequeños y personas mentalmente discapacitados— desaparecieron en un destello junto con los que han muerto en Cristo.

Los cadáveres desaparecerán de sus féretros en las funerarias de todo el mundo. Los pacientes se desvanecerán de las camas del hospital. Los bebés, de sus cunas y los niños de sus salones de clase.

Imagine a los vehículos cayendo de las autopistas sin los pilotos, submarinos nucleares sin comandantes, naciones sin líderes, padres con niños perdidos.

En varias partes del mundo, las congregaciones cristianas están reunidas para adorar. Repentinamente, el edificio queda vacío, o casi vacío, mientras que las iglesias reanudan sus servicios ¡en el cielo! Los soldados estarán perdidos en acción. Los proveedores de servicios de emergencia hallarán sus números telefónicos exhaustos. Las prisiones estarán parcialmente vacías, especialmente aquellas que estaban llenas de cristianos bajo persecución.

Los informes de los noticieros se propagarán como un incendio forestal; sin embargo, la prensa cristiana estará extrañamente callada. No habrá creyentes para reportar las noticias.

La gente estará en una búsqueda frenética de sus seres queridos, pero las llamadas telefónicas irán al correo de voz y los textos no serán respondidos.

En el mundo de hoy, el caso de solo una persona desaparecida puede paralizar la nación. ¿Y si fueran mil millones? ¿Qué pensará la gente? ¿Qué pánico sentirán? ¿Qué teorías aceptarán?

El FBI ha estado durante años rastreando casos de personas desaparecidas. La agencia tiene una página web dedicada a eso, con una fotografía tras otra de quienes se desconoce su paradero. Parece que estas sencillamente se desvanecieron. Muchas veces, el crimen está involucrado. En prácticamente cada caso, las familias quedan destrozadas y desconsoladas, la vida comunitaria está trastornada y los cuerpos policiales, enfocados en la solución del misterio.

El caso activo más antiguo de una persona desaparecida en Estados Unidos involucra a Marvin Clark, quien desapareció el 30 de octubre de 1926, cuando iba en camino a visitar a su hija en Portland, Oregón. Él viajaba en autobús. Lo abordó en Tigard, Oregón, pero olvidó bajarse en su destino. Él sencillamente desapareció. En ese tiempo, él estaba en sus setentas, y su caso todavía está abierto. Las autoridades siguen buscando sus restos… si es que queda alguno.[1]

Uno de los casos más extraños de personas desaparecidas en Canadá involucra a Granger Taylor, de treinta y dos años, de British Columbia. El 29 de noviembre de 1980, él dejó una nota para sus padres diciendo: «Queridos madre y padre, me fui para abordar una nave espacial de extraterrestres, ya que unos sueños recurrentes aseguran un viaje interestelar de 42 meses para explorar el vasto universo, y luego regresar. Les dejo todas mis posesiones porque ya no… necesitaré hacer uso de ellas».[2]

Nadie ha visto a Granger desde entonces.

Que quede claro que no creo que él haya sido raptado por los extraterrestres, pero puedo ver cómo el mundo estará paralizado por mil teorías de conspiración en consecuencia de la llegada del Rapto. El pánico mundial ayudará a preparar el camino para un gobierno mundial único, el surgimiento de un gobernante de mano dura y el comienzo de la tribulación.

Será un caos total en una escala imposible de imaginar para quienes se queden.

Durante la mayor parte de mi vida he estado pensando en este preciso día: el Momento vaticinado cuando Jesús vuelva a entrar en la atmósfera de la tierra en busca de su iglesia. La razón por la que pido que imagine esto se debe a que yo he estado haciendo lo mismo durante décadas. Es difícil entender el pandemonio que envolverá a nuestro planeta cuando Jesús cumpla su promesa de venir a recoger a su pueblo.

Creo que esto nos sirve para visualizar el día de la mejor manera que podamos.

Después de que me gradué del seminario, llegué a ser el director de jóvenes de una iglesia muy grande en Nueva Jersey. Se requiere de una habilidad especial para trabajar con los adolescentes, y no me importa decirle que yo estaba nervioso respecto a identificarme con ellos y ellos conmigo.

No pude evitar cuando el pastor general me dijo que mi primer contacto con el grupo sería en una conferencia de verano donde yo iba a enseñarles durante toda la semana un estudio sobre la profecía bíblica. ¡Nunca había tenido una tarea tan desafiante!

Afortunadamente, alguien me había dado una copia de un periódico ficticio diseñado para mostrar los eventos y los titulares en el día del Rapto. Los titulares decían:

¡MILLONES DE PERSONAS DESAPARECIDAS!

¡LOS AVIONES SE DESPLOMAN!

¡NIÑOS DESAPARECIDOS! ¡PÁNICO EN LAS CALLES!

En la primera noche de la conferencia, les pedía a algunos de los chicos que representaran el papel histórico de los voceadores y que fueran a través del grupo gritando «¡Extra! ¡Extra! ¡Entérese de todo!». En poco tiempo, los adolescentes devoraban el periódico.

El artículo principal empezaba: «A las 12:05 de la mañana, un operador de teléfono reportó tres llamadas frenéticas acerca de la desaparición de algunos familiares. En los quince minutos siguientes, todas las vías de comunicación estaban repletas con preguntas similares. Una inspección sorpresa de toda la nación encontró la misma situación en cada ciudad. Los esposos buscaban sollozando información sobre la misteriosa desaparición de sus esposas. Un esposo informó: "encendí la luz para preguntarle a mi esposa si se había acordado de poner el reloj, pero ella ya no estaba. Su ropa de dormir estaba allí. Su reloj estaba en el suelo, pero ella había desaparecido"».

Otro titular decía:

¡EN LA NACIÓN MUEREN MULTITUDES DE ATAQUES AL CORAZÓN!

Puedo decirle que esos adolescentes no se quedaron allí distraídos durante mis charlas acerca de la profecía. ¡Ellos querían saber los detalles!

Esto no fue hipotético, les dije, sino profético. La misma Biblia que describe a nuestro Señor Jesús ascendiendo al cielo y desapareciendo en las nubes también nos habla de su regreso inminente por su pueblo. Por razones que explicaré en este libro, lo llamamos el Rapto. Es la resurrección de aquellos que murieron en Cristo, seguidos inmediatamente por el «arrebatamiento» de la última generación de cristianos sobre la tierra.

El doctor Tim LaHaye sopesó en detalle este día que se acerca. Dijo que en el Momento del Rapto «un millón de conversaciones terminarían a medio decir. Un millón de teléfonos dejarán de funcionar repentinamente. Una mujer buscará alcanzar la mano de su esposo en la oscuridad, y nadie estará allí. Un hombre girará riéndose para dar una palmada en la espalda a su colega y su mano se moverá a través del vacío. Un jugador de basquetbol hará un pase largo a su compañero de equipo al otro lado del campo, solo para encontrar que nadie está para recibirlo».[3]

Esto no es ciencia ficción, teoría de la conspiración o especulación distraída. Cuando Cristo venga por su pueblo, será en un parpadeo. La trompeta sonará, el Señor hablará fuerte con voz de autoridad, los muertos se levantarán y nosotros, los que estamos vivos, seremos llevados en el aire a unirnos con el Señor en el cielo.

Entre los resucitados y los raptados, miles de millones de personas saldrán de este planeta en un instante. Pero miles de millones de personas se quedarán. Será un caos en nuestro planeta, pero un gozo glorioso e increíble en los cielos.

Esto es el Rapto: la Gran Desaparición. He estado estudiándolo en las Escrituras durante toda mi vida adulta, y ahora quiero escribir acerca de eso tan plenamente como pueda. Es muy importante saber lo que dice la Biblia acerca de este día que está por venir, el próximo evento en la agenda profética de Dios para la tierra.

Creo que quedará fascinado, motivado y altamente animado cuando estudie las páginas siguientes. Más que nada, espero que estará bien preparado para ese día.

Una cosa es tratar de imaginar ese día y otra, ver lo que la Biblia habla verdaderamente acerca de quién, por qué, dónde, cuándo y cómo. Yo creo que las Escrituras son claras, y quiero mostrarle en la Palabra de Dios, los pasajes pertinentes que discuten este tema. Eso se debe a que nosotros no solo debemos imaginarlo, sino anticiparnos a ello con todo nuestro corazón y que estemos viendo hacia el futuro con toda nuestra alma.

No deje de leer este libro todavía. Solo cambie la página y empecemos. Después de todo, el tiempo es corto. Estoy ansioso de que usted vea lo que está adelante. El Momento puede llegar en cualquier momento.

¡Incluso ahora mismo!

CAPÍTULO 2

UN GRAN DÍA

En todas sus mansiones, no hay una habitación lo suficientemente grande para todos sus premios. Sir Paul McCarney podría quedar en la historia como el músico más grande de todos los tiempos; un miembro fundador de los *Beatles* y un hombre que llegó a ser, como el Libro de los Récords Mundiales Guinness lo dice: «el más exitoso de los músicos y compositores en la historia de la música popular»[1] del planeta.

Sus seguidores saben que ha sido un recorrido difícil. Algunos de los días más duros de McCartney fueron después de que los *Beatles* se separaron. McCartney cayó en un lugar oscuro. Permaneció en su casa de Escocia fumando marihuana y emborrachándose. Perdió la esperanza. Después de todo ¿cómo puede uno superar a los *Beatles*? ¿Existe la vida después de una experiencia como esa?

El cambio radical de McCartney empezó cuando le vinieron los acordes de una canción, una en la que él había estado trabajando de vez en cuando. La música hizo que se sintiera optimista, y él la integró en una canción para sus hijos. La grabó unos años después, pero para él, era una canción personal de esperanza.

El nombre que le puso a la canción fue «Gran Día». La letra hablaba de un día futuro que se acercaba. Y que sería ¡un «Gran Día»! Y que no tardaría en llegar, así que era algo muy deseado... algo digno de celebrar.

McCartney explicaba: «Me gustaba la idea de una canción diciendo que la ayuda está por llegar y que hay una luz brillante en el horizonte. No he recibido, en lo absoluto, una evidencia de esto, pero quiero creerlo. Ayuda a levantarme el espíritu».[2]

Paul McCartney no se da cuenta de cuán cerca está de la verdad. Hay un Gran Día que está por llegar; y no tardará. Hay una luz brillante en el horizonte, y tenemos evidencia suficiente de ello. Tenemos evidencia bíblica, y vaya que sí, ¡levanta nuestros espíritus!

Jesucristo regresa por nosotros; y ¡pronto!

Si tan solo McCartney se diera cuenta de eso. Si tan solo el mundo entero —este mundo lleno de falta de esperanza y desesperación— se diera cuenta de esta verdad en la Escritura: «Cercano está el gran día del Señor, Cercano y muy próximo» (Sofonías 1:14).

El apóstol Pablo hablaba con emoción acerca de la corona celestial que le aguardaba, «que el Señor, juez justo, me dará en aquel gran día. Y no sólo a mí, sino a todos los que con amor esperan su venida» (2 Timoteo 4:8, NBV).

Este es un libro acerca del Gran Día que se acerca; el día del Rapto. La fecha exacta ya está marcada en el calendario de Dios. No estamos enterados de esos registros, pero el año, el mes, el día, la hora, el minuto y el segundo están guardados en el programa de Dios para nuestro planeta.

El Rapto es un evento en el futuro inmediato cuando todos nosotros, vivos o muertos, que hemos puesto nuestra confianza en Jesucristo por la salvación y la vida eterna, seremos repentinamente arrebatados de esta tierra y llevados al cielo. Nos reuniremos con nuestros seres queridos que nos precedieron en la muerte. Conoceremos al Señor en persona, quien nos guiará al cielo para que vivamos eternamente en armonía perfecta con Dios.

John Walvoord consideraba el Rapto como un evento central en la profecía bíbilica, escribiendo: «El Rapto de la iglesia es una de las profecías prácticas más importantes en las Escrituras para los creyentes de la actualidad. Es una parte esencial de las muchas otras profecías en las Escrituras. Aunque el Rapto es solamente una fracción pequeña de un gran cuerpo de profecía bíblica, sobresale como una de las más importantes».[3]

¿Por qué es este día tan grande?

Trataré esa pregunta a lo largo de este libro, pero permítame presentarle unos avances.

ES UN GRAN DÍA DE ESPERANZA

La Biblia utiliza repetidamente la palabra *esperanza* para describir los sentimientos que debemos tener ahora debido a este evento inminente. Pedro la llamaba una «esperanza viva» (1 Pedro 1:3), y dijo que nosotros podríamos descansar plenamente en esa esperanza mientras esperábamos la venida de Jesús (v. 13). El escritor del libro de Hebreos la llamó «la esperanza puesta delante de nosotros» (6:18) y «ancla del alma» (v. 19). El apóstol Pablo la llamó «esperanza bienaventurada» (Tito 2:13), él dijo que esta esperanza nunca nos desilusionará (Romanos 5:5).

Cuando la Biblia usa la palabra *esperanza* en este sentido, no significa simplemente un deseo que podría o no suceder. Significa la «entusiasta expectativa» de algo que definitivamente sucederá, que viene de manera rápida e inminente.

La esperanza bíblica es la emoción que sentimos hoy acerca de lo que Jesús hará mañana.

En otras palabras, cuando comprendemos la realidad de que se acerca el Rapto, esto pone los eventos del presente en una perspectiva feliz. El mal tiene un final. El sufrimiento tiene fecha de vencimiento. Hay un Gran Día que está por llegar cuando nos damos cuenta de que los sufrimientos del mundo presente no merecen ser comparados con la gloria de lo que está a punto de ser revelado (Romanos 8:18).

La energía que surge a través de nosotros cuando sopesamos esta realidad... bueno, eso es lo que la Biblia llama *esperanza*.

ES UN GRAN DÍA PARA VOLVER A CASA

El Rapto también será el día para volver a casa cuando nos reunamos con toda la familia de Jesucristo y conoceremos a quienes se nos han adelantado. En este pasaje primordial acerca del Rapto en 1 Tesalonicenses 4, Pablo se empeña en enfatizar este aspecto del Gran Día para que los cristianos afligidos no «se entristezcan como lo hacen los demás que no tienen esperanza» (v. 13).

Mark Hitchcock escribió: «La verdad del Rapto es una fuente de consuelo sobrenatural y una esperanza para todo el pueblo de Dios cuando un ser amado o amigo creyente va a casa a estar con el Señor. Estas palabras [en 1 Tesalonicenses 4] seguramente se han leído en miles de funerales a lo largo de los siglos».[4]

¡Haber visto esa declaración me impresionó! He leído muchas veces 1 Tesalonicenses 4:13-18 en funerales y servicios al lado de la tumba, pero nunca pensé que otro pastor estuvo haciendo lo mismo hace 100 años, y hace 1.000 años, y hace 1.500 años, y hace 1.900 años. Todos hemos estado cerca de una tumba abierta, leyendo el mismo pasaje, literalmente desde el tiempo de Pablo hasta ahora. Y, sin duda alguna, en este preciso día alrededor del mundo, hay pastores devotos que están leyendo este texto al momento de que los cristianos fieles ¡se dirigen al hogar celestial!

Quizás no haya otras palabras que alguna vez hayan dado más esperanza a más personas en más lugares durante los momentos de cruda aflicción.

ES UN GRAN DÍA DE SANIDAD

Como veremos, el momento del Rapto va a ser el evento de sanidad más grande de todos en la historia de la humanidad. ¡Habla acerca de un servicio de sanidad! Durante su ministerio en la tierra, Jesús sanó a muchas personas; sin embargo, en este día, él va a sanar a todos sus creyentes de manera total e instantánea y para toda la eternidad; sin importar si todavía están vivos o si han muerto. Los sanará de cualquiera y de todas las enfermedades del cuerpo, la mente o el alma.

Imagine un caso terrible como el cáncer. (Muchos de nosotros no tenemos que imaginarlo; ya hemos pasado por eso). Estamos hospitalizados recibiendo varias dosis de medicamentes que, al momento, parecen enfermarnos más. Repentinamente, en un abrir y cerrar de ojos, estamos completamente sanos. La edad de la vejez será revertida, y las deformidades físicas serán corregidas; todo en un instante. La sanidad total de cada seguidor de Cristo será inmediata.

Los muertos resucitarán incorruptibles, y todos los que estamos vivos seremos arrebatados hacia el cielo con cuerpos nuevos y glorificados. Estoy ansioso por llegar al capítulo que trata detalladamente esta promesa.

ES UN GRAN DÍA DE FELICIDAD

Exactamente, la palabra *Rapto* viene de un término descriptivo que significa felicidad desenfrenada. La gente habla acerca un evento triunfante, y este será el evento máximo. De hecho, pensar acerca del Rapto me trae felicidad ahora mismo, y por esa razón es que estoy escribiendo este libro, para compartir esa misma información maravillosa con usted.

Sin embargo, ¡nuestra felicidad no se puede comparar a la euforia del Rapto propiamente dicho!

Piense en esto: no es solamente una alegría para usted y para mí. Imagine cuán felices se sentirán los santos resucitados, cuán encantados estarán los ángeles y piense en el gozo que inundará el rostro de nuestro Señor Jesús cuando se reúna con sus hijos en el Hogar.

Con frecuencia, los psicólogos hablan de «desencadenantes mentales». A veces, estos son negativos. Cierto sonido, olor o recuerdo puede desencadenar una emoción negativa, como las que suceden por el sufrimiento de problemas postraumáticos. Pero también existen los desencadenantes positivos. Por ejemplo, un versículo en marcado en la pared; una pausa a media mañana para respirar profundamente, una consigna para empezar el día; un himno inspirador.

Durante el curso de este libro, voy a citar muchos, muchos versículos de la Biblia. Algunos serán de tres versículos principales en Juan 14, 1 Corintios 15 y 1 Tesalonicenses 4. Sin embargo, habrá muchos otros... demasiados como para que yo pueda contarlos en este momento. Le animo a seleccionar uno o más de esos versículos. Esté pendiente de ellos. Cuando lleguemos a un versículo que le habla especialmente a usted y le da un rayo de alegría, subráyelo o resáltelo. Luego escoja dos o tres de sus favoritos, memorícelos, conviértalos en coros, colóquelos donde pueda verlos diariamente, compártalos, y deje que le sirvan como desencadenantes mentales para el resto de su vida.

El Rapto nos da felicidad mientras lo sopesamos ahora, seguido por un gozo indescriptible cuando suceda.

ES UN GRAN DÍA DE SANTIDAD

El Día del Gran Rapto también se caracterizará por una santidad total y universal. Cuando seamos arrebatados al cielo, dejaremos atrás todas nuestras faltas y fracasos, nuestra lástima y vergüenza, nuestras debilidades y aflicciones. Seremos transformados, no solo físicamente, sino espiritualmente. ¡Seremos santificados desde todo punto de vista!

Cuando recibimos a Cristo como Salvador, se nos declara santos ante los ojos de Dios. Sin embargo, nuestra condición no siempre iguala a nuestra posición. Nos esforzamos diariamente para vivir al nivel del ejemplo supremo de Cristo. Pero en ese día futuro, nos volveremos santos en cada pensamiento, palabra, hecho y actitud.

El apóstol Pablo dijo: «Estoy convencido de esto: el que comenzó tan buena obra en ustedes la irá perfeccionando hasta el día de Cristo Jesús» (Filipenses 1:6, NVI).

Gálatas 5:5 dice: «Sin embargo, los que vivimos por el Espíritu esperamos con anhelo recibir por la fe la justicia que Dios nos ha prometido» (NTV). No sé usted, pero yo ya quiero estar más allá del alcance del diablo y sus tentaciones.

Así que hay una luz brillante en el horizonte, y tenemos suficiente evidencia. Será el día más grandioso de todos los días grandes, el mejor día de su vida. Un Gran Día de esperanza, sanidad, felicidad, santidad para llegar a casa. Va a ser un Gran Día con Él, quien está preparando todo justo en este momento para volver en los cielos *sobre* nosotros y *por* nosotros.

Por primera vez en la historia, toda la familia de Cristo está reunida. Nadie se quedará. Si usted no cree que eso es importante, pregúntele a Van Ho.

Un día, durante la Guerra de Vietnam, esta pequeña niña vietnamita despertó como siempre cuando cantó el gallo a las cinco de la mañana. Pero algo no estaba bien. Su madre, hermanas y hermano se habían ido. Caminó por toda la casa, pero su familia había desaparecido. Durante la noche, ellos escaparon de los comunistas invasores. Van Ho era demasiado pequeña como para soportar un viaje tan riguroso, y su abuela estaba muy vieja; así que las dejaron atrás para que se cuidaran una a la otra por un tiempo. Cuando el resto de la familia llegó a Estados Unidos, empezaron desesperadamente a tratar de encontrar una manera para que las dos que quedaron atrás se reunieran con ellos.

Con el tiempo, Van Ho se reunió con su familia en Canadá, y su primer día allí fue increíble. Por primera vez, vio ventajas modernas como un baño con agua potable, una televisión con imágenes que se movían y la leche fría del refrigerador.

Ella escribió más adelante: «Todavía tenía miedo de haber dejado atrás todo lo que me era conocido. No estaba segura de la comida canadiense ni de la nieve. Me molestaba que no podía entender todo de lo que hablaba mi familia… Pero no me importó. Por primera vez, desde que tenía tres años, toda mi familia estaba reunida nuevamente. Nadie se había quedado atrás».[5]

Eso es lo que Jesús y Pablo quieren que sepamos. Para aquellos que son seguidores de Cristo, el Señor se ha adelantado, pero no estamos olvidados. Toda la familia de Dios estará nuevamente reunida en ese gran día cercano.

Ninguno de los hijos de Dios quedará atrás.

¡Definitivamente, usted no!

CAPÍTULO 3

LA REGLA DE TRES

El 13 de mayo de 1940, Winston Churchill dio su primer discurso como primer ministro del Reino Unido. La nación ya estaba en las primeras etapas de la Segunda Guerra Mundial, y el discurso de Churchill, como solo él podía hacerlo, fue una combinación poderosa de lo práctico y lo inspiracional.

Fue durante ese discurso que Churchill pronunció la ahora famosa promesa: «Hacer la guerra por mar, tierra y aire, con toda nuestra fuerza y con toda la fortaleza que Dios pueda darnos; hacer la guerra contra una tiranía monstruosa, nunca superada en el oscuro y triste catálogo del crimen humano».[1]

Pero hay un momento antes en el mismo discurso que es donde quiero enfocarme ahora. Hablando tanto al Parlamento como a la nación acerca de sus cualificaciones para el liderazgo, Churchill dijo: «No tengo nada que ofrecer excepto sangre, esfuerzo, lágrimas y sudor».[2]

Los lingüistas han identificado ese momento como el posible origen de la frase: «sangre, sudor y lágrimas».

Usted se preguntará: *¿A dónde se fue el esfuerzo?*. ¿De qué manera «sangre, esfuerzo, lágrimas y sudor» llegó a reducirse a solo «sangre, sudor y lágrimas»?

La respuesta más probable es lo que los expertos comunicadores llaman «La Regla de Tres».

Hablando de manera general, La Regla de Tres manifiesta que las ideas o conceptos se entienden, relatan y retienen cuando se expresan en grupos de tres. Por ejemplo:

- Vida, libertad, y la búsqueda de la felicidad
- Calma, frescura y serenidad
- Vine, vi y vencí

Parte del razonamiento tras esta regla se basa en la manera en que están formados los cerebros humanos. Tenemos una memoria de corto plazo limitada, lo que significa que muchas veces se nos dificulta sostener o procesar más de tres bloques de información diferente. A la vez, las ideas presentadas en grupos de uno o dos pueden percibirse aburridos o poco atractivos.

Quizá sea por esa razón que la mayoría de las obras teatrales están escritas en tres actos. Tal vez sea la razón por la que los mejores disertantes muchas veces arman sus presentaciones alrededor de tres puntos. Y es posible que esa sea la razón por la que Dale Carnegie dijo acertadamente: «Dile a la audiencia lo que vas a decir, dilo, luego cuéntales lo que dijiste».[3]

Por cierto, incluso Jesús usó la Regla de Tres en sus historias; en la parábola del buen samaritano, por ejemplo. Primero un sacerdote, luego un levita, pero fue el samaritano quien se detuvo para ayudar al hombre golpeado al lado del camino (Lucas 10:25-37). En la parábola de Jesús acerca del sembrador, Él describió la buena tierra como aquello que produce una cosecha, «unas a treinta, otras a sesenta y otras a ciento por uno» (Marcos 4:8). Y probablemente el más conocido de todos es Lucas 15, cuando Jesús hila una historia sobre una oveja perdida, una historia acerca de una moneda perdida y una historia del hijo pródigo para demostrar el amor de Dios por el obstinado y el que divaga.

El tres parece ser el número elegido para la comunicación eficaz.

Qué interesante, entonces, que Dios proveyera una triada de pasajes en la Escritura que explica su plan profético para el Rapto. Esos pasajes se hallan en Juan 14, 1 Corintios 15, y 1 Tesalonicenses 4. Jesús proveyó el resumen ejecutivo para el Rapto en el primer pasaje, y Pablo llenó los detalles en sus dos epístolas.

Claro está que existen otros versículos que mencionan o reflejan el Rapto, pero estos tres capítulos contienen el núcleo de la enseñanza de Dios acerca de ese evento. Por eso, estos tres capítulos servirán como el fundamento de este libro.

JUAN 14:1-3

Empezamos en Juan 14, donde Jesús hablaba con sus discípulos en el Aposento Alto a solo cuatro días de su crucifixión. Sus palabras estaban llenas de consuelo, instrucción y emoción. En medio de ese mensaje, Jesús dijo:

> No se turbe su corazón; crean en Dios, crean también en Mí. En la casa dc Mi Padrc hay muchas moradas; si no *fuera así*, sc lo hubicra dicho; porque voy a preparar un lugar para ustedes. Y si me voy y les preparo un lugar, vendré otra vez y los tomaré adonde Yo voy; para que donde Yo esté, *allí* estén ustedes también. (vv. 1-3)

Resalte esas palabras: «vendré otra vez y los tomaré a donde Yo voy». Está hablando del Rapto. Durante uno de los mensajes más reconfortantes que Jesús jamás haya dado a sus seguidores, incluyéndonos a nosotros, el Rapto era lo más importante que tenía en mente.

Para darle algún contexto, nuestro Señor Jesús abrió su ministerio público con el Sermón del Monte en Mateo, capítulos 5 al 7. Tres años después, Él cierra su obra terrenal con el Discurso del Aposento Alto, el cual está registrado en Juan, capítulos 13 al 17. Recuerde, Jesús sabía todo lo que estaba a punto de suceder: su arresto, las acusaciones falsas, el juicio, su crucifixión, su resurrección, y poco después, su ascensión. Los discípulos, por otro lado, nada sabían sobre el caos que estaban por soportar. Por lo tanto, Jesús procuró prepararlos y consolarlos anticipadamente.

Hoy día, cuando leemos el Discurso del Aposento Alto, es evidente que el Rapto era lo que más pesaba en los pensamientos de Jesús. De hecho, Él habló con entusiasmo y melancolía acerca de su ausencia futura y su próximo regreso.

Él les dijo a sus seguidores: «Hijitos… "adonde Yo voy, ustedes no pueden ir"» (Juan 13:33).

Los discípulos se molestaron, y Pedro le preguntó al respecto: «Señor, ¿a dónde vas?» (v. 36).

En respuesta, Jesús les contó acerca de la casa de su Padre y sus muchas moradas. Él les habló acerca de preparar un lugar diseñado específicamente para ellos, y para nosotros. Luego, Jesús pronunció estas palabras maravillosas: «vendré otra vez y los tomaré adonde Yo voy» (Juan 14:3).

Poco después, Él oró: «Padre, quiero que los que me has dado, estén también conmigo donde Yo estoy» (Juan 17:24).

¡Cuánto nos ama Jesús! ¡Cuánto le ama a usted! No permita que sus pensamientos acerca del Rapto estén limitados a personas desaparecidas o a sonidos de trompetas. En cambio, concéntrese en la verdad de que Cristo vino y murió para salvarlo a usted, regresó al cielo para prepararle un lugar, y pronto vendrá para llevarlo a donde Él va.

¿Por qué? ¡Porque Él quiere que usted esté donde Él está, para ver y compartir su gloria!

1 CORINTIOS 15:51-58

Luego, llegamos a la primera carta de Pablo a los corintios, donde el apóstol conectó la resurrección de Jesucristo con la resurrección de los cristianos al momento del Rapto. Él escribió:

> Así que les digo un misterio: no todos dormiremos, pero todos seremos transformados en un momento, en un abrir y cerrar de ojos, a la trompeta final. Pues la trompeta sonará y los muertos resucitarán incorruptibles, y nosotros seremos transformados. Porque es necesario que esto corruptible se vista de incorrupción, y esto mortal se vista de inmortalidad. Pero cuando esto corruptible se haya vestido de incorrupción, y esto mortal se haya vestido de inmortalidad, entonces se cumplirá la palabra que está escrita:
>
> «Devorada ha sido la muerte en victoria.
> ¿Dónde está, oh muerte, tu victoria?
> ¿Dónde, oh sepulcro, tu aguijón?»
>
> El aguijón de la muerte es el pecado, y el poder del pecado es la ley; pero a Dios gracias, que nos da la victoria por medio de nuestro Señor Jesucristo.
>
> Por tanto, mis amados hermanos, estén firmes, constantes, abundando siempre en la obra del Señor, sabiendo que su trabajo en el Señor no es *en* vano. (1 Corintios 15:51-58)

Este es el segundo pasaje de la Escritura que provee el fundamento para nuestro entendimiento del Rapto.

Más ampliamente, Pablo escribió 1 Corintios 15 como una respuesta a la gente que estaba conectada con la iglesia de Corinto, quienes dudaban de la realidad de una resurrección física, corporal para los creyentes. Sin el Nuevo Testamento completado, algunos de los primeros creyentes sostenían puntos de vista equivocados acerca del futuro, y muchas veces proclamaban abiertamente esos puntos de vista. (¡Hay cosas que nunca cambian!)

Verdaderamente, la iglesia en Corintio estaba confundida respecto a muchos problemas teológicos y doctrinales. Esa iglesia era el «hijo problemático» entre las congregaciones de Pablo; estoy seguro de que eso era frustrante en su época. Sin embargo, como resultado de su corrección necesaria, los cristianos a lo largo de la historia tienen acceso a enseñanzas importantes que no habríamos recibido de otra manera.

Muchos estudiosos de la Biblia nombran a 1 Corintios 15 «El Capítulo Bíblico de la Resurrección», pues Pablo defendió la resurrección de Cristo, explicó la naturaleza de la resurrección corporal y terminó el capítulo en la culminación de la profecía: su descripción del Rapto.

1 TESALONICENSES 4:13-18

Finalmente, encontramos nuestra representación más detallada, en mi opinión, y la más útil del Rapto en 1 Tesalonicenses 4:13-18.

> Pero no queremos, hermanos, que ignoren acerca de los que duermen, para que no se entristezcan como lo hacen los demás que no tienen esperanza. Porque si creemos que Jesús murió y resucitó, así también Dios traerá con Él a los que durmieron en Jesús.
>
> Por lo cual les decimos esto por la palabra del Señor: que nosotros los que estemos vivos y que permanezcamos hasta la venida del Señor, no precederemos a los que durmieron. Pues el Señor mismo descenderá del cielo con voz de mando, con voz de arcángel y con la trompeta de Dios, y los muertos en Cristo se levantarán primero. Entonces nosotros, los que estemos vivos y que permanezcamos, seremos arrebatados juntamente con ellos en las nubes al encuentro del Señor en el aire, y así estaremos con el Señor siempre. Por tanto, confórtense unos a otros con estas palabras.

De nuevo, el contexto es útil para involucrarnos completamente con estos versículos. Hechos 17 describe el momento en que Pablo plantó una iglesia en la gran ciudad de Tesalónica, localizada en la región norte de la Grecia actual. Según Hechos 17:2, él estuvo con ellos solamente durante casi tres semanas antes de que la persecución lo alejara. Pablo no tuvo suficiente tiempo para plantar raíces espirituales profundas o para responder todas las preguntas teológicas de los tesalonicenses. Pero él sí hablo muchas veces acerca del regreso del Señor cuando presentaba el evangelio.

Como resultado, la realidad del regreso de Cristo se apoderó de ellos. Pensar que verían al Señor ¡cara a cara! ¡Que Él regresaría por ellos! Ellos sabían que debían estar listos para cuando Cristo regresara en cualquier momento, y lo buscaban a diario, tal como nosotros deberíamos hacerlo. Sin embargo, también había confusión.

Cuando alguno de los miembros de su iglesia moría, los demás se entristecían porque esos miembros no habían vivido lo suficiente para ver el regreso de Cristo. Temían que los seres queridos que habían muerto se perdían del Rapto; ciertamente esos seres queridos se habían perdido del cielo mismo.

Pablo les responde para tranquilizarlos, enseñarles y ofrecerles las respuestas reconfortantes que ellos necesitaban. Empezó su mensaje diciendo: «Por lo cual les decimos esto por la palabra del Señor» (1 Tesalonicenses 4:15). Eso indica que la enseñanza de Pablo sobre el Rapto fue una comunicación directa recibida del Dios Todopoderoso.

El apóstol dijo a los creyentes tesalonicenses que no se entristecieran como la gente que no ha descubierto la esperanza que Jesús nos da; y luego continuó con el maravilloso pasaje que cité anteriormente, diciendo que:

- Dios vendrá por sus hijos para llevarlos a donde Él está, incluso a quienes «duermen» en la muerte;
- Los muertos se levantarán primero en el día del Rapto;

- Aquellos que estemos vivos en ese día seremos «arrebatados juntos» para estar con Cristo;
- Estaremos «siempre» con el Señor nuestro Dios.

Encuentro útil comparar el primero y el último de estos tres pasajes: Juan 14 con 1 Tesalonicenses 4, porque estos ofrecen varios paralelos poderosos y colaboraciones reconfortantes. Esto es lo que quiero decir:

	Juan 14:1-3	1 Tesalonicenses 4:13-17
El problema	«No se turbe su corazón» (v. 1)	«para que no se entristezcan como lo hacen los demás que no tienen esperanza» (v. 13)
El punto	«crean en Dios, crean también en Mí» (v. 1)	«si creemos que Jesús murió y resucitó» (v. 14)
La proclamación	«se lo hubiera dicho» (v. 2)	«Por lo cual les decimos esto» (v. 15)
La promesa	«vendré otra vez» (v. 3)	«la venida del Señor» (v. 15)
El propósito	«adonde Yo voy» (v. 3)	«al encuentro del Señor» (v. 17)
El plan	«los tomaré» (v. 3)	«arrebatados» (v. 17)
El lugar	«para que donde Yo esté, *allí* estén ustedes también» (v. 3)	«así estaremos con el Señor siempre» (v. 17)

Trate de imaginar cómo sería recibir estas enseñanzas increíbles en el mundo antiguo. Póngase en el Aposento Alto, escuchando las palabras incomparables de Jesús acerca de la casa de su Padre. Visualícese entre la multitud en Corinto escuchando la carta de Pablo por primera vez. Piense en lo que significó para los tesalonicenses darse cuenta de que el Señor mismo descendería del cielo, y que su venida es inminente.

Como veremos en las páginas por venir, el mensaje del Rapto es igual de urgente para usted y para mí hoy en día; de hecho, aún más.

Siempre he disfrutado las historias nuevas acerca de los miembros de la milicia cuando regresan antes o inesperadamente a casa para sorprender a sus seres queridos. Una escuela de primaria en Florida confabuló con el militar para sorprender a Evan Ellinor, de 10 años, antes del descanso de Navidad. Durante un evento de toda la escuela en la cafetería, la directora Andrea Hall llamó a Evan al frente y le pidió que dijera qué era lo que quería para Navidad. Evan dijo que quería ver a su hermano, el soldado de primera James Ellinor, a quien Evan había extrañado muchísimo, lo que había afectado a toda la familia. El pequeño dijo que se sentía como si su hermano hubiera estado fuera durante trescientos días (aunque en realidad no había pasado tanto tiempo).

Usted sabe lo que sucedió después. Mientras la directora conversaba con Evan, las luces titilaron repentinamente y la cortina del escenario se abrió; y allí estaba James, vestido con su uniforme y de pie, con una sonrisa brillante, en una postura clásica del ejército. Cuando Evan lo vio, saltó por encima de la mesa, se subió como pudo al escenario, y salto a los brazos de su hermano, abrazándolo muy fuertemente que casi tuvieron que arrancarlo. No hubo una sola persona que no estuviera llorando.[4]

En los inicios de la telerrealidad, hubo una serie llamada *Surprise Homecoming* (Llegada sorpresiva), que presentaba estos clips que hacen llorar. El anfitrión describía a una esposa o hijo aislado y nostálgico por su ser amado, y luego, arrancaba la cinta amarilla del árbol frente a su casa y decía: «¡Lo que estos seres amados no se dan cuenta es que la espera ha terminado!».

En muchas maneras, ese es el mensaje de estos tres pasajes claves de la Palabra de Dios. Jesús viene. Él nos llevará a Él, y yo creo que la espera esta pronta a terminar. La reunión del Señor con su pueblo y de su pueblo está muy cerca.

CAPÍTULO 4

EL FACTOR NOÉ

Le llaman el «Arca de Johan».

Construida por Johan Huibers en 2012, el arca es una reproducción de la embarcación en el libro de Génesis que Dios le mandó a Noé que la construyera. El barco es enorme, mide 119 metros de largo y 23 de alto. Cuenta con numerosos compartimientos para animales, despensas y canaletas para la eliminación de los desechos. Hay un anfiteatro abierto en el centro y una serie de escaleras laberínticas que van de una cubierta a otra.

Lo mejor de todo: ¡flota realmente! El barco ahora está en el puerto de Krimpen, un pueblo pequeño holandés junto al río Mosa.

¿Por qué construyó Johan Huibers su arca? «Yo quería esparcir la Palabra de Dios en Holanda… Quería que los niños vinieran aquí y sintieran la textura de la madera, que vieran los clavos y que lo que está escrito en el libro es cierto».

Específicamente, Huibers quiere que la gente reconozca el daño de nuestra era actual. «Creo que estamos viviendo en los últimos tiempos», dice. «No estamos conscientes de ello. La gente nunca lo está».[1]

En uno de sus mensajes finales, el doctor Billy Graham también estaba pensando en el arca, la de Noé, no la de Johan. El doctor Graham escribió en el sitio web de noticias cristianas, *Christian Post*: «Los días de Noé vuelven a la Tierra, y una catástrofe igual de grande y terrible les espera a aquellos que se niegan a entrar al arca de la salvación, la cual es Jesucristo».[2]

Él se refería al mensaje de nuestro Señor en el monte de los Olivos. Jesús dijo en Mateo 24:36-37: «Pero de aquel día y hora nadie sabe, ni siquiera los ángeles del cielo, ni el Hijo, sino solo el Padre. Porque como en los días de Noé, así será la venida del Hijo del Hombre».

Jesús no prometió regresar cuando las condiciones del mundo fueran semejantes a los días de Abraham o a los días de Daniel o a los días de Pablo. Él vendrá repentinamente durante un periodo de la historia semejante a los días de Noé.

En su libro *Como fue en los días de Noé*, Jeff Kinley escribió: «Jesús conecta la historicidad de Noé y su arca con la certeza de los eventos proféticos venideros y de su regreso físico a este planeta».[3]

¿Pero cómo? ¿De qué forma serán los tiempos paralelos a los de Noé?

Jesús pasó a explicar en los versículos 38 y 39: «Pues así como en aquellos días antes del diluvio estaban comiendo y bebiendo, casándose y dándose en matrimonio, hasta el día en que Noé entró en el arca, y no comprendieron hasta que vino el diluvio y se los llevó a todos; así será la venida del Hijo del Hombre».

Veamos más profundamente la comparación entre el día de Noé y el nuestro.

UNA GENERACIÓN *CAVALIER*

La primera palabra que viene a la mente cuando leo las palabras de Jesús es *cavalier;* una actitud de menosprecio que es indiferente a todas las advertencias que deben acatarse. Observe que Jesús no estaba hablando de gente que hace cosas malas, nada más cosas normales. Ellos comían, bebían celebraban casamientos, y tomaban la vida como venía. Todo mientras Noé martillaba y predicaba sobre el peligro que se acercaba. Al igual que nuestro Señor Jesús, Noé era carpintero y evangelista. Pero todos eran indiferentes a su mensaje y a él lo consideraban tonto.

¿Durante cuánto tiempo predicó Noé a su generación acerca de salvarse del diluvio? ¡Ciento veinte años! Pero en vez de acercase a Dios en arrepentimiento, los que lo oían decían: «No tengo tiempo para estudiar profecía. Tengo que ir a una boda». «Estamos cenando en nuestra casa». «Tengo que dedicarme a mi carrera».

Jesús dijo que los días antes del Rapto serán sencillamente como eso. La gente continuará con su vida ya que siempre han vivido a pesar de las advertencias y predicciones catastróficas. Ellos se concentrarán en el presente. Harán planes para el futuro solo para asegurar su comodidad física. No le prestarán atención alguna a la posibilidad de que los profetas tuvieran razón.

Jeff Kinley escribió:

> Los días de Noé nos dan un breve vistazo a las cosas que han de venir, el avance de una perspectiva de la humanidad en los últimos días. La generación que atestiguó la construcción del arca era una raza que odiaba a Dios, y ese tipo de gente volverá en los últimos tiempos. Los coetáneos de Noé ignoraron el mensaje del Cielo y a sus mensajeros. Ellos continuaban día tras día, año tras año, siglo tras siglo —comiendo, bebiendo y buscando relaciones— sin siquiera reconocer en lo más mínimo a su Creador ni de tener una reflexión de su responsabilidad hacia Él.[4]

Lucas añadió este contexto en su relato del mensaje del Señor en el monte de los Olivos: «Fue lo mismo que ocurrió en los días de Lot: comían, bebían, compraban, vendían, plantaban, construían; pero el día en que Lot salió de Sodoma, llovió fuego y azufre del cielo y los destruyó a todos. Lo mismo acontecerá el día en que el Hijo del Hombre sea revelado» (Lucas 17:28-30).

UNA GENERACIÓN NEGLIGENTE

Del libro de Hebreos, aprendemos algo más acerca de los días de Noé. Mientras enumeraba a los héroes de la fe, el autor escribió: «Por la fe Noé, siendo advertido por *Dios* acerca de cosas que aún no se veían, con temor reverente preparó un arca para la salvación de su casa, por la cual condenó al mundo, y llegó a ser heredero de la justicia que es según la fe» (11:7).

Cuando Dios le habló a Noé, el anciano creyó, siendo movido por un temor piadoso. Él estaba preocupado por su familia, y su preocupación y cuidado por el Señor sirvió para condenar a todos los demás, quienes eran negligentes con las cosas de Dios y hacían caso omiso de lo que todavía no se había visto.

La gente que ha visto la mayoría de los parques de Estados Unidos dice muchas veces que el parque nacional Glacier, es el más hermoso; una exhibición de glaciares derritiéndose, valles impresionantes, praderas montañosas y lagos pintorescos en el norte de Montana. Sin embargo, desde que el parque empezó a llevar registros en 1913, un total de 264 personas han muerto allí, muchas de ellas debido a un simple descuido.

John G. Slater era un empleado de verano en el parque en los años sesenta. Él recordaba que a todos los trabajadores les mostraban una película titulada *Las montañas no importan*, acerca de los peligros que podrían encontrar en Glacier. Sin embargo, la película no tuvo mayor impacto en él porque era lo suficientemente joven para pensar que era «a prueba de balas» y que nada malo podía pasarle.[5]

Aprendió su lección después de una experiencia casi fatal en el Monte Clements; afortunadamente, vivió para contarlo. No todos tienen tanta suerte.

El libro *Muerte en el parque Glacier* relata: «los supervisores hacen todo el esfuerzo para recalcar en los empleados de verano que Glacier tiene una amplia gama de riesgos únicos [incluyendo] puentes de nieve que ocultan las grietas en el hielo, cornisas que pueden ceder bajo los pies y bloques de nieve creadas por el viento que pueden liberarse y convertirse en avalanchas fatales. Muchas veces, las advertencias son ignoradas debido a la presión de grupo».[6]

El problema de la negligencia puede verse mucho más allá del parque nacional Glacier. Muchísimas personas a nuestro alrededor ignoran las señales de advertencia espiritual en la Palabra de Dios debido a que sienten que están blindados. Para ellos es inconcebible que pueda suceder algo catastrófico. La presión de grupo parece ser más fuerte que las advertencias proféticas, y una actitud negligente ha barrido la tierra.

Al igual que en los días de Noé.

UNA GENERACIÓN CORRUPTA

Tampoco podemos pasar por alto la corrupción que contaminaba a la población de los días de Noé. La Biblia dice: «Pero la tierra se había corrompido delante de Dios, y estaba la tierra llena de violencia. Dios miró a la tierra, y vio que estaba corrompida, porque toda carne había corrompido su camino sobre la tierra» (Génesis 6:11-12).

Génesis 6:5 añade: «El Señor vio que era mucha la maldad de los hombres en la tierra, y que toda intención de los pensamientos de su corazón era solo *hacer* siempre el mal».

¡Toda intención de su corazón! ¡Solo para hacer el mal! ¡Continuamente!

En los días de Noé, la gente tenía imaginaciones viles. Eso no ha cambiado a lo largo del curso de la historia, pero ahora tenemos la tecnología para poner todas esas imágenes —incluso peores a las que usted o yo podemos concebir— en las pantallas y, con solo presionar un botón, trasladarlas en un instante a un billón de mentes depravadas. Los estudios indican que más de un tercio de todo lo que se baja en la Internet está relacionado a la pornografía, y aproximadamente el 10 % de todas las personas que lo ven son menores de 12 años.[7]

El libro de Génesis también describió la violencia en los días de Noé, y no necesito trazar un paralelo a nuestros tiempos modernos. Pablo escribió: «Pero debes saber esto: que en los últimos días vendrán tiempos difíciles» (2 Timoteo 3:1).

Indudablemente, Pedro meditaba en lo que había escuchado de Jesús en el monte de los Olivos, dijo: «en los últimos días vendrán burladores con *su* sarcasmo, siguiendo sus propias pasiones, y diciendo: "¿Dónde está la promesa de Su venida?…". Pues cuando dicen esto, no se dan cuenta de que… por la palabra de Dios… el mundo de entonces fue destruido, siendo inundado por el agua» (2 Pedro 3:3-6).

La generación de Noé, al igual que la nuestra, era *cavalier*, negligente y corrupta. Por esas razones y otras más, ¡los encontraron desprevenidos!

UNA GENERACIÓN «DESPREVENIDA»

Jesús continuó diciendo en Mateo 24: «Porque como en los días de Noé, así será la venida del Hijo del Hombre… Entonces estarán dos en el campo; uno será llevado y el otro será dejado. Dos *mujeres estarán* moliendo en el molino; una será llevada y la otra será dejada» (vv. 37, 40-41).

¿Puede pensar en una manera más vívida para describir el Rapto? Dos personas en un campo, trabajando uno al lado del otro, uno será llevado, y el otro será dejado. Dos mujeres moliendo grano. Una es llevada y la otra, dejada.

La palabra *llevado* es el término griego *paralambano*. Solo dos días después, Jesús usó exactamente esa palabra en el Aposento Alto en la noche antes de su crucifixión. Él les dijo a sus discípulos: «Y si me voy a prepararles un lugar, volveré para llevármelos conmigo» (Juan 14:3, NBV).

Recuerde, Juan 14 es uno de los tres pasajes principales en el Rapto.

¡Los va a tomar desprevenidos! Preste atención a todo este pasaje y observe las primeras y últimas oraciones, las cuales he escrito en *itálicas* y que enmarcan la enseñanza de Jesús:

> *Pero de aquel día y hora nadie sabe, ni siquiera los ángeles del cielo, ni el Hijo, sino solo el Padre.* Porque como en los días de Noé, así será la venida del Hijo del Hombre. Pues, así como en aquellos días antes del diluvio estaban comiendo y bebiendo, casándose y dándose en matrimonio, hasta el día en que Noé entró en el arca, y no comprendieron hasta que vino el diluvio y se los llevó a todos; así será la venida del Hijo del Hombre. Entonces estarán dos en el campo; uno será llevado y el otro será dejado. Dos mujeres estarán moliendo en el molino; una será llevada y la otra será dejada. *Por tanto, velen, porque no saben en qué día viene su Señor.* (Mateo 24:36-42, énfasis del autor)

Como ya hemos visto en estas páginas, la agenda de los siete años de la tribulación está claramente expuesta en la Escritura. Jesús volverá justo cuando los ejércitos del anticristo estén atacando Jerusalén. El Rapto, por otro lado, no se anuncia, vendrá en un momento que desconocemos.

Por lo tanto, Jesús dijo, ¡debemos estar vigilantes y preparados! Ahora mismo, la puerta a la salvación está ampliamente abierta, del mismo modo que la puerta del arca.

Una de las cosas interesantes acerca del arca original era el hecho de que tenía solamente una puerta. El doctor W. A. Criswell explicó: «No había una puerta arriba para que los pájaros entraran, tampoco un agujero pequeño en el piso para que las humildes criaturas de la tierra pudieran entrar, ni tampoco había una puerta grande para que el elefante entrara; pero había una puerta, y todo el que era salvo entró por esa puerta. La gran águila descendió en picada del cielo azul y entró por esa puerta; el pequeño reyezuelo saltó a un lugar seguro a través de esa puerta; el caracol se arrastró lentamente a través de esa puerta. Noé y su esposa, Sem, Cam y Jafet y sus esposas, todos por igual, entraron por esa puerta».[8]

Quizás usted ha escuchado las historias de los musulmanes en todo el mundo que tuvieron sueños que, con el tiempo, los guiaron a Cristo. Una organización misionera habló de un hombre islámico llamado Laddi, quien se sentía insatisfecho con su vida. Él oró: «Dios, ¿quién eres? ¡Dime la verdad!».

Una noche, Laddi tuvo un sueño donde él vio una puerta antiquísima. Él abrió la puerta y vio a un hombre parado allí: Jesús. Poco después encontró en Internet la página de Facebook de una iglesia local, ¡y allí estaba la imagen de la puerta antiquísima que había visto en su sueño! Por medio de esa iglesia, Laddi aprendió el evangelio, recibió la salvación a través de la puerta de Jesucristo, y encontró lo que más necesitaba en la vida.[9]

Sin Cristo, usted está viviendo como en los días de Noé: *cavalier*, negligente, corrupto y está a punto de que lo tomen por sorpresa. En cualquier momento, la puerta se cerrará, el Señor vendrá por su iglesia y usted se quedará atrás.

El Carpintero de Nazaret y el Predicador de Galilea le dicen con toda la gracia sorprendente de Su corazón: «Yo soy la puerta» (Juan 10:9). Venga y entre; y hallará ¡lo que más necesita en la vida!

CAPÍTULO 5

EL REGRESO

«Es una obra que se siente como si Dios la hubiera escrito».[1]

Así es como el compositor y trompetista de jazz Terence Blanchard describió la «Fanfarria para el hombre corriente», una de las composiciones musicales más inspiradoras y majestuosas que se haya representado. Incluso si usted no reconoce ese título, probablemente ha escuchado la canción presentada en eventos deportivos, conciertos y en documentales, películas, programas de televisión y mucho más.

«Empieza con tambores de percusión, gong y timbales, retumbando como una batalla lejana», escribe un crítico. Luego, el claro toque del clarín de tres trompetas, tocando al unísono, establece el tema principal. Las trompas francesas se unen a las trompetas creando apoyo y armonía. Finalmente, los gruñidos de los trombones y la tuba emergen desde abajo a medida que la fanfarria llega a su clímax; el ensamble de instrumentos de viento y metal establece un muro de sonido poderoso".[2]

Aaron Copland compuso la «Fanfarria para el hombre común» en 1942 como parte de un esfuerzo artístico más amplio para atizar el fuego del patriotismo una vez que Estados Unidos ingresó a la Segunda Guerra Mundial. Aunque las fanfarrias están reservadas generalmente para la élite de la sociedad, Copland dedicó específicamente su obra maestra a la gente corriente.

«Era el hombre corriente, después de todo, quien estaba haciendo todo el trabajo sucio en la guerra y el ejército», dijo Copland. «Él merecía una fanfarria».[3]

A lo largo de la historia, las fanfarrias se han usado para anunciar eventos importantes: coronaciones de la realeza, investidura presidencial, el inicio de las batallas, entre otros. El llamado alegre de las trompetas y los otros instrumentos de metal y viento tiene una manera maravillosa de captar nuestra atención, estimulando emociones profundas y llamándonos a la acción.

Vamos a explorar una fanfarria específica en este capítulo. La que anuncia un evento crítico en el calendario escatológico de Dios: el regreso del Señor.

¿Qué quiero decir con «regreso»? Cuando Jesús ascendió del monte de los Olivos después de resucitar de la tumba, Él partió de nuestro mundo físico y volvió a entrar en el salón del trono del cielo. Él volvió a tomar su lugar por derecho a la diestra del Padre, donde está hasta el día de hoy. Libre de las cadenas del tiempo, nuestro Señor está coronado de gloria, honor y alabanza.

Sin embargo, Él no permanecerá allí para siempre. Un día, pronto, volverá a nuestro mundo. En las palabras de un erudito: «En algún punto en el futuro, Jesús saldrá del Cielo de los cielos y descenderá en los cielos atmosféricos».[4]

Ese momento cuando Cristo se aparte de su puesto legítimo una vez más, será el evento de apertura de la tribulación —y debido a que la tribulación es el evento inicial del Milenio— podemos decir con alguna certeza que este regreso de nuestro Señor Jesús será el catalizador que comienza el fin del mundo. El regreso de Jesús que inicia el Rapto no es lo mismo que la Segunda Venida de Cristo. Esos son dos eventos distintos en el calendario escatológico, aunque ambos involucran a Jesús físicamente acercándose a nuestro mundo para cumplir sus promesas y completar su misión.

La Segunda Venida será el momento en que Cristo regresa como el Rey Justo para poner fin a la rebelión del anticristo, para derrotar a las fuerzas reunidas de las naciones y romper el poder de Satanás sobre nuestro mundo. Discutiremos ese evento glorioso y gratificante en un capítulo más adelante porque la Segunda Venida proclamará el final del periodo de la tribulación y el inicio del Milenio.

Por el contrario, el Rapto señalará el principio de la tribulación. Ese evento será más una misión de rescate donde Cristo, el Salvador, emancipa a su pueblo de las cadenas de la muerte y liberta a sus siervos vivos de un mundo al borde del caos.

Según la Escritura, el regreso del Señor al momento del Rapto será anunciado por tres sonidos distintivos, sensacionales y espectaculares: «Pues el Señor mismo descenderá del cielo con *voz de mando*, con *voz de arcángel* y con *la trompeta de Dios*, y los muertos en Cristo se levantarán primero» (1 Tesalonicenses 4:16, énfasis del autor).

Muchísimo más glorioso que la «Fanfarria del hombre corriente», será la «Fanfarria del regreso de Cristo». Exploremos cada uno de esos sonidos más detalladamente.

EL SONIDO DE LA VOZ DE MANDO DEL SEÑOR

La palabra griega utilizada para describir la voz de mando del Señor «es una orden de un líder militar, quien sale de la tienda de su comandante en jefe y emite una orden. Un día, el Comandante en Jefe saldrá de su tienda celestial y dará una voz de mando, un mandato para la resurrección y para que suceda el desplazamiento».[5]

La escritura nos muestra una voz de mando similar en el evangelio de Juan, cuando Jesús, de pie ante la tumba de su amigo, ordenó: «¡Lázaro, sal fuera!» (11:43). Esa fue una voz de mando de resurrección. He escuchado a algunos estudiantes de la Biblia especular acerca de lo que podría haber sucedido si Jesús no hubiera mencionado el nombre de Lázaro. ¿Habrían, todos los muertos dentro del área donde sonó su voz, salido de sus tumbas?

En el Rapto, eso es exactamente lo que sucederá. La voz de Jesús de «sal fuera» no nombrará a alguien en particular, pero cada creyente en cada tumba alrededor del mundo la escuchará. Todas esas tumbas quedarán vacías, y los creyentes resucitados volarán al cielo.

EL SONIDO DE LA VOZ DEL ARCÁNGEL MIGUEL

Junto con el sonar del comando del Señor estará la voz estruendosa del arcángel. Por la Escritura sabemos quién es este arcángel. Él es Miguel, el único arcángel que se nombra en la Biblia y el jefe de todos los ángeles (Daniel 12:1; Judas v. 9).

En toda la Biblia, solamente tres ángeles se mencionan por nombre. El primero es Lucifer, quien fue el más grande de las fuerzas celestiales de Dios; aun así, en su orgullo decidió rebelarse contra su Creador, y se convirtió en Satanás. El segundo, Gabriel, quien le dijo a María que daría a luz a Jesús. Gabriel es el ángel pregonero de Dios. El tercero, Miguel, es el ángel guerrero de Dios, quien hace que el sonido de su voz sea relevante al momento del Rapto.

El doctor Arnold G. Fruchtenbaum escribió:

> Muchas veces los ángeles se utilizan para poner en marcha el plan de Dios. Miguel, el Arcángel, será utilizado en el caso del Rapto. El contenido de lo que la voz dice no está definido. Sin embargo, si se puede aplicar un procedimiento militar conocido a esta situación, entonces, esta es sencillamente la repetición de lo que dijo el comandante en jefe (la voz de mando) por parte del subcomandante. Jesús alza la voz de mando o da el comando para que el programa del Rapto comience, y la tarea de Miguel es ponerlo en marcha, así que él repite el comando.[6]

La voz de mando de Miguel, al momento del regreso del Señor, podría ser un comando para sus legiones sobre legiones de guerreros angelicales, llamándolos a defender, de las fuerzas de Satanás, a los creyentes y a escoltarlos bajo protección hacia el cielo al momento en que Cristo los llame a casa.

EL SONIDO DE LA TROMPETA

El tercer sonido que se escuchará en el Rapto será «la trompeta de Dios». En 1 Corintios 15:52, Pablo se refiere a ésta como «la trompeta final».

Quizá usted haya leído acerca del fenómeno extraño que sucedió alrededor del mundo cuando la gente informaba haber escuchado sonidos escalofriantes de trompetas. Esto ha continuado desde el año 2008, cuando alguien en Bielorrusia publicó un video.

La página web Got.Questions.org informó:

Se han reportado sonidos extraños en el cielo, lo que algunos llaman «trompetas celestiales» o «temblores en el cielo», en todo el mundo en los años recientes. La gente en Estados Unidos, Canadá, Costa Rica, Rusia, República Checa, Australia y otros lugares ha quedado perpleja. Muchos lo describen como un sonido de baja frecuencia como un canturreo, trompetas o cuernos que parecen surgir de lo más alto del cielo o desde debajo de la tierra. La mayoría de estos sonidos no se habían escuchado hasta ahora, lo que hace que el fenómeno sea inquietante.[7]

Los residentes en Brooklyn oyeron estos sonidos el 11 de noviembre de 2022.[8] El 17 de enero de 2023, los residentes de Kingston, Ontario, escucharon sonidos de trompetas que parecían venir del cielo. Un residente dijo: «Desde hace más o menos una hora, cada 10 o 20 minutos aparece el sonido. Me despertó… [Era] como una trompeta. Viene del cielo».[9]

Bueno, yo ni idea tengo de qué son esos sonidos extraños, pero cuando suene la trompeta del Rapto, el toque rodeará la tierra como una cámara de eco, resonando en el alma de cada cristiano en ascenso. Sonará los suficientemente fuerte como para despertar a los muertos, ¡literalmente!

John Walvoord escribió:

> La trompeta del Rapto llamará a todos los cristianos a levantarse de la tierra para encontrarse con el Señor en el aire y de allí, irán al cielo como Cristo prometió en Juan 14:3. La trompeta final para la iglesia puede ser una analogía de la trompeta final usada en el ejército romano. Los soldados despertaban en la mañana por el toque de una primera trompeta, la cual servía como su reloj de alarma. Una segunda trompeta los reunía para recibir las instrucciones del día. Al momento de la tercera trompeta y última marchaban hacia sus tareas.
>
> De manera similar, recibir la salvación es como escuchar el llamado de una trompeta. Luego, la llamada de Dios al servicio es como una segunda trompeta. En la tercera o última trompeta, los creyentes van al cielo.[10]

Winston Churchill incorporó este significado de la trompeta en su propio servicio funeral. Hizo arreglos para que un trompetista sonara «el último poste» (o grifo, como lo conocemos) desde lo más alto de la cúpula de la Catedral de San Pablo. La balada larga y lenta resonó con tristeza en toda la antigua iglesia mientras diplomáticos y dignatarios inclinaban la cabeza. El canto fúnebre fue un recordatorio implacable de que el héroe británico había sido conquistado finalmente.

¿O no?

Cuando la última nota triste fue apagándose, un segundo trompetista hizo sonar repentinamente el toque de diana desde otra galería. También, esto lo preparó Churchill. El gran hombre de estado quería que el llamado sombrío al sueño fuera seguido por un llamado a levantarse más triunfante.[11]

Para todos los que perezcan antes del regreso del Señor, nuestras vidas seguirán un patrón similar. Sí, dormiremos. Pero al momento del Rapto, el sonido de la trompeta será un toque de diana, llamándonos a despertar y a ascender.

Y Jesús nos estará esperando.

CAPÍTULO 6

SI MORIMOS

La trilogía cinematográfica *El Señor de los Anillos* es una historia épica acerca de la lucha entre el bien y el mal. Poco antes de la conclusión de dicha historia, dos personajes creen haber llegado al final de su contienda personal; están atrapados en una ciudad condenada a punto de ser invadida por hordas de criaturas malvadas empeñadas en destruir.

Grandalf es viejo y sabio. Su joven amigo Merry no tiene experiencia y el concepto de la muerte lo aterra. A medida en que las puertas de la ciudad empiezan a astillarse, Merry se acerca a Gandalf y dice: «Yo no pensaba que terminaría así».

«¿Terminar?». La mirada en el rostro de Gandalf es la de una sorpresa genuina. Luego, sonríe. «No, el recorrido no termina aquí. La muerte es solamente otro sendero; uno que tenemos que tomar».

Se nota que Merry está confundido, así que Gandalf explica. «La cortina de lluvia gris de este mundo se revierte, y todo se torna en vidrio plateado. Y luego lo ves».

«¿Qué?», pregunta Merry. «Gandalf, ¿ver qué?».

«Orillas de arena blanca. Y más allá, un país lejano muy verde incrustado en un amanecer ligero». Gandalf suspira con expectativa solo al pensar en esa visión celestial. Él sonríe ampliamente, esperanzado incluso ante la faz de la muerte.

«Bueno», responde Merry. «Eso no es tan malo».

«No», dice Gandalf con una sonrisa más amplia que la anterior. «No, no lo es».[1]

De una o de otra manera, nuestro trayecto aquí en la tierra terminará. Ya sea que experimentemos la muerte, o que seamos parte de esa generación afortunada que atestigua de cerca el Rapto. Esa es la realidad invariable del futuro. De *su* futuro y el mío.

Para la mayoría, esa realidad es aterradora. Sin embargo, ¿qué pasaría si le dijera que podríamos cambiar eternamente la manera en que vemos la muerte? ¿Qué tal si le prometiera que podríamos eliminar enteramente a la muerte de la categoría del miedo? Es cierto. Es posible. Abordemos este tema importante y, con la Biblia como guía, saquemos a la muerte de las tinieblas de una vez por todas.

EL HECHO DE LA MUERTE

¿Ha notado la manera en que nuestra cultura trata de esconderse de la muerte? O, tal vez, de manera más precisa, ¿ha notado la manera en que nuestra cultura trata de escondernos la muerte? Hablar de la muerte es un tabú. Hacemos como que no existe.

La Biblia no tiene miedo de hablar de la muerte. La llama como lo que es. Las palabras como *morir* o *muerte* aparecen cerca de novecientas veces a lo largo de la Palabra de Dios. Muchas veces, la Escritura usa términos para la muerte que son elegantes y poéticos: «reunido a mi pueblo» (Génesis 49:29); «te reuniré con tus padres y serás recogido en tu sepultura en paz» (2 Reyes 22:20). ¿Quién no se conmueve por la imagen de «el valle de sombra de muerte» (Salmo 23:4)?

Considero que el siguiente versículo es el más hermoso en la Biblia respecto a la muerte del pueblo de Dios: «Estimada a los ojos del Señor Es la muerte de Sus santos» (Salmo 116:15).

De manera importante, la Biblia no describe a la muerte como el final de algo, sino como una transición a algo nuevo. El Nuevo Testamento está especialmente lleno de pasajes que comunica esta perspectiva positiva y transitoria de la muerte.

- Jesús se refirió a la muerte como ser «llevado por los ángeles al seno de Abraham» (Lucas 16:22).
- Jesús le dijo al ladrón arrepentido que murió a su lado: «Hoy estarás conmigo en el paraíso» (Lucas 23:43).
- Pablo describió la muerte como «estar ausentes del cuerpo y habitar con el Señor» (2 Corintios 5:8).
- Más de una docena de veces, se describe a la muerte como «dormir»; el estado temporal del cuerpo del cual será despertado en la resurrección al final de la era (Juan 11:11; Hechos 7:60; 1 Tesalonicenses 4:13).
- Pablo dijo que morir es «ganancia», significa estar con Cristo, y que la muerte es «mucho mejor» que estar en la tierra (Filipenses 1:21, 23).

LOS ROSTROS DE LA MUERTE

La palabra *muerte* significa «separación». Lo que a muchos les parece sorprendente es que la Biblia habla acerca de tres tipos de muerte.

La primera es la muerte física, cuando nuestra alma y espíritu se separa de nuestro cuerpo. Tal como escribió el apóstol Santiago: «El cuerpo sin *el* espíritu está muerto» (Santiago 2:26).

Cuando Raquel, la esposa de Jacob, el patriarca del Antiguo Testamento, murió mientras daba a luz a su hijo, la Escritura describe ese momento como la separación de su cuerpo y su alma: «Y cuando su alma partía…, lo llamó Benoni» (Génesis 35:18).

La segunda es la muerte espiritual. Según Pablo, «La paga del pecado es muerte» (Romanos 6:23).

La muerte espiritual es cuando el hombre natural se separa de Dios. Cuando el pecado entró en el mundo, por medio de Adán, se esparció a todos de manera que todos los hombres y mujeres obstinados están espiritualmente muertos; están separados de Dios.

La última es lo que la Escritura llama la «muerte segunda», la cual se describe mejor en el libro de Apocalipsis: «El mar entregó los muertos que estaban en él, y la Muerte y el Hades entregaron a los muertos que estaban en ellos. Y fueron juzgados, cada uno según sus obras. La Muerte y el Hades fueron arrojados al lago de fuego. Esta es la muerte segunda: el lago de fuego. Y el que no se encontraba inscrito en el libro de la vida fue arrojado al lago de fuego» (20:13-15).

Esta última forma de muerte, la muerte segunda, es el rechazo final de Dios y la miseria final del malvado en el infierno después del juicio del Gran Trono Blanco al final del milenio. De la muerte segunda, no hay recuperación.

He tratado de ayudarles a entender este tema usando una pequeña fórmula matemática: «Si usted ha nacido solo una vez, tendrá que morir dos veces. Sin embargo, si usted ha nacido dos veces, tendrá que morir solamente una vez (e incluso podría escapar de esa muerte si Jesús regresa a la tierra mientras usted está vivo)».[2]

Todos hemos nacido una vez (nuestro nacimiento físico), pero si no hemos «nacido de nuevo» a través del Espíritu y de la Palabra de Dios (Juan 3:3-8; 1 Pedro 1:23), moriremos dos veces: una físicamente cuando nuestro cuerpo expire y nuevamente en el juicio final de Dios. Pero si hemos nacido la segunda vez a través de creer en Jesucristo como nuestro Salvador, moriremos físicamente, pero nunca, jamás, moriremos de nuevo. Esto es lo que nuestro Señor quiso decir: «Yo soy la resurrección y la vida; el que cree en Mí, aunque muera, vivirá, y todo el que vive y cree en Mí, no morirá jamás» (Juan 11:25-26).

EL TEMOR A LA MUERTE

Solo hay dos maneras de enfrentar el futuro: con temor o con fe. Aquellos que viven por la fe descubrirán todos sus temores, especialmente el temor a la muerte; consumidos por la hermosura de la Persona de Dios y la certeza de sus promesas.

Concluyamos este capítulo con tres verdades que nos da la Biblia para derrotar el temor a la muerte.

EL PRÍNCIPE DE LA MUERTE HA SIDO DERROTADO

El autor de Hebreos escribió: «Así que, por cuanto los hijos participan de carne y sangre, también Jesús participó de lo mismo, para anular mediante la muerte el poder de aquel que tenía el poder de la muerte, es decir, el diablo, y librar a los que por el temor a la muerte, estaban sujetos a esclavitud durante toda la vida» (2:14-15).

Con su muerte y resurrección, el Hijo de Dios jugó la carta triunfal del diablo. Así como David tomó la espada de Goliat y le cortó la cabeza con ella, Jesús tomó el arma de Satanás y la usó para vencerlo. La cruz debe haber parecido como la victoria máxima de Satanás, pero fue precisamente lo contrario. Cuando Jesús salió de la tumba abierta el Domingo de Resurrección, la derrota de Satanás fue innegable. Su arma de muerte fue destruida.

Un día, Steve y Ann Campbell de Hampton, Tennessee, estaban sentados en su desayunador leyendo, tomando un descanso. Su perrita, Gigi, una *maltipoo* (mezcla de maltés y caniche), dormía en la banca del ventanal. De repente, algo sacudió la habitación y Gigi cayó al suelo. No le pasó nada, solo se asustó mucho.

La pareja se preguntaba qué había provocado todo ese escándalo. No encontraron pista alguna hasta que vieron que afuera había un halcón grande, echado bajo la ventana saliente. El pájaro se había abalanzado, con las garras listas para atrapar a Gigi sin percatarse del panel de vidrio que la protegía. Unos minutos después, el halcón se sacudió el estupor y desapareció en el cielo, sin su bocadillo canino.[3]

El diablo quiere ponernos sus garras encima. Sin embargo, el poder de la resurrección nos da un panel de protección irrompible. Satanás puede estrellarse tratando de atraparnos, pero no puede reclamarnos.

Debido a que Cristo murió, tenemos vidas perdonadas; debido a que Cristo resucitó, tenemos vidas eternas.

EL PODER DE LA MUERTE HA SIDO DESTRUIDO

En 1 Corintios 15, Pablo dijo: «¿DÓNDE ESTÁ, OH MUERTE, TU VICTORIA? ¿DÓNDE, OH SEPULCRO, TU AGUIJÓN?». El aguijón de la muerte es el pecado, y el poder del pecado es la ley; pero a Dios gracias, que nos da la victoria por medio de nuestro Señor Jesucristo" (vv. 55-57).

No hay manera de pasar por alto la certeza de la Escritura en lo que se refiere a esta verdad: la muerte ha sido destruida. La muerte ya no tiene poder.

En el libro de Apocalipsis, el apóstol Juan describió cómo será la vida en el cielo: «Él enjugará toda lágrima de sus ojos, y ya no habrá muerte» (21:4).

EL PROCESO DE LA MUERTE SE HA DESCRITO

Quizá ningún otro versículo de la Escritura nos da una imagen más reconfortante de la muerte que el ampliamente citado Salmo 23:4: «Aunque pase por el valle de sombra de muerte, no temeré mal alguno, porque Tú estás conmigo; Tu vara y Tu cayado me infunden aliento».

La belleza auténtica del pasaje nunca deja de conmovernos, y su verdad ofrece una profundidad de sanidad incluso en el sufrimiento. Cuando usted enfrenta la muerte, la propia o la de un ser querido, este versículo debe tenerlo cerca de su corazón.

¿Qué puede enseñarnos esto? Primero, que la *muerte es un recorrido, no un destino*. La muerte nos lleva «a través del valle» y luego a un lugar nuevo; un lugar infinitamente mejor. Este es un recorrido que hacemos tomados de la mano con Dios. Mi amigo, el pastor Rob

Morgan, describe cómo este recorrido revela la naturaleza temporal de la muerte:

> El salmo 23:4 no habla de una cueva o de un camino sin salida. Es un valle, lo que significa que ambos extremos están abiertos... El énfasis está en *atravesar*, que indica un estado temporal, una transición, un camino más promisorio por delante, un futuro esperanzador. Para los cristianos, los problemas siempre son temporales y las bendiciones, siempre eternas (a diferencia de los que no son cristianos, cuyas bendiciones son temporales, pero sus problemas son eternos). Los valles no duran para siempre, el camino por delante siempre es promisorio para el hijo de Dios, tan brillante como sus promesas. No hay caminos sin salida en los mapas de Dios ni en sus guías, ni callejones ciegos en su voluntad.[4]

Pablo habló de estar «ausentes del cuerpo y habitar con el Señor», indicando que las dos condiciones son lo mismo (2 Corintios 5:8).

Tal como James M. Campbell señaló, la muerte es una puerta de salida, y el cielo es la entrada. Pero las dos están colocadas tan cerca que una abre mientras la otra se cierra. Cuando alguien dice que una persona agonizando está «a la puerta de la muerte», otro podría decir no, él está «a la puerta del cielo»; y ambos tendrían razón.[5]

Segundo, *la muerte es una sombra, no una realidad.* David la llamó «el valle de sombra».

Cuando el doctor Donald Grey conducía para su casa, después del funeral de su primera esposa, él y sus hijos estaban abrumados por la tristeza. Al buscar alguna palabra de consuelo para sus hijos, un camión grande los rebasó, y la sombra de este pasó por encima del vehículo del Dr. Barnhouse. Él dijo: «Hijos, ¿ustedes habrían preferido que los arrollara un camión o que los arrollara su sombra?».

«La sombra, por supuesto», dijo uno de los hijos. «Eso no lastima».

«Hace dos mil años» dijo el padre, «el camión arrolló al Señor Jesús... para que solamente su sombra pudiera arrollarnos a nosotros».[6]

Para los cristianos, la muerte no es más que una sombra. Ya no es la verdadera sustancia de nuestro temor; es solamente un apagón temporal de la luz. Vea de nuevo la promesa de Jesús para todo creyente: «Yo soy la resurrección y la vida; el que cree en Mí, aunque muera, vivirá, y todo el que vive y cree en Mí, no morirá jamás» (Juan 11:25-26).

Finalmente, *la muerte es solitaria, pero nosotros nunca estamos solos*. David escribió: «Tú estás conmigo» (Salmo 23:4).

He aconsejado a muchas personas que esperan en la antesala de la muerte, y la experiencia me ha demostrado que Dios les hace saber que su presencia está con ellos mientras atraviesan el valle. Él los toma de la mano. Les susurra palabras de consuelo y promesas. Y no se limita solo a los que están agonizando; también es para quienes están tristes por ellos.

Nosotros nunca tendremos que cruzar solos ese camino. El Buen Pastor aparece cerca de nuestro hombro, y a medida que alcanzamos la puerta, los ángeles están allí para atendernos y guiarnos a las sorpresas maravillosas que nos aguardan.

El 7 de diciembre del 1941, Peter Marshall, capellán del Senado de Estados Unidos, estaba dando una charla para los cadetes en Annapolis. Un «día de infamia» estaba en progreso en Pearl Harbor, que en ese momento estaban en las llamas de un ataque enemigo. El salón estaba lleno de jóvenes que pronto sacrificarían su vida. Marshal les contó la historia de un niño agonizando; un niño pequeño que tenía una enfermedad y que le preguntó a su mamá: «¿Cómo es cuando uno muere? ¿Duele?».

La mamá pensó por un minuto, luego dijo: «¿Recuerdas cuando eras más pequeño y jugabas muchísimo y te quedabas dormido en la cama de mami; y de alguna manera te despertabas en tu propia cama?».

El niño asintió.

«Tu papi llegaba, y con sus brazos grandes y fuertes, te levantaba, te desvestía para ponerte tu ropa de dormir mientras estabas dormido. Cariño, así es cuando uno se muere. Es despertar en tu propia habitación».[7]

Así que dejemos que llegue el futuro. Dejemos que la siguiente fase de la vida se presente en el tiempo de Dios, ya sea a través de la muerte o del Rapto. No importa en qué manera demos el próximo paso en nuestro recorrido eterno, lo haremos en los brazos de nuestro Padre.

CAPÍTULO 7

LA RESURRECCIÓN

La ciencia moderna está llena de maravillas, pero hay muchas cosas que ni siquiera el más eminente de los científicos puede entender completamente; como la teoría de cuerdas. Y la composición del universo. Y lo que provoca la enfermedad de Alzheimer.

Y las mariposas…

Sí, es correcto, mariposas.

Los que se ganan la vida estudiando insectos no tienen idea alguna de cómo una oruga se envuelve en una crisálida o en un capullo, descansa por un periodo de días o semanas, y luego resurge como una mariposa. No sabemos si la oruga se disuelve por completo durante el proceso. Cuando los científicos parten los capullos a la mitad de la metamorfosis, todo lo que hallan es una substancia pegajosa y viscosa. Nada más que un charco de ADN. Luego, de alguna manera, esa substancia se reforma a sí misma en una criatura completamente nueva.

El biólogo Bernd Heinrich causó un revuelo en la comunidad entomológica al sugerir que las orugas y las mariposas son realmente dos organismos separados. Según esta teoría, una oruga nace, vive de manera normal, y luego entra a su capullo como si fuera un tipo de tumba. Su cuerpo se descompone. La mayoría de sus células mueren literalmente.

Heinrich se refiere a esta etapa como un «intermedio semejante a la muerte».

Luego viene una especie de génesis. Se crean nuevas células aparentemente de la nada. Los órganos nuevos empiezan a funcionar a medida que un organismo nuevo emerge de la tumba. Según Heinrich, «muere la mayor parte del cuerpo, y la vida nueva resucita en un cuerpo nuevo».[1]

No sabemos si la hipótesis del Dr. Heinrich es correcta. Sin embargo, sí sabemos que las mariposas han estado asociadas con la Pascua durante siglos. Son reflejos vivos y revoloteantes de la resurrección.

Ya hemos visto en estas páginas que el Rapto empezará con el regreso audible de Jesús. Acompañado por la voz del arcángel y el llamado de la trompeta divina, nuestro Salvador regresará a la atmósfera con una voz de mando: «¡Vengan!».

Es el regreso de Jesús lo que iniciará la siguiente fase del Rapto: la resurrección.

EL REPOSO ANTES DE LA RESURRECCIÓN

Cuando Cristo descienda del cielo con una voz de mando, Él empezará convocando a «aquellos que están dormidos» (1 Tesalonicenses 4:15). La terminología de Pablo es el lenguaje del Nuevo Testamento para identificar a los cristianos que han muerto. Es interesante que los escritores de la Biblia nunca usan las palabras *sueño* o *dormir* para describir la muerte de un incrédulo, aunque sí los usan con frecuencia para describir la muerte de un creyente.

Tome en cuenta estos ejemplos:

- «Dijo esto, y después añadió: "Nuestro amigo *Lázaro se ha dormido*; pero voy a despertarlo"» (Juan 11:11, énfasis del autor)

- «[Esteban] Cayendo de rodillas, clamó en alta voz: "Señor, no les tomes en cuenta este pecado". Habiendo dicho esto, *durmió*» (Hechos 7:60, énfasis del autor).
- «Porque David, después de haber servido el propósito de Dios en su propia generación, *durmió*, y fue sepultado con sus padres, y vio corrupción» (Hechos 13:36, énfasis del autor).
- «Pero ahora Cristo ha resucitado de entre los muertos, primicias de los que *durmieron*» (1 Corintios 15:20, énfasis del autor).

Esta elección de palabras no es aleatoria. Más bien, ofrece una redefinición poderosa de la muerte misma. Cuando se ve a través de los lentes del sueño, el final de la vida humana no es, para nada, el fin. Solamente otra forma de «intermedio semejante a la muerte».

Como se señaló en un comentario:

> El uso metafórico de la palabra sueño es apropiado debido a la similitud en apariencia entre un cuerpo dormido y un cuerpo muerto; reposo y paz caracterizan normalmente a ambas. El objetivo de la metáfora es sugerir que, al igual que el que duerme no deja de existir mientras su cuerpo duerme, de la misma manera la persona muerta continúa existiendo a pesar de estar ausente de la región en la cual los que permanecen pueden comunicarse con él, y que, tal como estar dormido se sabe que es temporal, así se hallará la muerte del cuerpo.[2]

El reposo tiene su despertar, y la muerte tendrá su resurrección. El doctor Arnold G. Fruchtenbaum ofrece una definición útil para la redefinición de la muerte en la Biblia:

> La Biblia mira a la muerte de un creyente como una suspensión temporal de la actividad física, hasta que el creyente despierte en el Rapto. De la misma manera en que el reposo físico es temporal (una suspensión temporal de la actividad física hasta que uno

> despierta, pero no hay suspensión de la actividad mental), igualmente la muerte es una suspensión temporal de la actividad física hasta que uno despierte en la resurrección... La actividad espiritual y almática no cesa, solo la actividad física.[3]

El entendimiento adecuado de la muerte se enfatiza en la palabra que adoptaron los primeros cristianos para los lugares para sepultar a sus seres queridos. Era la palabra griega *koimeterion*, que significa: «una casa de reposo para los extraños, un lugar de reposo». Esta es la misma palabra de la que obtenemos nuestro término en español *cementerio*. En el tiempo de Pablo, esta palabra se usaba para lo que nosotros llamaríamos un hotel. Cuando nos registramos en un hotel, esperamos pasar allí una noche de reposo antes de despertar por la mañana, refrescados y deseosos de empezar el día.[4]

De la misma manera, cuando los cristianos mueren, es como si fuera un reposo pacífico en un lugar de descanso, listos para ser despertados al regreso del Señor. Debido a la victoria de Cristo en la cruz, la muerte no es un final trágico, sino un reposo temporal.

Usted y yo programamos cada noche nuestros relojes despertadores con la expectativa de despertar en la mañana. Si morimos antes del regreso de Cristo, sabemos que un día nuestros cuerpos serán despertados por el reloj despertador de la llegada de nuestro Señor en las nubes. Al momento de la resurrección, Dios reunirá milagrosamente las moléculas necesarias y reconstruirá nuestro cuerpo físico.

Como Pablo lo escribió, todos los defectos genéticos serán corregidos; toda enfermedad sanada; y todo el daño reparado a la perfección: «Se siembra un *cuerpo* corruptible, se resucita un *cuerpo* incorruptible; se siembra en deshonra, se resucita en gloria; se siembra en debilidad, se resucita en poder; se siembra un cuerpo natural, se resucita un cuerpo espiritual... la trompeta sonará y los muertos resucitarán incorruptibles» (1 Corintios 15:42-44, 52).

LA SECUENCIA DE LA RESURRECCIÓN

Volviendo a 1 Tesalonicenses 4, podemos ver una secuencia cronológica clara conectada con esta resurrección futura. La Biblia enseña que quienes están dormidos en Jesús (los cristianos que hayan muerto) no serán excluidos del Rapto. De hecho, ellos tendrán un lugar destacado cuando Jesús venga en el cielo: «nosotros los que estemos vivos y que permanezcamos hasta la venida del Señor, no precederemos a los que durmieron... los muertos en Cristo se levantarán *primero*» (1 Tesalonicenses 4:15-16, énfasis del autor).

Dicho de otra manera, si yo todavía estoy vivo cuando Jesús venga, no ascenderé al cielo antes que mis padres. Ellos serán «arrebatados» primero. El Rapto es inicialmente para quienes han sido salvados y cuyos cuerpos descansan en los cementerios. Luego, aquellos de nosotros que todavía tengamos aliento en nuestros pulmones, también seremos arrebatados para reunirnos con nuestros predecesores en la presencia de Cristo.

William Barclay escribió lo siguiente acerca de la resurrección de los creyentes:

> El hombre que haya vivido y muerto en Cristo está todavía en Cristo incluso en la muerte y resucitará en él. Entre Cristo y el hombre que lo ama existe una relación inquebrantable, una relación que va más allá de la muerte. Debido a que Cristo murió y resucitó, así el hombre que es uno en Cristo resucitará.[5]

El maestro de Biblia del siglo XIX, A. T. Pierson, hizo una observación interesante acerca de estas cosas:

> Es un hecho extraordinario que en el Nuevo Testamento... ni una vez se ha dicho, después de la resurrección de Cristo, que un discípulo murió —es decir, sin algún título... Pedro dice: «Sabiendo

> que brevemente *tengo de dejar mi tabernáculo*, como nuestro Señor Jesucristo me ha declarado». Pablo dice: «*La hora de mi partida se acerca*» *La única vez donde se usa la palabra* «*muerte*» es con títulos «la *muerte en Cristo*», «*los muertos que mueren en el Señor*».[6]

El punto aquí es que la Escritura regular y consistentemente enseña la realidad de la resurrección. ¿Por qué? Porque Dios nos creó con la eternidad en el corazón. Cada uno de nosotros está hecho para algo más que el planeta Tierra; nuestro propósito es más duradero que una sombra o un vapor. Estamos hechos para el cielo, y vamos a existir allí en un cuerpo formado.

LA SEGURIDAD DE LA RESURRECCIÓN

Dallas Willard contó una vez la historia de una mujer que se negaba a hablar acerca de la vida después de la muerte. Ella tenía miedo de discutir sobre el más allá porque no quería que sus hijos se decepcionaran si resultaba que no había vida después de la muerte. Willard puntualizó la nimiedad de esa línea de pensamiento. Si el más allá no existe, nadie tendría conciencia alguna para sentirse decepcionado.

Por otro lado, dijo él: «Si existe la vida después de la muerte, cualquiera que entre en ella sin estar preparado, podría tener mucho más que simplemente una decepción».[7]

Claro está, la Biblia enseña, de cubierta a cubierta, la realidad del más allá y sus enseñanzas cambian la manera en que nosotros pensamos de la muerte. O cuando menos, esas enseñanzas *deberían* cambiar la manera en que pensamos acerca de la muerte.

En mi experiencia, la mayoría de la gente hoy día tiene terror a morir, incluso los cristianos. Hacen todo lo posible no solo para evitar el momento físico de la muerte, sino también para evitar pensar en la realidad de la muerte. ¿Con qué frecuencia en nuestra cultura pretendemos que la muerte no existe?

Pablo abordó la insensatez de tal evasión cuando escribió estas palabras a los creyentes de Corinto: «¡Necio! Lo que tú siembras no llega a tener vida si antes no muere» (1 Corintios 15:36).

Creo que Pablo estaba reprendiendo un poco a los corintios. Él les estaba diciendo: «¿Por qué están tan preocupados por la muerte? No sean tontos; no pueden tener una resurrección si no mueren».

Luego, en ese mismo capítulo, Pablo preguntó: «¿DÓNDE ESTÁ, OH, MUERTE, TU AGUIJÓN?» (v. 55).

Esa es la manera en que la Biblia nos regaña a nosotros también, por estar demasiado preocupados acerca del aguijón de la muerte. Si no muriéramos, tendríamos que vivir en nuestros cuerpos viejos, fallidos, falibles, enfermizos, cansados por toda la eternidad, solo para volvernos cada vez más débiles. Quien sea que quiera hacer esto está pensando como una persona necia. ¡Sería mucho mejor dejar que nuestros cuerpos reposen un tiempo y luego despierten en la gloria de la resurrección durante la vida eterna!

La muy conocida maestra de la Biblia, Joni Eareckson Tada, habla del tiempo en que su suegra compró una cripta para su familia en el cementerio Forest Lawn, pero no quiso firmar los papeles hasta que Joni y su esposo, Ken, inspeccionaran el terreno y dieran su aprobación.

Un domingo por la tarde, Ken y Joni llegaron allí y encontraron el lugar de sus criptas en una sección llamada Murmuring Pines. Escucharon a la representante de ventas mientras hablaba sobre qué buena vista tenía, dónde estarían sus pies y dónde la cabeza. Joni no tenía mucho interés en la presentación.

Unos minutos después, mientras la familia se ponía de acuerdo sobre los documentos, Joni dijo: «Accioné mi silla de ruedas hacia la parte alta de mi cripta, volteé y miré fijamente a la cordillera. Una ráfaga de viento movió la hierba y los pinos arriba de mí, definitivamente, murmuraron. Una brisa me sacudió el cabello. Una paz profunda se apoderó de la escena. De repente, me di cuenta de que estaba sentada en el punto exacto donde mi cuerpo actual resucitará, si es que muero antes de que Cristo venga».

Joni pensó en la maravilla de ese momento cuando su espíritu volvería a habitar su cuerpo y ella sería repentinamente elevada en perfección y gloria. Para ella, era un momento de profunda adoración. Esa colina se convirtió en tierra santa, pues ella supo que estaba sentada en el lugar exacto, no solamente de su entierro, sino de su resurrección.[8]

CAPÍTULO 8

LOS MISTERIOS

¿Puede nombrar al novelista más vendido de todos los tiempos? Le daré unas pistas para resolver el misterio. Bueno, ya tiene una, la persona es un escritor de misterio. Segundo, es una mujer. Esta es la tercera pista, murió en 1976 a los 85 años.

¿Resolvió el caso? Es Agatha Christie, por supuesto, la autora de sesenta y seis novelas de detectives presentando a dos héroes principales: Hercule Poirot y Miss Marple. Ella escribió libros como *Asesinato en el Orient Express, Muerte en el Nilo,* y *El asesinado de Roger Ackroyd.* Christie también escribía obras de teatro, y *La Ratonera* sigue siendo la obra que más se ha presentado hasta el día de hoy.

Ella también escribió una autobiografía donde compartió la historia de su propia vida y lo que la llevó a su fascinación con el concepto del misterio. Ella escribió: «Ser parte de algo que uno no entiende en lo más mínimo, creo que es una de las cosas más intrigantes de la vida».[1]

Usted podría sorprenderse al enterarse de que la Biblia, y particularmente el Nuevo Testamento, está lleno de misterios; aunque no de la clase que encontramos en las novelas.

Aquí tiene un ejemplo del libro de 1 Corintios: «Así que les digo un misterio: no todos dormiremos, pero todos seremos transformados en un momento, en un abrir y cerrar de ojos, a la trompeta final. Pues la trompeta sonará y los muertos resucitarán incorruptibles, y nosotros seremos transformados» (15:51-52).

En este caso, Pablo está clarificando para resolver un problema o para investigar un crimen. Más bien, se refiere a la verdad que nunca se había revelado: la realidad del Rapto.

Cuando encuentra la palabra *misterio* en la Biblia, siempre describe algo que Dios ha esperado para decirnos hasta el momento exacto. Estas verdades o realidades siempre han existido —siempre han sido parte del plan de Dios— sin embargo, solamente se han revelado en un punto específico en la historia.

Los misterios bíblicos son una parte importante del Nuevo Testamento. La palabra *misterio* está veintiséis veces de Mateo al Apocalipsis (no aparece en ningún lugar en el Antiguo Testamento). Estos misterios son verdades teológicas conectadas a la salvación, a la iglesia, al reino de Dios y otros temas importantes.

Según Fruchtenbaum: «Para que algo califique como un misterio del Nuevo Testamento, tiene que ser totalmente algo no revelado en ninguna parte del Antiguo Testamento. Si es un conocido del Antiguo Testamento, entonces no es un misterio».[2]

Como mencioné, hay muchos misterios revelados en los escritos del Nuevo Testamento. Sin embargo, para el propósito de este capítulo, nos concentraremos en cinco misterios específicos conectados a la iglesia, incluyendo el misterio fundamental del Rapto.

EL MISTERIO DE LAS ESTRELLAS Y DE LOS CANDELABROS

Empezaremos la exploración de nuestros misterios con el primer capítulo de Apocalipsis: «En cuanto al misterio de las siete estrellas que viste en Mi *mano* derecha y de los siete candelabros de oro: las siete estrellas son los ángeles de las siete iglesias, y los siete candelabros son las siete iglesias» (v. 20).

El revelador de este misterio es nada menos que Cristo cuando se vuelve a presentar al apóstol Juan en la isla de Patmos. Juan vio al Señor de pie «en medio de los candelabros» y «en Su mano derecha tenía siete estrellas» (1:13,16). La apariencia de Cristo era abrumadora en todas las formas y provocó que Juan cayera «como muerto a Sus pies» (v. 17).

Cristo tocó el hombro de Juan y empezó a hablar. Después de consolar a Juan, y antes de dictar sus cartas a las siete iglesias en Asia, Jesús reveló el misterio de las estrellas y los candelabros.

Las estrellas representan a los ángeles que custodian las siete iglesias, las cuales están representadas por los siete candelabros de oro. El misterio es este: cada una de las siete iglesias a las que Cristo les envió un mensaje estaban custodiadas por un mensajero celestial (un ángel) para llevar a cabo bendiciones, para proveer disciplina o entregar información dirigida a la iglesia. En ninguna parte, fue esta verdad revelada proféticamente en el Antiguo Testamento.

EL MISTERIO DEL CUERPO DE CRISTO

El siguiente es un tema que se siente ordinario para los cristianos de hoy en día, pero fue revolucionario para la iglesia primitiva: «por revelación [de Dios] me fue dado a conocer el misterio... que los gentiles son coherederos y miembros del mismo cuerpo, participando igualmente de la promesa en Cristo Jesús mediante el evangelio» (Efesios 3:3, 6).

Efesios 3:1-12 es una descripción detallada de la revelación de Dios de la existencia de su iglesia. Pablo usó la palabra *misterio* seis veces a lo largo de Efesios, y tres veces en Efesios 3:3-9. Este misterio nunca fue revelado, ni siquiera insinuado en el Antiguo Testamento: que

Dios creara «en Él mismo de los dos [del judío y del gentil] un nuevo hombre, estableciendo *así* la paz, y para reconciliar con Dios a los dos en un cuerpo por medio de la cruz» (Efesios 2:15-16).

En otras palabras, Dios siempre planeó que la iglesia fuera multinacional, para incluir tanto a judíos como a gentiles, pero mantuvo el plan en secreto hasta después de la resurrección de Cristo.

En el Antiguo Testamento está claro que los judíos son el pueblo elegido de Dios. También está claro que ellos eran llamados a ser una «luz para los gentiles» (Isaías 42:6; 49:6; Hechos 13:47). Dios deseaba mostrar su gloria al mundo de los gentiles a través de Israel y acercar al mundo a sí mismo por medio de su pueblo escogido.

Sin embargo, en ninguna parte del Antiguo Testamento fue revelado que el Mesías crearía «un nuevo hombre [espiritual]», la iglesia. Ahora es posible que los gentiles participen en las promesas de Abraham al ser injertados en el olivo que es Israel (Romanos 11:11-24).

EL MISTERIO DE LA MORADA DEL MESÍAS

Nuestra conexión personal con el Creador del universo es otro misterio bíblico digno de explorar: «A estos [la iglesia] Dios quiso dar a conocer cuáles son las riquezas de la gloria de este misterio entre los gentiles, que es Cristo en ustedes, la esperanza de la gloria» (Colosenses 1:27).

En el versículo 26, Pablo ofrece una definición clara para el misterio del Nuevo Testamento: «el misterio que ha estado oculto desde los siglos y generaciones, pero que ahora ha sido manifestado a sus santos». Ese misterio es: «Cristo en ustedes, la esperanza de la gloria».

Aunque el Antiguo Testamento está lleno de referencia a la venida del Mesías, el hecho de que el Mesías pudiera habitar en cada uno de sus súbditos y seguidores —que Dios pudiera realmente convertirse en parte de nosotros por medio del Espíritu Santo— nunca fue mencionado ni considerado. Era una verdad totalmente nueva.

Jesús insinuó este misterio en su conversación con los discípulos en el Aposento Alto. Él les dijo que pronto, después de la resurrección, se darían cuenta de que «Yo estoy en Mi Padre, y ustedes [están] en Mí y Yo [estoy] en ustedes». Él prometió que si alguien lo amaba «Mi Padre lo amará, y vendremos a él, y haremos con él morada» (Juan 14:20, 23).

El significado completo de eso, sin embargo, solamente llegó con el Día de Pentecostés y la enseñanza de Pablo a los apóstoles. La iglesia llegaría a darse cuenta de que «ya no soy yo el que vive, sino que Cristo vive en mí» (Gálatas 2:20).

EL MISTERIO DE LA IGLESIA COMO LA NOVIA DE CRISTO

No solo estamos conectados con Cristo individualmente, sino también como una comunidad, la cual se describe como la Novia de Cristo. Pablo dijo esto: «Grande es este misterio» (Efesios 5:32).

Esta es la única vez que Pablo describió lo que él estaba revelando como un «gran misterio». Ese misterio tiene que ver con la relación entre Cristo y su cuerpo, la iglesia. Varias veces en el Antiguo Testamento, se implica a Dios como el esposo de Israel, una expresión de su amor sacrificial por su pueblo escogido (Isaías 54:5; Jeremías 31:32). Sin embargo, en ninguna parte el Antiguo Testamento revela que el Mesías tomará una novia para Él y que la novia será su iglesia, para la cual Él entrega su vida sacrificialmente. Esto es, sin duda, un «gran misterio».

A lo largo de Efesios 5, Pablo usó el matrimonio humano como una manera de ilustrar esta verdad (vv. 22-33). Se espera que el esposo ame sacrificialmente a su esposa, y se espera que la esposa se someta a su esposo. Es el gran amor del esposo por su esposa lo que motiva que ella lo honre y respete. El esposo está llamado a amar y a nutrir a su esposa y a promover la santidad de ella. Tal relación mutua también existe entre Cristo y su iglesia. Su amor sacrificial por su novia se convierte en el ímpetu para la reverencia voluntaria de la iglesia hacia Él como Señor.

Pablo profundiza el significado de este misterio al citar Génesis 2:24: «el hombre dejará a su padre y a su madre y se unirá a su mujer, y serán una sola carne». Entonces, la iglesia es una con Cristo: nosotros morimos con Él, fuimos enterrados con Él y fuimos resucitados a una vida nueva con Él (Romanos 6:1-10; Efesios 2:5). ¡No es de sorprenderse de que Pablo llamara a esto un «gran misterio»!

EL MISTERIO DEL RAPTO

Ahora, veamos 1 Corintios 15 una vez más, porque es el momento para explorar el misterio más conectado con el tema de este libro: «Así que les digo un misterio: no todos dormiremos, pero todos seremos transformados en un momento, en un abrir y cerrar de ojos, a la trompeta final. Pues la trompeta sonará y los muertos resucitarán incorruptibles, y nosotros seremos transformados» (1 Corintios 15:51-52).

El Antiguo Testamento fue claro acerca de la venida del Mesías para establecer su reino en la tierra al final de la era. Menos claro, pero todavía dicho, fue el entendimiento de que se llevaría a cabo una resurrección (Job 19:25-27; Salmos 16:9-11; Daniel 12:2). Lo que no fue revelado del todo era algún entendimiento acerca del regreso del Mesías acoplado con la resurrección de los justos. Es decir, el Antiguo Testamento no reveló que habría una generación de santos vivos a la hora del regreso del Mesías, quien pasaría a la eternidad sin ir primero a la tumba.

Este es el misterio del Rapto; el traslado de los santos vivos de mortalidad a inmortalidad, de perecedero a imperecedero, en un «abrir y cerrar de ojos».

En 1 Corintios 15:50-58, Pablo explicó el «traslado» espontáneo del estado mortal al estado inmortal. En 1 Tesalonicenses 4:16-17, lo explicó más ampliamente: al sonido de la trompeta, los muertos en

Cristo resucitarán primero, seguidos por el traslado de los que estén vivos en ese momento. Por lo tanto, todos los que pertenezcan a Cristo —aquellos que murieron en Cristo y aquellos que viven en Cristo— serán arrebatados para encontrarse con el Señor en el aire.

Este fue el misterio que Pablo reveló en 1 Corintios 15, donde aprendimos del plan develado de Dios para nuestro futuro.

Recientemente, leí sobre una visita que hizo la Reina Elizabeth II a Sídney, Australia, en 1986. Lo que captó mi atención no fue la visita en sí, sino una carta que la reina escribió para los ciudadanos de esa ciudad. ¿Qué dice la carta? ¡No sabemos! Y ese es el punto.

Cerca del final de su estadía en Dawn Under, la reina le entregó la carta al alcalde de Sídney con las siguientes instrucciones: «En un día adecuado escogido por usted en el año 2085 d. C., por favor, abra este sobre y comuníqueles a los ciudadanos de Sídney mi mensaje hacia ellos».[3]

Hoy en día, la carta no ha sido abierta. Descansa en alguna parte, en una caja de vidrio dentro de una habitación restringida en la cima del edificio Reina Victoria de Sídney. Dentro de unas décadas, esa carta se abrirá, y la buena gente de Sídney finalmente escuchará lo que la reina quería decirles en su tiempo.

Eso es parecido a la idea del misterio en la Biblia. Un misterio bíblico no es un problema para resolver, sino una verdad que revelar. Sí, habrá asesinatos y caos durante la tribulación. Sin embargo, los mejores misterios son los que Dios nos da para informarnos, animarnos y prepararnos.

Desde el principio de la historia, Dios planeó llamar a su pueblo hacia sí mismo a través del vehículo del Rapto. Pero ese plan no fue revelado has que Dios quisiera que lo supiéramos. Él entrega esos planes a través de los evangelios y las epístolas del Nuevo Testamento. Él esperó hasta que fuera el momento oportuno para darnos la información que necesitamos.

Después de todo, es la Biblia —no las novelas de Agatha Christie— la que representa los misterios más famosos de todos los tiempos.

CAPÍTULO 9

LA TRANSFORMACIÓN EXTREMA

Se le conocía como el hombre de cuerpo perfecto.

Nació en Prusia (actual Alemania) en 1867, Eugen Sandow pasó gran parte de su infancia viajando por Europa como luchador o como artista de circo. Durante sus viajes, a menudo estudiaba la perfección marmórea de las esculturas de la antigua Grecia y Roma en busca de secretos para el físico perfecto. Sandow incluso desarrolló su propio sistema de entramiento de pesas y ejercicios basados en mancuernas.

Luego, llegó su gran oportunidad. Cuando el Reino Unido creó una competencia compleja para descubrir al «hombre más fuerte del mundo», Sandow se inscribió. Inmediatamente, fue un exitazo con el público victoriano. Firmó un contrato con un promotor acaudalado y se fue en una especie de gira de fisiculturismo por todo el mundo, incluyendo los Estados Unidos. Incluso, él había creado una caja de madera especial que dirigía la luz a músculos específicos e individuales.

Aunque hoy en día, está en gran parte olvidado, muchos atribuyen a Eugen Sandow el establecimiento del ideal moderno para el físico masculino: hombros y pecho anchos, cintura estrecha, piernas musculosas y abdominales cincelados. Según un biógrafo: «Él creó una moda para la cultura física».[1]

¿Acaso no nos gustaría a todos tener «el cuerpo perfecto»? Yo no estoy interesado en verme sorprendente, pero ¿no sería maravilloso tener un cuerpo que nunca se dañe? ¿Un cuerpo que no estuviera plagado de las imperfecciones de la edad y las dolencias, enfermedad y senilidad?

Le tengo maravillosas noticias: si usted es seguidor de Jesús, ¡recibirá un cuerpo así! En algún punto en el futuro, podrá actualizar su modelo actual a uno que es el mejor de todos en todo sentido.

Pablo describe esta actualización en su primera epístola a la iglesia de Corinto: «Así es también la resurrección de los muertos. Se siembra un *cuerpo* corruptible, se resucita un *cuerpo* incorruptible; se siembra en deshonra, se resucita en gloria; se siembra en debilidad, se resucita en poder; se siembra un cuerpo natural, se resucita un cuerpo espiritual» (1 Corintios 15:42-44).

Como hemos visto, el Rapto desencadenará un renacimiento de resurrección a través del mundo. Los cristianos que murieron volverán a la vida, no solo en un sentido espiritual, sino también físico. Los cuerpos de los creyentes enterrados saldrán de la tierra. Serán despertados.

Esos cuerpos serán los mismos que entraron en la tumba, aunque serán transformados en maneras profundas. Asumiendo que usted y yo morimos antes del Rapto, nuestros cuerpos resucitados en ese día, en esencia, serán lo mismo; todavía seremos humanos y usted seguirá siendo usted. Pero la resurrección del cuerpo que emerge será superior al cuerpo antiguo en el que habita ahora.

Estas palabras aplican, no solo a quienes serán resucitados en el Rapto, sino también a quienes estén vivos cuando Jesús regrese. Todo lo que le sucede a un cuerpo resucitado también le sucederá a un cuerpo «arrebatado» al cielo en el Rapto.

Específicamente, aquí están seis cosas que la Biblia nos dice que serán ciertas para nuestros cuerpos nuevos en ese día.

NUESTROS CUERPOS NUEVOS NO PODRÁN ENFERMAR NI MORIR

A través de la historia del tiempo tal como la conocemos, ha habido solamente un cuerpo que no está sujeto a corrupción: el cuerpo del Señor Jesús. El salmo 16:10 se refiere proféticamente a Él: «Porque Tú no abandonarás mi alma en el Seol, Ni permitirás que Tu Santo sufra corrupción». Jesús fue enterrado, pero en el tercer día, Él salió de la tumba. Su cuerpo no sufrió corrupción.

A diferencia de Jesús, cuando nuestros cuerpos terrenales mueran y sean enterrados, ellos sí verán corrupción. Sin embargo, Pablo nos dijo que cuando seamos elevados en el día de la resurrección, seremos levantados en incorrupción. Nuestros cuerpos del presente se desgastan y envejecen, pero nuestros cuerpos resucitados no tendrán la capacidad para deteriorarse o descomponerse. Nuestro cuerpo nuevo estará diseñado para la eternidad. No estará sujeto a accidentes, enfermedades, envejecimiento ni muerte. Estará libre de dolor y de enfermedad. Nunca morirá; ¡vivirá más que las estrellas!

El símbolo de exclamación para esta verdad se encuentra en Romanos 6:8-9 donde se describe el cuerpo resucitado de Jesús de esta manera: «Ahora bien, si hemos muerto con Cristo, confiamos en que también viviremos con él. Pues sabemos que Cristo, por haber sido levantado de entre los muertos, ya no puede volver a morir; la muerte ya no tiene dominio sobre él» (NVI).

Observe esas palabras acerca de Jesús: *No puede morir de nuevo.*

Desde el momento en que se levantó de la tumba de José de Arimatea el Domingo de Resurrección, hay una cosa que Jesús no puede hacer. Lo hizo una vez, pero nunca podrá repetir la acción. Es imposible para Él morir de nuevo. Su cuerpo glorificado es imperecedero e indestructible. «Y así como está decretado que los hombres mueran una *sola vez*» (Hebreos 9:27). Nuestros cuerpos son sembrados en corrupción; serán levantados en incorrupción.

NUESTROS CUERPOS NUEVOS SERÁN IDÉNTICOS AL CUERPO DE JESÚS RESUCITADO

Tal como varias escrituras nos dicen, el Señor Jesucristo, en su propia resurrección provee el patrón para nuestra resurrección. La Biblia dice:

- «Porque nuestra ciudadanía está en los cielos, de donde también ansiosamente esperamos a un Salvador, el Señor Jesucristo, el cual transformará el cuerpo de nuestro estado de humillación en conformidad al cuerpo de Su gloria, por el ejercicio del poder que tiene aun para sujetar todas las cosas a Él mismo» (Filipenses 3:20-21).
- «Amados, ahora somos hijos de Dios y aún no se ha manifestado lo que habremos de ser. *Pero* sabemos que cuando Cristo se manifieste, seremos semejantes a Él, porque lo veremos como Él es» (1 Juan 3:2).
- «Y tal como hemos traído la imagen del terrenal, traeremos también la imagen del celestial» (1 Corintios 15:49).

El Hombre celestial es Jesús. Así como llevamos ahora la imagen del antiguo Adán en nuestros cuerpos actuales, llevaremos la imagen del Hombre del cielo, Jesús, en nuestros cuerpos resucitados.

La Biblia nos da unos vistazos del cuerpo resucitado del Señor al decirnos algunas de las cosas que sucedieron durante los cuarenta días entre la resurrección de Jesús y su ascensión. De lo que sabemos en el Nuevo Testamento, Jesús apareció quizá diez o doce veces durante este periodo. Y cuando miramos esos pasajes, vemos a nuestro Señor en su cuerpo glorificado.

Lo más importante del cuerpo de Jesús, y que Él enfatizó repetidamente, es que era real, literal, físico y tangible. Era exactamente el mismo cuerpo que había sido crucificado. En una ocasión, cuando Jesús apareció ante sus discípulos, Él les dijo: «Miren Mis manos y

Mis pies, que Yo mismo soy; tóquenme y vean, porque un espíritu no tiene carne ni huesos como ustedes ven que Yo tengo» (Lucas 24:39).

Esto nos dice que no vamos a ser algún tipo de fantasma que flota eternamente. Vamos a tener literalmente nuestros mismos cuerpos físicos, pero serán levantados, resucitados y glorificados; equipados para la eternidad.

Durante dos de sus apariciones después de la resurrección, Jesús comió con sus discípulos; lo cual nos demuestra que nuestros cuerpos glorificados serán capaces de comer. Me han preguntado si en el cielo necesitaremos comer. No sé si necesitaremos comer, pero ciertamente disfrutaremos comer y beber ya que Jesús lo hizo. En Lucas 24, Jesús claramente comió con sus discípulos, y en Juan 21, Él preparó el desayuno para todos.

El cuerpo de Cristo también se podía tocar. Se podía abrazar. En Juan 20:27, Jesús le dijo a Tomás, quien tuvo dificultad para creer que Jesús realmente se había levantado de los muertos, «Acerca aquí tu dedo, y mira Mis manos; extiende aquí tu mano y métela en Mi costado; y no seas incrédulo, sino creyente».

En Juan 20:17, Jesús le había dicho a María que no lo tocara. «Suéltame porque todavía no he subido al Padre».

TODOS LOS QUE NOS CONOCIERON EN LA TIERRA PODRÁN IDENTIFICAR NUESTROS CUERPOS NUEVOS

A lo largo de los años, me han hecho estas preguntas: «En mi nuevo cuerpo resucitado, ¿me conocerá la gente? ¿Me reconocerán? ¿Y yo conoceré a otros?»

La Biblia es muy clara en su respuesta.

Después de la resurrección, Jesús conocía a sus discípulos, y ellos lo conocían a Él. Ellos reconocieron a Jesús glorificado exactamente como al que habían conocido antes de que muriera. Estaban tan convencidos de la identidad del Cristo resucitado que todos ellos llegaron a su muerte proclamando la realidad del mensaje de la vida eterna.

Cuando usted vaya al cielo, va a conocer a todas las personas que conoció aquí en la tierra, y ellos lo reconocerán a usted. Me parece impensable que en el cielo sepamos menos de lo que sabemos aquí; ¡nosotros sabremos mucho más! La Biblia dice: «Porque ahora vemos por un espejo, veladamente, pero entonces *veremos* cara a cara. Ahora conozco en parte, pero entonces conoceré plenamente, como he sido conocido» (1 Corintios 13:12).

Tendremos un mayor sentido de reconocimiento en los cielos, en comparación a lo que alguna vez tuvimos en esta tierra. Cuando Moisés y Elías aparecieron del cielo para estar junto a Cristo en el Monte de la Transfiguración, los discípulos reconocieron instintivamente a Moisés y a Elías como verdaderas personas. Ellos los conocían. Cuando Jesús describió el cielo en Mateo 8:11, dijo: «Y les digo que vendrán muchos del oriente y del occidente, y se sentarán *a la mesa* con Abraham, Isaac y Jacob en el reino de los cielos».

NUESTROS CUERPOS ESTARÁN ILUMINADOS CON UN RESPLANDOR

Pablo escribió: «se siembra en deshonra, se resucita en gloria» (1 Corintios 15:43). Podemos traducir con certeza la palabra *gloria* como «resplandor». Nuestros cuerpos nuevos podrían realmente tener una cualidad de luminiscencia en ellos.

En Éxodo 34:29, sucedió algo poco usual cuando Moisés pasó un tiempo con el Señor. Su rostro se puso radiante y empezó a brillar. Lo mismo le pasó a Jesús en el Monte de la Transfiguración (Lucas 9:28-30). En Apocalipsis 21, se nos dice que toda la ciudad de la Nueva Jerusalén será resplandeciente, brillantemente iluminada por la luz que irradia del Cristo resucitado. Daniel 12:3 dice que los santos resucitados «brillarán como el resplandor del firmamento». Mateo 13:43 dice: «Entonces LOS JUSTOS RESPLANDECERÁN COMO EL SOL en el reino de su Padre».

La gloria del Señor Jesús que tenía en su cuerpo glorioso es un patrón para la gloria que tendremos en nuestros propios cuerpos cuando seamos resucitados.

NUESTROS CUERPOS NUEVOS TENDRÁN UN PODER FÍSICO ILIMITADO

Pablo escribió esto acerca de nuestro cuerpo nuevo: «se siembra en debilidad, se resucita en poder» (1 Corintios 15:43).

Seremos enterrados en debilidad. Un cuerpo muerto no tiene fuerza ni poder. No puede levantar ni un dedo. Pero cuando salgamos de la tumba, tendremos tanta energía que pensaremos que un rayo nos supercargó de electricidad.

Nuestros cuerpos resucitados serán increíbles, llenos de poder entusiasta y capaces de funciones extraordinarias. Cuando lee sobre el Señor Jesús después de su resurrección, Él podía entrar en salones cerrados sin pasar por la puerta: «Al atardecer de aquel día, el primero de la semana, y estando cerradas las puertas *del lugar* donde los discípulos se encontraban por miedo a los judíos, Jesús vino y se puso en medio de ellos, y les dijo: "Paz a ustedes"» (Juan 20:19).

Si el cuerpo glorificado de Cristo pudo atravesar paredes y viajar por impulsos de pensamiento, quizá nosotros también lo haremos. Sin ser dogmático en lo específico, estoy convencido de que nuestros cuerpos glorificados no tendrán las mismas limitaciones que nos obligan a soportar hoy en día.

NUESTROS CUERPOS NUEVOS ESTARÁN INCREÍBLEMENTE ADAPTADOS PARA EL CIELO Y LA ETERNIDAD

Pablo dijo de nuestro cuerpo «se siembra un cuerpo natural, se resucita un cuerpo espiritual. Si hay un cuerpo natural, hay también un *cuerpo* espiritual. Así también está escrito: "El primer HOMBRE, Adán, FUE HECHO ALMA VIVIENTE". El último Adán, espíritu que da vida» (1 Corintios 15:44-45).

¿Qué quiso decir Pablo con un cuerpo «espiritual»? Ya hemos indicado que nuestros cuerpos celestiales serán literales, físicos, tangibles, identificables y poderosos. Por lo tanto, la palabra *espiritual* en el versículo 44 no implica que nuestros cuerpos serán incorpóreos o simples apariciones.

Jesús tuvo un cuerpo material y nosotros vamos a tener cuerpos iguales al de Él. Sin embargo, nuestros cuerpos nuevos existirán en un plano más alto. En vez de ser gobernados por nuestros apetitos, serán gobernados por el Espíritu Santo. Eso es un cuerpo espiritual.

La diferencia básica entre un cuerpo natural y uno espiritual es que el primero está preparado para la vida en la tierra, mientras que nuestros cuerpos espirituales estarán preparados para la vida en el cielo durante la eternidad con Dios. Estando en nuestros cuerpos actuales, no podríamos funcionar en el ámbito del cielo. Sin embargo, Dios nos va a dar cuerpos nuevos similares a los que tenemos ahora, solo que completamente reformados y transformados: ya no seremos gobernados por los apetitos de la carne, sino por los apetitos del Espíritu.

La vida en la tierra es frágil e incierta, pero tenemos un Salvador que murió por nuestros pecados y fue enterrado y resucitó al tercer día como lo dicen las Escrituras. Y por la gracia de Dios esperamos ese día maravilloso cuando seamos levantados incorruptibles y recibamos nuestros cuerpos sobrenaturales, hechos por Cristo. Esto no será algo difícil para Dios. La Biblia dice: «¿Por qué consideran ustedes increíble que Dios resucite a los muertos?» (Hechos 26:8, NVI). Tal como el comentador Matthew Henry escribió:

> ¿Por qué no estaría de igual manera en el poder de Dios levantar cuerpos espirituales incorruptibles, gloriosos y alegres de las ruinas de los cuerpos viles, corruptibles..., como al principio para hacer materia de la nada...? Para Dios todo es posible.[2]

Al igual que el resto del mundo, me impactó la magnitud del momento cuando la reina Elizabeth II falleció el 8 de septiembre de 2022. Ella tenía noventa y seis años cuando murió, lo que significa que reinó sobre la *Commonwhealth* durante setenta años y doscientos catorce días; el gobierno más largo verificado de una monarca femenina en la historia.

El Reino Unido guardó un periodo de duelo de diez días después de su muerte, durante el cual el cuerpo de la reina permaneció en expuesto en la Abadía de Westminster. Si vio el servicio funerario, pudo notar que la antigua catedral estaba llena de líderes, dignatarios y simpatizantes de todo el mundo.

La reina había ordenado que se leyeran varios pasajes de la Escritura durante el servicio, empezando con este versículo crucial recitado en la versión Reina Valera 1960 mientras la procesión guiaba su féretro hacia el altar: «Yo soy la resurrección y la vida; el que cree en mí, aunque esté muerto, vivirá. Y todo aquel que vive y cree en mí, no morirá eternamente» (Juan 11:25-26, RVR1960).[3]

Esa es la esperanza a la que nos aferramos como seguidores de Jesús. El Rapto nos confirma que la muerte no es el final de la vida, es sencillamente el principio de una existencia nueva en nuestros cuerpos nuevos, perfectos y gloriosos.

CAPÍTULO 10

EL RAPTO

El capitán William Schaffner desapareció sin dejar rastro. Era piloto de las Fuerzas Aéreas de Estados Unidos, participó en un intercambio oficial con la Fuerza Aérea Real. El 8 de septiembre de 1970, volaba un BAC Lightning sobre el Mar del Norte. Su indicativo era Foxtrot 94.

De repente, un objeto no identificado apareció en su radar y Schaffner lo persiguió. Lo reportó como un «resplandor en una luz dorada». Después, se dijo que el objeto era otro avión, pero eludió a Schaffner, quien volaba a alta velocidad hacia el objeto.

Y luego él… bueno, simplemente desapareció; no solo del radar. El hombre sencillamente desapareció.

Aproximadamente un mes después, encontraron intacto su avión en el fondo del mar, pero la cabina de mando estaba cerrada con la cubierta y el asiento expulsor todavía en su lugar. No había señal del capitán Schaffner o de sus restos.

Durante décadas, la gente ha tratado de resolver el misterio de la desaparición del aviador, y Foxtrot 94 ha generado incontables teorías. Recientemente, otra investigación sugirió que Schaffner había abierto manualmente la cubierta y saltó en pleno vuelo; y cuando su avión cayó en el agua, la presión cerró la cubierta.[1]

Tal vez. Pero el caso de la desaparición del piloto de la fuerza aérea ha desconcertado a los investigadores militares y civiles durante décadas. Imagine entonces, ¿cómo los oficiales intentarán explicar la desaparición de millones o hasta miles de millones de personas? ¿Cómo lo explicarán los gobiernos? ¿Qué teorías de conspiración se apoderarán de la imaginación popular? ¿Qué pánico perseguirá a los corazones de los que quedaron atrás?

¡Ese es el Rapto!

LAS DESCRIPCIONES DEL RAPTO

Unos dudan en usar esa palabra porque el término *Rapto* no está en la Biblia. Sí, pero en 1 Tesalonicenses 4:17 dice ¡que seremos «arrebatados»! La palabra griega que Pablo usó fue *harpazo*. Cuando el Nuevo Testamento fue reproducido en Latín, los traductores usaron la palabra *ruptura*, la cual significa «agarrar o atrapar». De esto, obtenemos nuestra palabra *Rapto*.

Probablemente, usted raras veces piensa en los términos griegos, pero este es uno que debe entender. *Harpazo* se encuentra trece veces en el Nuevo Testamento y tiene múltiples variedades de significados. Cada uno nos ayuda a entender la naturaleza del evento del Rapto.

En algunas ocasiones, la palabra significa «llevar a la fuerza». En el Rapto, el diablo y sus secuaces harán todo lo que esté a su alcance para mantener a los cristianos en la tierra. Sin embargo, el Señor Jesús los vencerá y nos libertará por el poder omnipotente de su voz de mando como si nos llevara por un poder supremo.

La palabra también puede significar «reclamar ansiosamente para beneficio propio». Al final de esta era de gracia, nuestro bendito Salvador vendrá y nos reclamará como propiedad suya.

Un tercer significado de la palabra es «arrebatar o irse rápidamente». Esto enfatiza la naturaleza repentina del Rapto. En un instante, el Señor llamará hacia Él a todos los creyentes para ser partícipes de su gloria. Ninguno se quedará atrás.

El cuarto significado de la palabra es el más decisivo. Significa «rescatar del peligro de destrucción». En su carta a los corintios, Pablo describió la naturaleza instantánea del Rapto como: «en un momento, en un abrir y cerrar de ojos» (1 Corintios 15:52).

Mark Hitchcock lo explicó así:

> Los eventos del Rapto sucederán «en un momento, en un abrir y cerrar de ojos» (NBLA). La palabra griega para *momento* es *atomos*, de la cual obtenemos nuestra palabra en español *átomo*. *Atomos* se refiere a algo que es indivisible, que no se puede dividir. Cuando Pablo escribió estas palabras, nadie pudo imaginar cómo partir el *atomos*. Hoy en día, lo traducimos «en un instante», «instantáneo» o «en un parpadeo».
>
> La segunda frase que describe la duración del Rapto es «en un abrir y cerrar de ojos». La palabra griega para «parpadeo» es *rhipe*. Esto podría referirse al tiempo que toma para que la luz se refleje en el ojo humano. Otros creen que se refiere al tiempo necesario para parpadear, «en un abrir y cerrar de ojos». El parpadeo es el movimiento más rápido en el cuerpo humano. En todas partes, la gente entiende el significado de «en un abrir y cerrar de ojos».

Hitchcock resumió diciendo: «El Rapto sucederá en un instante. Repentinamente, los cadáveres de todo el mundo serán levantados y reunidos con espíritus perfeccionados, y los creyentes vivos de todas partes serán arrebatados al cielo y transformados en cuerpo, alma y espíritu. El Rapto impresionará al mundo. Lo cambiará todo».[2]

En un nanosegundo, el Señor llamará hacia Él a todos los creyentes para ser partícipes de su gloria. Nosotros sencillamente desapareceremos de la tierra. Nadie que haya confesado a Cristo como su Señor se quedará atrás.

LA IMAGEN DEL RAPTO

Es difícil imaginar exactamente cómo será, pero leí recientemente un párrafo que creaba esta imagen vívida:

> Millones de personas de todas partes de la tierra perciben una sensación de hormigueo pulsante en todo el cuerpo. De repente, todos están energizados. Los que tienen deformidades físicas son sanados. Los ciegos ven repentinamente. Las arrugas en los ancianos desaparecen a medida que su juventud se restaura. Mientras estas personan se maravillan de su transformación física, se elevan al cielo. Los que están en edificios pasarán a través del techo y sin dolor ni lesiones. Su carne y sus huesos parecen desmaterializarse, desafiando a todas las leyes de la física y biología. Cuando van hacia el cielo, algunos ven y saludan a quienes han sido levantados de sus tumbas. Después de una unión mística breve... todos desaparecen de la vista.
>
> El mundo, de alguna manera, tendrá que lidiar con *millones* de cristianos desaparecidos. El resultante clamor de tristeza, pérdida y confusión hará que el Rapto sea un evento muy divulgado, dominando los medios masivos durante muchas semanas.[3]

Recuerdo una descripción del Rapto en el libro de Hal Lindsey *El difunto gran planeta Tierra:*

> Allí estaba, manejando por la autopista y, de repente, todo el lugar se enloqueció... los vehículos iban en diferentes direcciones... y ninguno de ellos tenía piloto. Quiero decir, ¡era una locura! ¡Pienso que hemos recibido una invasión del espacio!

> Era el último cuarto del campeonato y el otro lado iba adelantado. Nuestros hijos tenían la pelota. Marcamos un *touchdown* y quedamos empatados. La multitud estaba enloquecida. Solo faltaba un minuto y soltaron el balón —nuestro mariscal de campo recuperó— estaba a más o menos a una yarda de la meta cuando «zap» ya no estaba, había desaparecido por completo, ¡así como así!
>
> Fue confuso, muy confuso. Estaba impartiendo mi curso en la Filosofía de la Religión cuando, repentinamente, tres de mis estudiantes desaparecieron. Discutían bastante, siempre tratando de probar su punto basado en la Biblia. No fue una gran pérdida para la clase. Sin embargo, sí encuentro que esta desaparición es muy difícil de explicar.[4]

Estas imágenes nos sirven para visualizar cómo puede ser el Rapto, aunque nuestras imaginaciones no son lo suficientemente grandes para visualizar verdaderamente lo que el mundo experimentará. Nuestros corazones *son* suficientemente grandes para darnos cuenta de que nuestro Señor quiere que estemos con Él, y cada día estamos más entusiasmados por su regreso.

EL PROPÓSITO DEL RAPTO

Pero ¿por qué vendrá de esa manera y en un tiempo inespecífico? Permítame sugerir dos razones.

Primera, el Rapto terminará la era de la iglesia y desencadenará la secuencia de eventos impresionantes del Fin del Mundo.

Según los registros mundiales Guinnes, la cadena de dominós más grande construida hasta ahora fue en una escuela de Michigan. Constaba de cien mil dominós, lo cual tomó una semana para formarlos en patrones complejos a lo largo del piso del gimnasio. Un estudiante privilegiado derribó la primera pieza y la reacción en cadena fue imparable.[5]

De manera similar, la aparición repentina de Jesucristo en el cielo por sus hijos y su desaparición instantánea de la tierra activará una cadena imparable de eventos que durará siete años y culminará en la Segunda Venida de Jesús.

Cada año, más de mil millones de personas se sintonizan a través de varias redes de televisión para ver caer el balón en el *Time Square* de la ciudad de Nueva York. Decenas de miles de personas inundan las calles de la Gran Manzana para ver el evento en vivo. Lo interesante es que el balón en sí es un símbolo de transición. Desde el momento en que el balón empieza a descender por el poste en lo alto del *One Times Square*, los espectadores saben que están presenciando el final del año en curso. Todavía están viviendo ese año, pero saben que viene algo nuevo. Cuando el balón termina finalmente el descenso, el año nuevo empieza. Lo viejo se va y lo nuevo llega.

De igual manera, el Rapto será el catalizador, la chispa divina, que señalará el fin de nuestra era actual y empezará la cuenta regresiva profética para el fin de la historia tal como la conocemos.

El otro propósito del Rapto será para que Dios liberte de la tierra a sus hijos antes de que los siete años de tribulación empiecen. Lo que sucederá durante estos siete años opacará a todo desastre natural en la historia. Jesús advirtió: «Habrá entonces una gran tribulación, tal como no ha acontecido desde el principio del mundo hasta ahora, ni acontecerá jamás» (Mateo 24:21). Este periodo está vívidamente descrito en Apocalipsis 6–18.

Durante este periodo, el mundo experimentará dolor y devastación como nunca antes. Sin embargo, según las Escrituras, Jesús «arrebatará» primero a quienes han puesto su confianza en Él. Lo hará antes de que la tribulación comience.

En Apocalipsis 3:10, Jesús le dijo a la iglesia en el antiguo pueblo de Filadelfia: «Porque has guardado la palabra de Mi perseverancia, Yo también te guardaré de la hora de la prueba, esa hora que está por venir sobre todo el mundo».

Entonces, aquí está un resumen de lo que sucede: El Señor Jesucristo regresará del cielo, trayendo las almas de quienes ya han muerto con Él. Los cuerpos de esos santos muertos serán resucitados y cambiados, y luego los cuerpos de aquellos cristianos que estén vivos y permanecen en su venida también serán cambiados.

Cuando esto suceda, Dios va a sobrevolar este universo, y todo el que haya aceptado a Jesucristo como su Salvador, aquellos que han sido resucitados y aquellos que nunca murieron, serán arrebatados, sacados de la población, succionados del planeta. Va a suceder instantáneamente. No habrá tiempo para prepararse. No habrá preludio. No habrá preliminares.

En su libro *El Rey viene,* Harold Wilmington nos da una ilustración que yo encuentro especialmente útil para este tema:

> Un hombre está limpiando su garaje y descubre una cajita llena de una mezcla de clavos pequeñitos de acero, astillas de madera, aserrín y pedazos de papel. Digamos que él quiere salvar los clavos. ¿De qué manera podría separarlos de las astillas de madera? Si tuviera un imán disponible, la tarea sería muy sencilla. Él simplemente colocaría el imán arriba de la caja. Inmediatamente, todos los objetos que tengan una naturaleza física igual serían arrebatados para encontrarse con el imán en el aire. Cuando Cristo aparezca, el no vendrá especialmente por personas blancas o negras, por católicos o protestantes, por judíos o gentiles; sino por aquellos individuos que poseen la misma naturaleza que Él.[6]

Los que conocemos a Cristo compartimos su naturaleza, y seremos atraídos a Él, arrebatados por su poder magnético y arrebatador; y entonces, ¡nosotros magnificaremos eternamente a nuestro Salvador!

La secuencia del Rapto
1. El regreso «Pues el Señor mismo descenderá del cielo con voz de mando, con voz de arcángel y con la trompeta de Dios» (1 Tesalonicenses 4:16).
2. La resurrección «y los muertos en Cristo se levantarán primero» (1 Tesalonicenses 4:16).
3. El Rapto «Entonces nosotros, los que estemos vivos y que permanezcamos, seremos arrebatados juntamente con ellos en las nubes al encuentro del Señor en el aire» (1 Tesalonicenses 4:17).
4. La redención «Así que les digo un misterio: no todos dormiremos, pero todos seremos transformados» (1 Corintios 15:51).
5. La reunión «Entonces nosotros, los que estemos vivos y que permanezcamos, seremos arrebatados juntamente con ellos en las nubes al encuentro del Señor en el aire, y así estaremos con el Señor siempre» (1 Tesalonicenses 4:17).

CAPÍTULO 11

LOS OTROS CINCO RAPTOS

Seamos jóvenes o viejos, nunca nos cansaremos de releer la encantadora serie de libros de C. S. Lewis conocida como *Las crónicas de Narnia*. En términos de la cronología de la historia, todo empieza con *El sobrino del mago*.

En la historia, situada al final de los años 1800, dos niños del vecindario, Digory y Polly, se hicieron amigos y empezaron a jugar en el cuarto de un ático viejo que estaba en la línea de edificios donde vivían. Un día, descubrieron la extraña biblioteca del tío de Digory, quien tenía un conjunto de anillos hermosos. Cuando Polly tocó el anillo amarillo, ella desapareció repentinamente. El anillo le había dado el poder para viajar entre mundos. Digory, muy alarmado y determinado a ir tras ella, tocó otro anillo amarillo. Él llevó consigo dos anillos verdes que le permitirían, a él y a Polly, regresar.

Así comienzan las historias sorprendentes que se revelan a lo largo de los siete volúmenes en el mundo de Narnia.

Es interesante que C. S. Lewis visualizara la posibilidad de alguien desapareciendo de la tierra y repentinamente estar en otro mundo. El Señor pensó en lo mismo y esto realmente sucede en la Escritura; no una sola vez o dos veces, sino ¡seis veces!

Un día, pronto, va a sucederles, en un abrir y cerrar de ojos, a los seguidores de Cristo. Desaparecerán de este mundo y aparecerán con el Señor en la gloria.

La Biblia lo llama el Rapto.

Aunque la mayoría de los cristianos están familiarizados con el Rapto de la iglesia —el momento futuro cuando Cristo reunirá a su iglesia de la tierra para reunirse con Él en las nubes— muchos no están conscientes de que hay otros Raptos mencionados en la Escritura.

Como dije, se han registrado otras cinco «desapariciones»: las de Enoc, Elías, Jesucristo, Pablo y dos individuos que aparecerán durante la tribulación.

Hagamos un recorrido bíblico de estos vencedores desaparecidos.

EL RAPTO DE ENOC

Empezaremos con una de las figuras más misteriosas de la Biblia: Enoc, quien se menciona cinco veces en la Biblia, empezando en Génesis.

En los primeros días de la raza humana, la gente vivía mucho más tiempo que ahora. Tome en cuenta esta duración de vidas enumeradas en Génesis 5: 930, 912, 905, 910, 895, 962, 365, 969, 777.

¿Alguna de estos números le parece fuera de lugar? Una persona vivió «solamente» 365 años, cuando los demás vivieron casi tres veces más. ¿Qué le pasó? ¿Murió prematuramente debido a un accidente o enfermedad? ¿Fue una mutación genética lo que acortó su vida? ¿Lo asesinaron? No, para nada. Este hombre era Enoc. Debido a su devoción, nosotros esperaríamos que hubiera vivido más tiempo que cualquier otro. Pero, en realidad, fue su devoción lo que acortó su vida en la tierra.

Génesis 5:22-24, dice: «Enoc anduvo con Dios 300 años … El total de los días de Enoc fue de 365 años. Y Enoc anduvo con Dios, y desapareció porque Dios se lo llevó».

Me gusta la forma en que el versículo 24 se presenta en *The Message*: «Enoc anduvo firmemente con Dios. Y luego, un día, él sencillamente desapareció: Dios se lo llevó». [Traducción libre]

Para usar las palabras de Pablo, Enoc desapareció en un abrir y cerrar de ojos. Él se desvaneció instantáneamente de la tierra y apareció en el cielo.

Enoc fue una de solo dos personas que en la Biblia se dice que «anduvieron con Dios». El otro fue Noé (Génesis 6:9).[1]

Esta frase, «*andar con Dios*» tiene un tono edénico. Fue algo que Adán y Eva hicieron antes de la caída. Sugiere una cercanía, intimidad, que era única en la historia de la humanidad. Según Judas, Enoc era un predicador de justicia, quien predijo que el Señor regresaría (v. 14).

¿Por qué Dios acortó la vida terrenal de Enoc y se lo llevó al cielo? No lo sabemos. Quizá fue una recompensa por la excelente vida de Enoc. J. B. Phillips lo pone de esta manera en su traducción de Hebreos 11:5: «Fue a causa de su fe que Enoc fue promovido al mundo eterno sin haber pasado por la muerte. Él desapareció de este mundo porque Dios lo promovió».

EL RAPTO DE ELÍAS

Enoc no es la única persona que ha tenido esta experiencia. De manera dramática, también lo hizo el profeta Elías.

Los personajes que peleaban con capa y espada empezaron a aparecer en algunas de las películas a principios de los años 1920, personas a quienes, hoy en día, les llamamos héroes. El Zorro y Robin Hood fueron ejemplos del inicio, luego, vino Supermán, Batman, y otros superhéroes. Ahora, tenemos una miríada de tipos militares y agentes secretos, tanto hombres como mujeres, a quienes se les paga para incrementar nuestra adrenalina mientras los seguimos de una aventura enérgica a la otra.

Si tuviera que escoger un personaje bíblico para protagonizar a un antiguo héroe de acción, escogería a Elías. Por vocación, él era un profeta de Dios, quien se convirtió en una espina clavada en el costado del malvado rey Acab y de su esposa Jezabel (1 Reyes 17–2 Reyes 2). Dios usó a Elías para producir milagros y para defender la verdadera religión de Israel. A pesar de sus milagros, Elías es más conocido por su encuentro poderoso con 850 profetas falsos en la cima del Monte Carmel. Elías, cuyo nombre significa «el Señor es mi Dios», desafió a los falsos profetas para ver si su «dios» podía defender su nombre en una competencia con Yahveh, el Dios de Elías; una competencia que Elías ganó (1 Reyes 18).

Al igual que las figuras más carismáticas, Elías llevaba una vida de altibajos. Después de su victoria en el Monte Carmel, huyó por su vida de la esposa de Ajab, Jezabel, y se escondió en una cueva en el desierto, donde Dios lo restauró física y espiritualmente. Renovado, volvió a confrontar reyes mientras entrenaba a su protegido, Eliseo. Cuando el ministerio de Elías llegó a su fin, «*apareció* un carro de fuego y caballos de fuego que separó a los dos [Elías y Eliseo]. Y Elías subió al cielo en un torbellino. Eliseo... no lo vio más» (2 Reyes 2:11-12).

¿Por qué Dios «raptó» a este profeta orientado a la acción antes de que muriera en la tierra? Solo el cielo lo sabe. Parece que Elías había completado el propósito terrenal de Dios para él, así que Dios lo llamó a casa en una manera dramática.

EL RAPTO DE JESUCRISTO

Dios «tomó» a Enoc y Elías «subió». Cuando llegamos a la desaparición de Jesucristo de la tierra, a su ascensión, encontramos otro elemento para tomar en cuenta: «Después de haber dicho estas cosas [Jesús], fue elevado mientras ellos miraban, y una nube lo recibió *y lo ocultó* de sus ojos» (Hechos 1:9).

Hay un punto gramático que debe hacerse en este pasaje: «fue elevado» es un verbo pasivo. Eso significa que Jesús no ascendió al cielo por medio de su propio poder. Más bien, Él fue levantado por el Padre como por un magneto. Esto añade una dimensión importante a los seis Raptos detallados en la Escritura: todos son actos de Dios a través de los cuales Dios quita a las personas de la tierra para reunirlas con Él en el cielo.

Cada uno de estos primeros tres ejemplos es diferente en los detalles. Enoc aparentemente se desvaneció en un momento; Elías se fue al cielo en un carro de fuego; y Jesús ascendió al cielo gradualmente mientras sus discípulos lo miraban, luego desapareció en las nubes de gloria. Él fue atraído desde lo alto.

Sí, Jesús fue y es Dios. Pero la Biblia es clara en decir que el Padre envió a Jesús a la tierra (Juan 20:21), Él entregó sus prerrogativas y estado divino (aunque no su divinidad) para convertirse completamente en humano, el último Adán (1 Corintios 15:45; Filipenses 2:6-8). El Padre envió al Hijo a la tierra para cumplir con «la obra» (Juan 17:4) de redención. Y cuando esa obra se completó, tres décadas después de su llegada, fue el momento para que Él regresara a su unión y camaradería con el Padre y el Espíritu hasta que regrese nuevamente (Hechos 1:11).

En el caso de Enoc y Elías, no sabemos completamente por qué fueron llamados de la tierra al cielo. Pero en el caso de Jesús, sí sabemos, y eso nos da una idea de cada uno de los Raptos en las Escrituras. Todos tienen que ver con los planes de Dios, los propósitos y el tiempo. Aunque nosotros podríamos no saber sus propósitos en todos los casos, sí sabemos esto: si Dios decide llamar a alguien de la tierra al cielo, existe una razón divina.

EL RAPTO DE PABLO

Veamos otro caso de estudio. En 2 Corintios 12:2, el apóstol Pablo dijo que él fue «arrebatado» de la tierra hacia el «tercer cielo». En un momento, Pablo se encontró en la presencia de Dios, sin saber si él estaba o no físicamente allí (vv. 2-3). Él usó la palabra griega *harpazo* —un arrebato repentino— para describir su experiencia. Este es el mismo término que usó después para describir el Rapto de los santos en 1 Tesalonicenses 4.

Pablo usó este verbo dos veces: «[Yo] fui llevado [arrebatado] hasta el tercer cielo... [yo] fui llevado [arrebatado] al paraíso y oí cosas tan increíbles» (2 Corintios 12:2-4, NTV).

Mientras Pablo estaba en el paraíso, Dios le dijo palabras inexpresables acerca de los misterios del cielo, lo cual informó al apóstol y lo fortaleció por todo el sufrimiento increíble que había soportado durante su ministerio. Creo que, por esta razón, Pablo estaba muy ansioso, a partir de ese momento, de regresar al cielo. Él les dijo a los filipenses: «Me siento presionado por dos posibilidades [vivir o morir]: deseo partir y estar con Cristo, que es muchísimo mejor» (Filipenses 1:23, NVI).

Esto también es la razón por la cual él pudo decirnos «De hecho, considero que en nada se comparan los sufrimientos actuales con la gloria que habrá de revelarse... Pues los sufrimientos ligeros y efímeros que ahora padecemos producen una gloria eterna que vale muchísimo más que todo sufrimiento» (Romanos 8:18; 2 Corintios 4:17, NVI).

El evento del Rapto fue a principios de la carrera apostólica de Pablo, equipándolo para escribir más adelante las cartas teológicas que formarían su mundo y el nuestro, y para tener la fortaleza para soportar los rigores de su ministerio.

El Rapto de Pablo fue único en que él fue al cielo y regresó a la tierra para seguir sirviendo a Dios hasta su martirio. Pero también fue parecido a todos los demás en que este reflejaba el tiempo de Dios y el propósito de Dios, un acto repentino y soberano.

EL RAPTO DE LOS DOS TESTIGOS

Antes mencioné que Elías podría compararse a los héroes de acción modernos. Un compañero en ese sentido podría fácilmente ser Moisés. Él era audaz y valiente, un hombre de pericia y de poder milagroso. Este dúo dinámico, Elías y Moisés, aparecerán en el escenario del mundo durante la segunda mitad de los siete años de tribulación. Sin nombrar en el libro de Apocalipsis, son llamados los «dos testigos» de Dios (11:3).

Cuando ellos aparezcan, el mundo estará bajo el talón del anticristo y su falso profeta. Los dos testigos representarán a Dios y testificarán de su presencia y poder haciendo milagros. Lanzarán fuego por la boca, provocarán una sequía, convertirán las aguas en sangre, y azotarán la tierra con toda clase de plagas (vv. 5-6).

En represalia, el anticristo los matará y exhibirá sus cuerpos en las calles de Jerusalén durante tres días y medio mientras el mundo impío estalla en celebración. Sin embargo, después de esos tres días y medio, Dios levantará de la muerte a sus testigos, llevando un gran temor sobre todos los que observen este milagro.

Aun así, eso no será el fin de la historia. Después de esta resurrección increíble, «Entonces los dos testigos oyeron una potente voz del cielo que decía: "Suban acá". Y subieron al cielo en una nube, a la vista de sus enemigos» (v. 12).

Cuando este milagro eufórico suceda, la gente que alabó la muerte de los testigos, en cambio, adorarán al Dios que los arrebata al cielo.

El Rapto de los dos testigos de Dios está por venir; tomará lugar unos años después del Rapto venidero de la iglesia. Y dada la tecnología presente y futura de la comunicación y vídeo, será vista mundialmente por billones de personas mientras sucede. Como el último de los seis

Raptos bíblicos, este representará una de las últimas oportunidades para que quienes tengan «ojos para ver» puedan reconocer el poder y la presencia de Dios; antes de que sea demasiado tarde.

Todas estas personas, incluyendo a todos los que seremos raptados en la Gran Desaparición, se desvanecerán, pero no serán vencidos. ¡Nosotros venceremos!

Ya que abrí este capítulo con C. S. Lewis, permítame cerrarlo con una cita de él: «Nosotros no sabemos ni podemos saber cuándo terminará el drama del mundo», escribió Lewis en su ensayo *La última noche del mundo*. «El telón puede bajarse en cualquier momento: digamos, antes de que haya terminado de leer este párrafo... precisamente porque no podemos predecir el momento, debemos estar preparados en todo momento».[2]

Pocas personas entienden ese sentimiento mejor que la tripulación de la reconocida Expedición Imperial Transartántica de principios de los años 1900. Zarpando de Inglaterra a bordo de la goleta *Endurance* y guiada por el héroe nacional Sir Ernest Shackleton, los marineros buscaban hacer historia atravesando el continente antártico.

Trágicamente, la *Endurance* quedó atrapada dentro de una capa de hielo congelándose rápidamente en enero de 1915. El barco fue aplastado y se hundió finalmente, dejando a los hombres acampando en el hielo mismo. Cuando ese témpano de hielo empezó a romperse, los hombres se vieron forzados a cruzar cientos de millas náuticas en pequeños botes salvavidas antes de aterrizar en la isla Elefante, un punto aislado de rocas congeladas en medio de un páramo congelado.

Sabiendo que el rescate era poco probable en un lugar así de desolado, Schackleton y otros cinco se fueron en un bote salvavidas de 6,7 metros de largo para buscar ayuda. Tuvieron que cruzar casi 1600 kilómetros de mar abierto para llegar a las rutas marítimas regulares, aun así, no había otra esperanza.

Frank Wild era el segundo mando de Shackleton, y estaba a su discreción mantener protegida y comprometida al resto de la tripulación en el campamento. Cada día, Wild procuraba mantener la confianza a través de asignar tareas, servir comidas, liderando canciones en grupo, planeando competencias atléticas, entre otras actividades. Debido a que el campamento estaba en el peligro constante de quedar enterrado en la nieve, Wild y sus hombres lucharon ferozmente contra las acumulaciones usando solamente unas cuantas palas.

Durante todo el calvario, Wild nunca perdió la fe de Shackleton, a quien llamaba «el Jefe», regresaría. Confiaba en conservar una última lata de queroseno y mantenía una provisión pequeña de combustibles secos, listos para encenderlos en caso de que apareciera el grupo de rescate.

Todas las mañanas, Wild enrollaba su bolsa de dormir y despertaba a los hombres diciendo: «¡Preparen sus cosas, muchachos, el Jefe podría venir hoy!».[3]

En efecto, 105 días después de zarpar en su bote salvavidas, Shackleton y sus voluntarios regresaron en un buque pesquero chileno, para rescatar al resto de la tripulación. Debido a la preparación de Wild y a su entusiasmo contagioso, él y sus hombres estaban listos en ese momento de salvación. Las antorchas estaban encendidas, y los marineros a salvo.[4]

A diferencia de esa tripulación varada, nosotros tenemos la promesa segura de que el Señor regresará. Lo nuestro no es un simple anhelo ni estamos desesperados, como ellos, pues nuestro Señor es el Creador y Dueño de todo, y su promesa es tan segura como su misma existencia.

Por lo tanto, podemos levantarnos cada día con esa misma anticipación gozosa en nuestros corazones, diciendo: «¡Preparen sus cosas! El Jefe puede venir hoy!».

CAPÍTULO 12

¿QUIÉNES SERÁN RAPTADOS?

Se suponía que fuera uno de los juegos más memorables en la joven carrera de Jalen Duren; sin embargo, se convirtió en un momento de frustración, y hasta de vergüenza. Con una estatura de 2,1 metros y lleno de talento, Jalen tenía todas las cualidades de una superestrella de la NBA. Aun así, como el jugador más joven de la liga, él todavía tenía algunas cosas que aprender.

Duren y los Detroit Pistons estaban programados para una serie contra su rival los Chicago Bulls en enero de 2023. Pero más importante que su oponente era el destino: París. Esta era una secuencia poco común de juegos que se llevaban a cabo fuera de Estados Unidos, y se esperaba que Jalen fuera presentado en ese recorrido internacional.

En el día del viaje, Duren se aseguró de que su equipaje estuviera listo. Su adrenalina bombeaba. Habiendo recién salido de una lesión corta, él estaba listo para regresar a la cancha.

Aun así, cuando los Pistones abordaron el avión hacia París, Duren no estaba allí. Cuando el equipo se tomó una fotografía en la Torre

Eiffel, Duren faltaba. ¡Él ni siquiera estaba en el mismo país! Se perdió del vuelo en equipo.

Antes del juego, los reporteros acribillaron con preguntas al jefe entrenador de los Pistons, Dwane Casey, acerca de su joven estrella: «¿Dónde está Jalen?».

La respuesta del entrenador fue tanto diplomática como directa: «Es una experiencia de aprendizaje», dijo, «entender lo importantes que son los pasaportes».[1]

Jalen Duren tenía todas las intenciones de estar en ese avión de Detroit a París. Estaba calificado físicamente, habiendo sanado de su lesión reciente y recibido aprobación del equipo médico. Estaba calificado profesionalmente como un jugador de la NBA y miembro del equipo de los Pistons. Incluso, estaba calificado en lo personal, dado su deseo para representar a su liga y a su equipo en una nación distinta.

Sin embargo, todos esos factores no tenían peso alguno cuando fue confrontado por la calificación más importante: su pasaporte. Debido a que Daren no tenía derecho legal para visitar el destino de su elección, se quedó atrás.

Lo mismo sucederá en el Rapto para cualquiera al que le falte su pasaporte espiritual para la vida eterna en el cielo. Ese pasaporte es Jesucristo. Su sacrificio abrió la puerta de la redención y el perdón de nuestro pecado. Aun así, debemos recibir su justicia para poder disfrutar la eternidad con Él.

Hemos explorado los «qué» y «por qué» del Rapto en muchas formas y desde muchos ángulos a través de estas páginas. Sin embargo, sería un error para nosotros ignorar el «quién». Lo que significa, ¿quién formará parte del Rapto? ¿Quién será «arrebatado» con Cristo durante ese evento futuro?

La respuesta: no todos. El Rapto estará restringido solamente para aquellos, vivos o muertos, que porten el pasaporte llamado Cristo.

Sé que una afirmación como esta choca con los valores y normas de nuestra cultura. Se está volviendo cada vez más peligroso incluso insinuar que solamente ciertas personas tendrán vida eterna. Pero ese es exactamente el porqué es importante para nosotros tener un entendimiento sólido de este asunto. Se podría decir que este capítulo explora la apologética del Rapto; examinaremos tanto la realidad y las razones de las restricciones conectadas al Rapto.

LA REALIDAD DE LAS RESTRICCIONES

Cada uno de los tres pasajes principales conectados al Rapto aclara que solo los que son creyentes en Jesucristo estarán incluidos. Esta es la forma en que se despliega en Juan 14, 1 Corintios 15 y 1 Tesalonicenses 4.

En Juan 14:1-3, Jesús se dirige a sus discípulos como aquellos que creen en Dios y en Él. Jesús les habló sobre «La casa de mi Padre». Solamente los miembros de la familia serán llevados a la casa del Padre. Solo quienes han puesto su fe en Jesucristo como su Salvador serán arrebatados en el Rapto. Jesús añadió, en el versículo 6, que solamente Él es el camino, la verdad y la vida; que nadie puede tener una relación con Dios excepto a través de Él.

En 1 Corintios 15, Pablo describió a los participantes del Rapto como «los que son de Cristo en Su venida» (v. 23). Pablo se dirigió a sus lectores en el primer versículo como «hermanos», un término utilizado en el Nuevo Testamento casi exclusivamente para describir a los seguidores de Cristo. Como si quisiera eliminar intencionalmente toda posibilidad de malentendido, Pablo concluyó este pasaje sobre el Rapto con estas palabras: «Por tanto, mis amados hermanos, estén firmes» (v. 58).

En el pasaje de 1 Tesalonicenses 4, Pablo vuelve a referirse a sus lectores como «hermanos» (v. 13). Él los describe en el versículo 14 como quienes «creemos que Jesús murió y resucitó». En el versículo 16, él definió la muerte de los familiares en la iglesia de Tesalónica como estar «muertos en Cristo».

La Biblia no usa palabras a la ligera. Estas frases calificativas restringen el Rapto exclusivamente a los seguidores de Cristo. Solo los redimidos del Señor Jesucristo serán arrebatados en el Rapto.

Este tema domina también muchos otros pasajes en la Biblia. El apóstol Pedro les dijo a los líderes judíos en Jerusalén, «en ningún otro hay salvación, porque no hay bajo el cielo otro nombre dado a los hombres mediante el cual podamos ser salvos» (Hechos 4:12, NVI).

Pedro pudo haber estado recordando el mensaje de nuestro Señor acerca de su regreso en el monte de los Olivos, el cual está registrado en Mateo 24 y 25. Jesús usó un lenguaje crudo para advertirnos de que no cualquiera será raptado, resucitado, glorificado y arrebatado para estar con Él.

La última frase de Jesús en el sermón del monte de los Olivos dice: «Estos irán al castigo eterno, pero los justos a la vida eterna» (Mateo 25:46). ¡Así es como Él terminó su sermón sobre las señales de los tiempos y su regreso glorioso!

En Lucas 13, Jesús se dirigía de Galilea a Jerusalén cuando alguien le preguntó: «¿Señor, son pocos los que van a salvarse?».

Él le dijo: «Esfuércense por entrar por la puerta estrecha —contestó—, porque les digo que muchos tratarán de entrar y no podrán. Tan pronto como el dueño de la casa se haya levantado a cerrar la puerta, ustedes desde afuera se pondrán a golpear la puerta, diciendo: "¡Señor, ábrenos!". Pero él les contestará: "No sé de dónde son ustedes"» (Lucas 13:23-25, NVI).

Eso me recuerda, una vez más, a los días de Noé. Cuando la puerta del arca se cerró, era demasiado tarde para los que quedaron atrás.

Cuando Jesús venga en las nubes y llame a sus hijos hacia Él, muchos suplicarán unirse a ellos, pero esa oportunidad ya se habrá acabado. Sí, la gente se salvará durante la tribulación —el Rapto no es la última fecha límite en el plan profético de Dios—, pero ellos habrán perdido la oportunidad de reunirse con nuestro Señor Jesús en el cielo. Y cualquiera que entre al periodo de la tribulación se arriesga a la fuerte posibilidad de la muerte sin Cristo.

Al final del juicio, Cristo les dirá a quienes se negaron a recibirlo, «Apártense de Mí, malditos, al fuego eterno que ha sido preparado para el diablo y sus ángeles» (Mateo 25:41).

LAS RAZONES DE LAS RESTRICCIONES

Es una realidad que habrá restricciones relacionadas con el Rapto. Es de vital importancia entender esta verdad porque se opone al tono de los tiempos. La mayoría de la gente rechaza las afirmaciones exclusivas de Cristo como siendo el único camino hacia Dios.

Un hombre pregunta: «¿Por qué Jesús es el único camino a una relación con Dios? ¿Qué hay de Buda o Maoma? ¿No puede un individuo llevar sencillamente una vida buena? Si Dios es un Dios amoroso, entonces ¿no querría aceptar a todas las personas tal como son?».

Otra persona dice: «Creo que hay muchos caminos hacia Dios, del mismo modo que hay muchos caminos a la cima de una montaña. Algunos toman una carretera, y otros otra. Solamente una persona ignorante o arrogante afirmaría que su camino es el único».

Un estudiante dice: «Si Dios acepta que lleguemos tarde, entonces yo podré lograrlo». Y la mayoría de la gente asume que Dios sí la acepta si llega tarde. Pero no es así. Él provee salvación a través de Cristo solamente.

Estas son cuatro razones convincentes del porqué necesitamos reconocer las restricciones que Dios ha puesto generalmente alrededor de la salvación y específicamente en el Rapto.

ESTÁ BASADA EN LOS HECHOS

Una lectura sincera de la Biblia nos dice que la naturaleza restrictiva del evangelio está basada en los hechos. Cuando la gente acusa a los cristianos de enseñar que solamente hay un camino a la salvación, está en lo correcto. Eso es lo que enseñamos, eso es lo que la Biblia dice, y así es como el evangelio ha sido proclamado desde los días de los apóstoles.

Cuando Billy Graham tenía ochenta y cuatro años, estaba predicando en Louisville, Kentucky, y dijo estas palabras, refiriéndose a la convicción que mostraba repetidamente en sus sermones desde los días en que era un evangelista novato: «¿Hay algún otro camino al cielo, excepto a través de Cristo? La Biblia enseña que solamente hay un camino. Otras personas vendrán y tratarán de decirle a usted que hay otros caminos, pero la Biblia dice que solo hay uno, y ese camino es por medio de la cruz».[2]

ES LÓGICA

La exclusividad del cristianismo no solamente está basada en los hechos, sino que también es lógica. Las leyes espirituales no son diferentes a las leyes de la física, matemáticas o cualquiera de las otras disciplinas. Si todo fuera cierto, nada es cierto. Si no podemos depender de la consistencia de las leyes científicas, todo en el cosmos sería absurdo. Si dos más dos es igual a cuatro en la tierra, pero a cinco en la luna, estaríamos viviendo en el universo de Alicia en el país de las maravillas.

Todo el mensaje del evangelio es que nosotros hemos pecado en contra de Dios. Ya que Dios es un ser puro, perfecto y completamente santo, no podemos existir en su presencia durante un momento si estamos manchados por el pecado; no más de lo que un copo de nieve podría existir en el sol. Aun así, Él nos amó tanto que vino a la tierra como un ser humano, llevó sobre Él nuestros pecados, murió por nosotros, resucitó y regresó al cielo para preparar un lugar para nosotros.

El apóstol Pablo dijo: «Porque hay un solo Dios, *y* también un solo Mediador entre Dios y los hombres, Cristo Jesús hombre, quien se dio a sí mismo en rescate por todos» (1 Timoteo 2:5-6).

¿Cuántos mediadores hay? ¿Cuántos que puedan perdonar nuestro pecado y reconciliarnos con Dios?

Hay uno: Cristo Jesús.

Si hubiera otra manera de redimir la raza humana, ¿cree usted que Cristo habría ido a la cruz? Él mismo oró: «Padre Mío, si es posible, que pase de Mí esta copa» (Mateo 26:39).

Pero no fue posible, ya que en las leyes espirituales que gobiernan los ámbitos visibles e invisibles —leyes que fluyen de la justicia infalible de Dios— no hay otra manera.

ES CRÍTICO

Vivimos en una era indulgente y complaciente. Incluso nosotros, los cristianos, nos vemos atrapados en esas presiones, muchas veces sintiendo que tenemos que disculparnos por lo restrictivo que es el evangelio.

Pero Jesús nunca se disculpó. El entendió la naturaleza crítica del evangelio: la urgencia.

Nuestro Salvador dijo: «Entren por la puerta estrecha. Porque es ancha la puerta y espacioso el camino que conduce a la destrucción, y muchos entran por ella. Pero estrecha es la puerta y angosto el camino que conduce a la vida, y son pocos los que la encuentran» (Mateo 7:13-14, NVI).

Cuando la gente le preguntaba, Él les recordaba sobre la urgencia del evangelio y el precio que estaba en juego: «les he dicho que morirán en sus pecados, pues, si no creen que yo soy el que afirmo ser, en sus pecados morirán» (Juan 8:24, NVI).

También debemos recordar la urgencia de la salvación. Ser aceptado como «agradable» o «indulgente» no logra nada en comparación a la eternidad. Como Hebreos 2:3 dice: «¿cómo escaparemos nosotros si descuidamos una salvación tan grande?» (NVI).

Recuerdo hace unos años cuando una atracción falló en *Knott's Berry Farm,* que es un parque de diversiones en las afueras de Los Ángeles. La atracción se llamaba *Sky Cabin.* Como su nombre lo indica, era un cuarto tipo cabaña que levantaba a la genta hacia el cielo y ofrecía unas vistas sorprendentes de la ciudad. Piense en eso como una Rueda de la Fortuna, pero sin rueda.

El *Sky Cabin* sufrió un tipo de fallo técnico mientras estaba en la cima de su extensión. Veintiuna personas se quedaron atrapadas a 45 metros en el aire. A esa altura, no había esperanza alguna para que esas personas se rescataran a sí mismas. No podían bajar caminando. Definitivamente no podían saltar ni resbalarse. Ellos necesitaban que los salvaran.

Se hicieron varios intentos para facilitar esa salvación. Los rescatistas primero trataron de usar escaleras para alcanzar a los pasajeros atrapados, pero todas las escaleras eran demasiado cortas. También intentaron desbloquear los mecanismos de la atracción y dejar que la gravedad bajara lentamente la cabina, pero eso falló.

Al final, el departamento de bomberos se vio forzado a crear un sistema de cuerda y arnés que podía bajar lentamente a cada pasajero de la cabina al suelo.[3]

La Biblia dice claramente que todo ser humano nace bajo el castigo del pecado. Estamos atrapados en nuestra pecaminosidad sin esperanza de escapar. No hay manera de que nos salvemos a nosotros mismos. Necesitamos rescate.

Nuestra cultura ofrece muchas opciones para facilitar ese rescate: escaleras construidas de religiones e ideas falsas acerca de la moral. Sin embargo, la realidad es que esas opciones fracasan. No proveen la salvación.

Solamente Cristo puede sacarnos de forma segura de nuestra pecaminosidad. Él es el lazo fuerte que ofrece salvación. Nuestra única esperanza es aferrarnos a Él durante toda la eternidad.

No es mi intención asustarlo ni alarmarlo al hablar sobre las restricciones que gobiernan la salvación, pero yo no hubiera sido fiel a mi Señor si no hubiese incluido este capítulo en este libro. El Rapto es un evento limitado a quienes confían en Jesucristo por el perdón del pecado y la vida eterna. Lo mismo sucede para la salvación en general.

Ya sea por medio de la muerte o del Fin del Mundo, nuestro recorrido pronto llegará a su fin. Si algo escucha de mí en estas páginas, por favor, que sea esto: Dé un paso adelante y aférrese a Jesús para recibir salvación. ¡Él es el único que puede llevarlo a salvo a casa!

CAPÍTULO 13

LA REUNIÓN

Hace unos años, el autor y periodista estadounidense, A. J. Jacobs, recibió un correo electrónico de parte de un completo extraño en Israel. Decía: «No me conoces, pero soy tu primo en octavo grado; y tenemos más de 80.000 familiares tuyos en nuestra base de datos».

El correo electrónico puso a Jacobs, un investigador empedernido, en un camino de descubrimiento. ¿Con quién más estaba relacionado? ¡Él tenía que saberlo! Así que se navegó a fondo en las páginas *web* sobre genealogía y ADN, salió con varios descubrimientos asombrosos, y produjo una charla TED (y escribió un libro) sobre lo que había encontrado. Por ejemplo: Jacobs estaba encantado de saber que él está emparentado con Albert Einstein, junto con muchas otras celebridades destacadas y líderes políticos, sin mencionar algunos personajes infames.

Todavía sorprendido por la magnitud de su árbol genealógico descubierto, Jacobs intentó reunir a tantos de esos parientes como pudo en un esfuerzo por producir la reunión familiar más grande del mundo. La llamó *Reunión Familiar Mundial*, y tuvo lugar en junio de 2015. Más de 3.800 personas se reunieron en un gran campo en las afueras de la ciudad de Nueva York. Más de cuarenta reuniones similares tuvieron lugar en otras regiones del mundo.

En total, cerca de diez mil personas de la misma familia extendida se reunieron ese mismo día para celebrar. Según Jacobs, todo el fenómeno fue «horrible. Y genial. Fue el mejor peor día de mi vida».[1]

La idea de las reuniones familiares no es algo nuevo, claro está. Actualmente, según los registros mundiales *Guiness*, la reunión familiar más grande la llevó a cabo la familia Porteau-Boileve en Francia, el 19 de agosto de 2012, asistieron 4.514 familiares. Antes de esa reunión, la más larga fue en 2009 del clan Lilly en Flat Top, Virginia Occidental; una reunión anual desde su creación en 1929.

Claro está, nada de esta relación humana debe sorprender a los estudiantes de la Biblia. Todos somos descendientes de Adán y Eva y, por lo tanto, todos estamos emparentados. La raza humana en su conjunto es verdaderamente una familia internacional; una «Familia Mundial», en las palabras de A. J. Jacobs.

Sin embargo, hay una diferencia entre la familia del mundo y la familia de Dios; aquellos que están relacionados con Dios por la fe en Jesucristo. Romanos 8 nos dice que Dios es nuestro Padre y que hemos sido adoptados en su familia para compartir eternamente la herencia que Él ha preparado para sus hijos. La eternidad representa la reunión familiar más grande de todas las que uno pueda siquiera imaginar: miles de millones de almas de todas las naciones y todas las épocas se conocerán unos a otros y compartirán la fe que los reunió.

Antes de que ese reencuentro máximo suceda, otra reunión sorprendente —en realidad, tres reuniones en una— está en el calendario profético de Dios. Y es una reunión en tres partes que se llevará a cabo en el Rapto.

Veamos nuevamente 1 Tesalonicenses 4:16-18 para recordarnos del orden de los eventos en el día del Rapto. Mientras lo hace, observe las tres reuniones descritas en estos versículos: «Pues el Señor mismo descenderá del cielo con voz de mando, con voz de arcángel y con la trompeta de Dios, y los *muertos en Cristo se levantarán primero.* Entonces nosotros, los que estemos vivos y que permanezcamos, seremos arrebatados *juntamente con ellos* en las nubes al encuentro del Señor en el aire, y así *estaremos con el Señor siempre.* Por tanto, confórtense unos a otros con estas palabras» (énfasis del autor).

LA REUNIÓN DE LOS CUERPOS Y LAS ALMAS

La muerte es nuestra experiencia más temida y universal, e incluso los cristianos pueden estar aprensivos al respecto. Sin embargo, tal como vimos en el capítulo 6, la Biblia no define la muerte como el cese de la vida, sino como una separación. La muerte física es la separación entre el alma y el cuerpo.

Santiago escribió: «el cuerpo sin *el* espíritu está muerto» (Santiago 2:26). Pablo dijo a los corintios: »estar ausentes del cuerpo y habitar con el Señor» (2 Corintios 5:8). Salomón describió la separación de esta manera: «el espíritu volverá a Dios que lo dio» (Eclesiastés 12:7).

El mensaje de la Escritura es claro: para los hijos de Dios, la separación entre el alma y el cuerpo sucede durante la muerte y es solamente temporal. En el día del Rapto, cuando «los muertos en Cristo se levanten primero», nuestros cuerpos serán reconectados con nuestras almas, las cuales han estado viviendo con el Señor en el cielo. Por decirlo así, la voz de mando y la trompeta «despertarán» a quienes están dormidos; eso es, a aquellos que murieron siendo creyentes y fueron enterrados en sus tumbas.

Así como el cuerpo maltratado, magullado, ensangrentado y quebrantado de Jesucristo salió de la tumba en estado glorificado (excepto por las heridas en sus manos y su costado), así los cuerpos de los creyentes, sin importar su condición, serán resucitados en un estado inmortal y serán reunidos con sus almas.

Esta es la primera reunión que sucederá en el día del Rapto de la iglesia: los muertos en Cristo serán levantados y reanimados con nueva vida al ser reunidos con sus almas, las cuales han estado presentes con el Señor en el cielo.

LA REUNIÓN DE LOS CREYENTES MUERTOS Y LOS CREYENTES VIVOS

Pablo dijo en 1 Tesalonicenses 4:16-17: «y los muertos en Cristo se levantarán primero. Entonces nosotros, los que estemos vivos y que permanezcamos, seremos arrebatados juntamente con ellos [los que murieron en Cristo] en las nubes al encuentro del Señor en el aire». Aquellos que murieron y fueron enterrados en fe se levantarán primero, seguidos inmediatamente por aquellos que están vivos en fe al momento del Rapto de la iglesia.

Piense en lo que significa esto desde la perspectiva de nosotros, los que estamos vivos ahora y podríamos estar vivos en el día del Rapto. Primero, todos tenemos ancestros que conocemos por los registros familiares y las anécdotas, quienes eran creyentes en Jesucristo, pero que nosotros nunca tuvimos la oportunidad de verlos o conocerlos personalmente. Vivieron generaciones antes que nosotros y fueron cristianos fieles. Bueno, nosotros, los que estemos vivos al momento del Rapto seremos reunidos con ellos «en las nubes» donde nosotros «nos encontraremos con el Señor en el aire».

¡Hablando de una reunión familiar mundial!

Segundo, ninguna familia ha sido librada de la pérdida de alguien en su generación presente; un padre o abuelo, un cónyuge, un hijo, un amigo querido. No pasa un solo día sin que lamentemos la muerte de aquellos que amamos y que eran cercanos a nosotros. Sabemos que, cuando murieron, fueron a vivir con el Señor, aun así, todavía extrañamos sinceramente su presencia. Aun así, podemos consolarnos con la verdad de que llegará el día en que volveremos a encontrarnos con ellos en sus cuerpos resucitados.

De hecho, piense en esto: en el día del Rapto, en todo el mundo habrá funerales de cristianos que han muerto. Luego, más tarde ese mismo día o noche, los que asistieron al funeral escucharán la voz de mando y la trompeta del cielo. Y los que fueron enterrados más temprano en ese día se levantarán de los muertos y serán reunidos con familiares y seres queridos en las nubes.

Esta es la segunda reunión en el día del Rapto: la reunión de los creyentes muertos con los creyentes vivos. Con razón Pablo escribió: «Por lo tanto, confórtense unos a otros con estas palabras» (1 Tesalonicenses 4:18).

LA REUNIÓN DE LOS CREYENTES CON EL SEÑOR

Aquellos de nosotros que aman y siguen a Jesucristo, a veces nos preguntamos *¿Cómo sería ver a Jesús en persona? ¡Yo desearía haber estado cerca de él, aunque fuera solo por un día!* Dado que viajar en el tiempo no es una posibilidad, tratamos de satisfacer nuestros deseos de ver y conocer a Jesús físicamente por medio de crear narraciones dramáticas de su vida.

Todo cristiano que alguna vez ha deseado ver a Jesús en persona tendrá ese deseo cumplido en el Rapto; en la tercera reunión que sucederá en ese día. Esta es la reunión de los creyentes con su Señor. Juan el apóstol nos dice en hermosas palabras cómo será ese día: «Amados, ahora somos hijos de Dios y aún no se ha manifestado lo que habremos de ser. *Pero* sabemos que cuando Cristo se manifieste, seremos semejantes a Él, porque lo veremos como Él es» (1 Juan 3:2).

Tres verdades para observar. Primera, no sabemos con exactitud «lo que habremos de ser» en el futuro. Tan encantadora como puede ser la vida de hoy, «COSAS QUE OJO NO VIO, NI OÍDO OYÓ, NI HAN ENTRADO AL CORAZÓN DEL HOMBRE, *Son* LAS COSAS QUE DIOS HA

PREPARADO PARA LOS QUE LO AMAN» (1 Corintios 2:9). Lo que habremos de ser todavía no se ha revelado, pero *será* revelado.

¡Y *será* maravilloso!

Segunda, la revelación de lo que habremos de ser eternamente sucederá «cuando Él sea revelado». ¿El resultado? «Seremos como Él». Este es el máximo objetivo de nuestra salvación en Cristo: «Porque a los que de antemano conoció, también *los* predestinó *a ser* hechos conforme a la imagen de Su Hijo, para que Él sea el primogénito entre muchos hermanos» (Romanos 8:29). Los creyentes del pasado y del presente tendrán una reunión con Cristo, el primogénito en la familia de Dios. Nosotros, sus hermanos y hermanas, seremos como Él cuando nos reunamos con Él en el Rapto.

Tercera, la reunión de los creyentes con su Señor manifestará la respuesta final a la oración de Jesús al Padre en la noche antes de que Él fuera crucificado: «Padre, quiero que los que me has dado, estén también conmigo donde Yo estoy, para que vean Mi gloria, la *gloria* que me has dado» (Juan 17:24). Cuando seamos reunidos con Cristo en el Rapto, «¡lo veremos como Él es!».

Me pregunto: ¿Podría cualquier ser humano ver a Jesucristo en toda su gloria resucitada, ascendida y exaltada y no ser transformado instantáneamente? ¿Es por eso que «seremos semejantes a Él, porque lo veremos tal como Él es»?

El proceso de esa transformación en la imagen y semejanza de Cristo está por ser experimentada. Pero yo, por mi parte —y espero que usted también— estoy anticipando el resultado de estar unidos con nuestro Señor Jesucristo y verlo como Él es.

Mencioné anteriormente la reunión anual de la familia Lilly en Flat Rock, Virginia Occidental. A finales de los años 1700, Robert Lilly migró de Virginia y fundó la aldea de Lilly en Virginia Occidental. Este pueblo existió hasta 1946, cuando fue demolido previendo que una nueva represa podría inundar el lugar. Desde entonces, la reunión anual de la familia Lilly ha atraído a miles de «Lillys» de todo el mundo. Cada año es un festival centrado en la familia donde la música góspel de montaña y el compañerismo dominan el evento de tres días.[2]

A pesar de lo extraordinaria que ha sido esta reunión familiar, hay algunas diferencias entre ésta y la gran reunión de la que he escrito en este capítulo. Por un lado, solo los Llillys vivos asisten a la reunión anual familiar en Virginia Occidental; en la reunión de la iglesia con su Fundador, todos los que han elegido Su Nombre asistirán, tanto los muertos como los vivos.

Segundo, la reunión familiar de Lilly dura solamente tres días. La reunión de la iglesia con su Señor durará para siempre. ¡Nuestro gozo nunca terminará!

Y una última diferencia: En un espíritu de generosidad, la reunión familiar de Lilly les da la bienvenida a todos, incluso a quienes no se llaman Lilly ni tienen una conexión directa con la familia. Pero eso no será así en la reunión familiar del Rapto. Solamente aquellos que han elegido el Nombre de Cristo, solamente aquellos que son cristianos o «los que son de Cristo», serán invitados para asistir a la reunión familiar de Cristo en el Rapto.

¡Asegúrese de que usted ha elegido el Nombre de Cristo como propio!

CAPÍTULO 14

EL EFECTO DEL RAPTO

Robert Murray M'Cheyne fue un pastor brillante, altamente influyente y poeta en el siglo diecinueve en Escocia. Murió de tifus poco después de haber cumplido sus treinta años, haciendo que algunos pensaran que su potencial enorme se había desperdiciado. Sin embargo, en esos cortos treinta años, Dios usó a M'Cheyne para lograr más de lo que la mayoría de nosotros pudiera haber soñado en toda una vida. Él escribió varios libros, dirigió campañas evangelísticas altamente exitosas, y estableció un programa misionero en Israel para alcanzar a los judíos.

Me contaron que M'Cheyne usaba un reloj de pulsera especial sobre el cual había grabado «La noche llega». Cada vez que él miraba su reloj, recordaba que estaba por venir un tiempo cuando él ya no podría difundir las buenas nuevas del amor de Dios. Este recordatorio lo motivaba a ser ferviente.

Después de completar su descripción del Rapto a los creyentes tesalonicenses, Pablo concluyó su mensaje con un desafío motivacional. En este capítulo, me gustaría tomar las palabras de ánimo de Pablo y añadir algunas propias.

El Rapto nunca debe convertirse en solo un recorrido académico. La revelación en el Nuevo Testamento de este evento futuro tiene el propósito de animar, desafiar y motivarnos. Si comprendemos real y verdaderamente la realidad del Rapto, esto cambiará la manera en que anda por la vida en el aquí y ahora.

Veamos cuatro palabras que describen el efecto del Rapto, cuatro palabras que servirán para que usted destermine si está listo para el Rapto. No solo listo para el Rapto si fuera a suceder hoy, sino listo incluso si no sucede durante su vida.

CONSUELO

Pablo fue explícito al comunicarles la verdad del Rapto a los tesalonicenses para que no «se entristezcan como lo hacen los demás que no tienen esperanza» (1 Tesalonicenses 4:13).

El mensaje para estos tesalonicenses entristecidos, y para nosotros, es que la muerte no es el final. Todo el que muera en Cristo será restaurado a la vida física y llevado a estar con Él cuando regrese. Esta certeza ofrece un gran consuelo para aquellos cuyos seres queridos han muerto. Sin importar lo que suceda aquí en la tierra, tenemos la seguridad de la máxima resurrección y reunión. La promesa del Rapto quita el colmillo envenenado de la mandíbula de la muerte.

Jesús enfatizó esa promesa en la noche previa a su propia muerte. Él les dijo a sus discípulos que no se turbaran por su ausencia inminente porque Él regresaría y los llevaría a vivir con Él para siempre (Juan 14:1-3). El Rapto señala el cumplimiento de esa promesa, la cual nos anima para soportar mientras esperamos y nos da fortaleza para enfrentar cualquier prueba que nos embista en el ínterin.

En 1 Tesalonicenses 4:18, Pablo nos instó a usar nuestro conocimiento del Rapto para que «nos confortemos unos a otros». Él añadió esta frase el final de su explicación del Rapto. Nótese que él comenzó con la frase, *por tanto,* la cual introduce una cláusula de resultado independiente. En otras palabras: «a la luz de lo que les acabo de decir, esto es lo que deben hacer: confortarse unos a otros».

La palabra griega para «confortar» es *parakaleo*, la cual está escrita en una forma que indica acción continua. Como seguidores de Jesús, se nos ha enseñado a confortarnos unos a otros continuamente con el mensaje del Rapto y la resurrección. Debemos hacer de esto una práctica habitual hasta que el Señor regrese.

EXPECTATIVA

Charles Haddon Spurgeon, el gran pastor inglés del Tabernáculo Metropolitano en Londres, creyó que el Señor podría regresar en cualquier momento. Él, repetidamente, instó a su gente a cultivar una actitud de expectativa continua.

Escuchen la prédica de este hombre:

> Oh, amados, tratemos de levantarnos cada mañana como si fuera la mañana en la que Cristo vendría. Y, por la noche, cuando vayamos a dormir, que nos acostemos con este pensamiento: «Tal vez me despierte el sonido de las trompetas de plata que anuncian su venida. Antes de que salga el sol, es posible que me sobresalte de mis sueños por los más grandes de los gritos: "¡El Señor ha venido! ¡El Señor ha venido!"». ¡Qué control, qué incentivo, qué freno, qué gran estímulo serían para nosotros tales pensamientos! Tome esto como la guía de toda su vida: actúe como si Jesús viniera en el acto en el que está involucrado; y si no quiere ser sorprendido por la venida del Señor durante ese acto, entonces, que ese no sea su acto.[1]

Wayne Grudem sugirió que el grado en que estemos anhelando el regreso de Cristo es una medida de nuestra condición espiritual. Así como él lo explicó:

> Cuanto más se dediquen los cristianos a disfrutar de las cosas buenas de esta vida, y cuanto más descuiden la comunión cristiana y su relación personal con Cristo, menos anhelarán su regreso. Por otro lado, muchos cristianos que están pasando sufrimiento o persecución, o los que son ancianos y están enfermos, así como aquellos cuyo caminar diario con Cristo es vital y profundo tendrán un anhelo más intenso por su regreso.[2]

Como señaló el Dr. Grudem, la idea no es simplemente esperar la venida de Jesús como si estuviéramos esperando una tormenta en una nube negra; sino más bien, anticiparla como algo que esperamos con ansia y que anhelamos ver.

CONSAGRACIÓN

Muchos pasajes del Nuevo Testamento usan el regreso inminente del Señor para motivarnos hacia una consagración y servicio más grande para Él. El apóstol Juan escribió: «Amados, ahora somos hijos de Dios y aún no se ha manifestado lo que habremos de ser. *Pero* sabemos que cuando Cristo se manifieste, seremos semejantes a Él, porque lo veremos como Él es. Y todo el que tiene esta esperanza *puesta* en Él, se purifica, así como Él es puro» (1 Juan 3:2-3).

Como seguidores de Jesús, debemos llevar nuestra vida como un viaje de santificación continua, de ser transformados diariamente a la imagen de Cristo. Cuando llegue el Rapto, llegaremos de manera definitiva al final de nuestro viaje. «Seremos semejantes a Él» (1 Juan 3:2). Mientras tanto, nuestra tarea es no concentrarnos solamente en nosotros mismos, sino que logremos la obra de Cristo por medio de amar a nuestros vecinos e invirtiendo nuestros recursos en la proliferación del evangelio.

John Walvoord escribió:

> El Rapto no solo confronta a la gente con el desafío de recibir a Cristo antes de que sea muy tarde; sino que también desafía a los cristianos a vivir con la vista en los valores eternos. Ya que el Rapto puede suceder en cualquier momento y, por eso, las vidas de los creyentes en la tierra serán acortadas, necesitamos maximizar nuestro compromiso con Cristo haciendo nuestro máximo esfuerzo para el Señor en vivir rectamente y servirlo a Él y a los demás.[3]

El difunto Dr. Renald Showers concluyó su libro sobre el Rapto con estas palabras:

> El hecho de que el Hijo de Dios santo y glorificado pudiera pasar por la puerta del cielo en cualquier momento tiene la intención de Dios de ser la motivación más apremiante e incesante para una vida santa y un ministerio agresivo (incluyendo las misiones, el evangelismo y la enseñanza bíblica) y la mayor cura para el letargo y la apatía. Debería marcar la diferencia en los valores, las acciones, las prioridades y las metas de cada cristiano.[4]

Nuestro objetivo como cristianos no es el de simplemente ser incluidos en el Rapto, sino de llevar con nosotros a tantas personas como podamos.

EXAMEN

Suponga que el Señor Jesús elige este preciso momento para regresar. ¿Estaría usted listo? Jesús nos advirtió que Él viene pronto (Apocalipsis 22:12). Cuando el momento llegue, no habrá tiempo para que usted se prepare para el cielo. Así que la pregunta que tiene que hacer es esta: «¿Me he comprometido con Jesucristo y sometido a Él como mi Señor y Salvador?».

Todo lo que necesita saber para tomar esa decisión descansa ante usted en la Biblia.

Después, Jesús prometió a sus discípulos que Él iría a preparar un lugar para ellos y regresaría para llevarlos allá, Él añadió: «ustedes ya conocen el camino para ir a donde yo voy» (Juan 14:4, NBV).

Inmediatamente, su discípulo analítico «muéstrame», Tomás, dijo: «Señor, *si* no sabemos adónde vas, ¿cómo vamos a conocer el camino?» (v. 5).

Jesús respondió con una de las declaraciones más importantes en la Biblia. Es la respuesta del cielo para cualquiera que busque la salvación de la muerte eterna. Él dijo: «Yo soy el camino, la verdad y la vida; nadie viene al Padre sino por Mí» (v. 6).

Tal vez está leyendo este libro sin ser creyente, quizá sea solo por curiosidad. Usted nunca ha reconocido a Cristo como su Señor ni ha sometido su vida a Él. Podría ser o no que haya entendido todo lo que leyó aquí, pero yo espero que pueda, por lo menos, ver que Dios traerá un final al caos de este mundo dañado por el pecado y restaurará su gobierno perfecto sobre él. Dios quiere que usted sea parte de ese nuevo comienzo. Él ha retrasado su regreso durante siglos para darle a usted, y a otros como usted, la oportunidad de venir a Él antes de que se cierre la puerta; lo cual sucederá inevitablemente ya sea cuando Él regrese o cuando usted muera.

Hay un libro en el cielo, un registro, llamado el Libro de Vida del Cordero, en el cual están registrados los nombres de todos los que estarán en el cielo. En una ocasión, Jesús les dijo a sus discípulos, después de que ellos habían informado del gran éxito en sus ministerios: «Sin embargo, no se regocijen en esto, de que los espíritus se les sometan, sino regocíjense de que sus nombres están escritos en los cielos» (Lucas 10:20).

¿Está su nombre escrito en el cielo? ¿Tiene una reservación allí? Un día, usted estará frente a Dios y Él le dirá: «¿Por qué debería dejarte entrar a Mi cielo?».

Usted tiene que poder decir: «Mi nombre está en el Libro de la Vida del Cordero. Tengo una reservación. He puesto mi confianza en Jesucristo como mi Salvador y, por lo tanto, califico para entrar en Tu cielo».

A Ruthanna Metzgar una vez le pidieron que cantara en una boda en Seattle, donde vive. Era una boda lujosa. Una de las familias más acaudaladas en la ciudad tenía una hija que se iba a casar, y Ruthanna consideró que era un gran honor el ser la solista elegida. Estaba particularmente emocionada porque la recepción de la boda se llevaría a cabo en los dos niveles más altos del Columbia Center, el edificio más alto en el Noroeste.

Todo el evento era exclusivo, y Ruthanna no podía evitar pensar acerca de cuán divertido sería ir acompañada de su esposo, Roy.

Después de la boda, Ruthanna y Roy se dirigieron a las hermosas instalaciones y se acercaron a la recepción del edificio. Observaron cómo el maître D', quien estaba vestido con un espléndido esmoquin, admitía y presentaba a los invitados y los conducía hacia los deliciosos entremeses y las bebidas exóticas.

Poco después, los novios se acercaron a una hermosa escalera de vidrio y latón que conducía al último piso, y alguien, ceremoniosamente, cortó una cinta de raso que colgaba de la parte inferior de las escaleras y anunció que el banquete de bodas estaba a punto de comenzar.

Cuando Roy y Ruthanna se acercaron a la parte de arriba de las escaleras, el maître D' les preguntó: ¿Me pueden dar su nombre, por favor?". Frente a él había un libro encuadernado.

Soy Ruthanna Metzgar y este es mi esposo, Roy".

El maître D' busco entre los listados del libro y luego revisó nuevamente. Le pidió a Ruthanna que deletreara su nombre, y buscó otra vez. Finalmente, levantó la vista y dijo: «lo siento, pero su nombre no está aquí».

«Oh, debe haber algún error», dijo Ruthanna. «Yo soy la cantante. ¡Canté para esta boda!».

«No importa quién sea o lo que hizo», dijo el hombre, «sin su nombre en este libro, no puede asistir a este banquete». Hizo un gesto a un camarero y le dijo: «Muéstrales el ascensor de servicio a estas personas, por favor».

Los Metzgar fueron conducidos abruptamente pasando por mesas bellamente decoradas, cargadas de camarones, salmón ahumado entero y magníficas esculturas de hielo tallado. Pasaron junto a la orquesta que se preparaba para actuar. Todos los músicos resplandecían en los esmóquines blancos. Los Metzgar fueron conducidos a través de los invitados que disfrutaban la comida, el compañerismo, las vistas y la opulencia del momento.

El camarero llevó a Ruthanna y a Roy al elevador de servicio, los guió a entrar y presionó el botón *G* para el estacionamiento. Los Metzgar estaban atónitos al encontrarse en la calle, conduciendo a casa, en silencio. En algún punto del camino, Roy volteó a verla y preguntó «Cariño, ¿qué pasó?».

Ella respondió: «Cuando llegó la invitación para la recepción, yo estaba muy ocupada y no me molesté en enviar la confirmación de la invitación. Además, ¡yo era la cantante, seguramente podría ir a la recepción sin confirmar nuestra asistencia!».

Entonces, como Ruthanna recordó después, ella empezó a llorar; no solo porque se había «perdido del banquete más lujoso» al que jamás había sido invitada, sino también porque de repente había probado una pequeña muestra de cómo será cuando, algún día, las personas se presenten ante Cristo y descubran que sus nombres no están en el Libro de la Vida del Cordero.[5]

CAPÍTULO 15

¿SERÁN ARREBATADOS LOS NIÑOS?

A Ashley Irwin le invadió una ligera sensación de gracia como de sobresalto cuando su pequeño hijo, Wyatt, le pidió que le bajara su maletín de Marvel. «Mañana tengo un viaje importante», le dijo.

Al principio, Ashley pensó que su hijo se refería a ir a la iglesia, pues todo esto se estaba dando un sábado en la noche. Sin embargo, Wyatt tenía una meta mucho más grande en mente: un destino mucho mejor.

«Me voy al cielo», le dijo a su mamá.

En ese momento, Ashley entendió. Su esposo, Tyler, había fallecido casi dos años atrás. Wyatt estaba planeando un viaje para visitar a su papá. Sin hacer más preguntas, Ashley bajó el maletín y se lo entregó a su hijo para que empacara en privado.

Luego, cuando el niño estaba dormido, vio lo que había empacado y encontró una variedad de hermosos suministros. Primero encontró máscaras y capas de superhéroes. También encontró un silbato, luego dos guantes de béisbol y una pelota. Encontró una colección de dardos de esponja y dos billeteras. Una le pertenecía a Wyatt y la otra era de su padre. La billetera de Wyatt estaba llena de fotos familiares.

Por último, Ashley encontró un frasco de la colonia de su esposo que Wyatt había colocado en el interior de un zapato.[1]

Creo que nunca había escuchado una historia tan conmovedora que la de un niño que empacaba su maleta, con dos guantes, no uno, para ir a ver a su padre al cielo. No importa cuánto tiempo viva, estoy seguro de que nunca llegaré hasta las profundidades de la imaginación ni de la fe de un niño.

Sin embargo, el deseo de Wyatt por ver a su padre en el cielo me despierta un interés y una conexión importante con el tema de este libro. Específicamente, ¿qué pasará con todos esos niños el día del Rapto? ¿Qué sucederá con esos niños que son tan pequeños como para tomar una decisión sobre la eternidad cuando esta eternidad impacte en nuestro mundo? ¿Ofrece la Biblia alguna claridad para los padres y los abuelos (o alguna esperanza)?

Sí. Lo que les sucede a los niños cuando mueren es la clave para entender lo que les acontecerá si están vivos en la tierra cuando llegue el momento del Rapto.

Lo bueno de todo es que las escrituras nos da cuatro razones sólidas para creer que los niños que mueren, y aquellos que viven cuando venga el Rapto, irán directamente al cielo.

EL CARÁCTER DE DIOS

La Biblia está repleta de información acerca de la naturaleza de Dios: su carácter, personalidad y atributos. La escritura lo llama nuestro *padre*, lo que debería darnos una pista. No solo se trata de una fuerza distante en el universo. En palabras de Jesús, Dios es el «Padre nuestro que estás en los cielos» (Mateo 6:9).

En Deuteronomio 1:29-31 encontramos un hermoso pasaje que describe el amor paternal de Dios: «No teman ni les tengan miedo.

El SEÑOR su Dios, que va delante de ustedes, Él peleará por ustedes, así como lo hizo delante de sus ojos en Egipto y en el desierto, donde has visto cómo el SEÑOR tu Dios te llevó, como un hombre lleva a su hijo, por todo el camino que anduvieron hasta llegar a este lugar».

Dios está lleno de compasión, ternura y misericordia. Nos lleva por lugares difíciles como un padre lleva a su hijo en brazos. Salmos 145:9 dice: «El SEÑOR es bueno para con todos, Y su compasión, sobre todas Sus obras».

Si Dios es bueno con todos, definitivamente eso incluye a los pequeños también. Si su dulce misericordia cubre a toda su creación, con toda seguridad también incluye a los niños. Sabe, así como nosotros, que los bebés no pueden entender el testimonio de Dios, ni siquiera en la creación ni en las escrituras. Dios sabe que los niños pequeños no pueden comprender la verdad del evangelio. No obstante, Dios los ama profundamente. Ama a los niños y se deleita en los bebés que ha creado. Ama a los que no han nacido y a los recién nacidos. Ama a los bebés y a los niños pequeños.

Solo en los evangelios, la palabra *niños* aparece más de cincuenta veces. La Biblia enseña que Dios conoce y ama a los niños con un cuidado lleno de dulzura. Así también, de acuerdo con las escrituras, la vida comienza en el momento de la concepción. Entonces, Dios conoce y ama al bebé que no ha nacido, a aquel bebé que está en el vientre.

El salmista escribió:

> Porque Tú formaste mis entrañas;
> Me hiciste en el seno de mi madre.
> Te daré gracias, porque asombrosa y maravillosamente he sido hecho;
> Maravillosas son Tus obras,
> Y mi alma lo sabe muy bien.
> No estaba oculto de Ti mi cuerpo,
> Cuando en secreto fui formado,
> Y entretejido en las profundidades de la tierra.
> Tus ojos vieron mi embrión,

Y en Tu libro se escribieron todos
Los días que *me* fueron dados,
Cuando *no existía* ni uno solo de ellos.
¡Cuán preciosos también son para mí, oh Dios, Tus pensamientos!
¡Cuán inmensa es la suma de ellos! (Salmos 139:13-17).

En una gran cantidad de ocasiones, Dios se refiere a los pequeños como «inocentes» (Jeremías 2:34; 19:4). No significa que los niños sean «sin pecado», sino que todavía no son responsables de sus pecados, como en el caso de aquellos que pecan deliberada y premeditadamente. Dios entiende la diferencia.

El carácter de Dios establece los cimientos para darse cuenta de que los niños que no pueden entender el evangelio están envueltos en la gracia y misericordia de nuestro Señor. El corazón de Dios es dulce sobre ellos, y sobre ellos reina su compasión.

LA CONDICIÓN PARA RECIBIR SALVACIÓN

Existe una razón por la cual los niños van directamente al cielo cuando mueren y por la cual serán arrebatados en los brazos de Jesús si viven cuando Él regrese. Esta segunda razón tiene que ver con la disposición ante la salvación.

Hagámonos esta pregunta: «¿Qué debe hacer una persona para extraviarse?» La respuesta sería: deben rechazar el ofrecimiento gratuito de la gracia salvadora de Dios.

Los niños muy pequeños no saben ni entienden qué significa rechazar el evangelio con plena intención. Como escribió John MacArthur: «Los niños pequeños no tienen un registro de incredulidad o de malas obras y, por lo tanto, no existe una base que les haga merecer una eternidad apartados de Dios. Dios los salva por gracia y en su soberanía, como parte de la obra de redención de Jesucristo».[2]

Los bebés están protegidos con la sangre de Cristo, quien ama a todos los pequeñitos del mundo y quien está dispuesto a que ni uno solo perezca.

LA COMPASIÓN DEL SALVADOR

Cuando leemos las historias de Jesús en los evangelios, descubrimos que nuestro Señor tiene un amor increíble por los niños y lo ha demostrado en muchas ocasiones. Un ejemplo llegó a ser tan relevante que está registrado por Mateo, Marcos y Lucas. La narración de Mateo dice: «Entonces trajeron *algunos* niños a Jesús para que pusiera las manos sobre ellos y orara; y los discípulos los reprendieron. Pero Jesús dijo: "Dejen a los niños, y no les impidan que vengan a Mí, porque de los que son como estos es el reino de los cielos"». (Mateo 19:13-14, también lea Marcos 10:13-14 y Lucas 18:15-16).

También tenemos un hermoso pasaje en el evangelio de Mateo que es tan determinante como cualquier otro versículo en la Biblia que habla del amor eterno que Jesús tiene por los niños: «Así, no es la voluntad del Padre que está en los cielos, que se pierda uno de estos pequeñitos» (18:14).

Es aquí donde encuentro un buen espacio para tratar el tema de los niños que mueren antes de nacer. ¿Qué pasa con los bebés que nunca nacieron por abortos espontáneos o intencionales? ¿Estarán presentes con Dios en el cielo?

Sí. Nuestra convicción de esta aseveración se basa en la creencia bíblica de que un niño es una persona desde el momento de la concepción. Dado que esto es cierto, todos los bebés que murieron antes de nacer, ya sea por abortos espontáneos, intencionales o terribles accidentes, van directo al cielo.

J. Vernon McGee escribió: «creo con todo mi corazón que Dios criará a esos pequeños de tal manera que los brazos de la madre que sufrió por ellos tendrán la oportunidad de abrazarlos. La mano del padre que nunca pudo sujetar la manita de su pequeño recibirá ese privilegio. Tengo la convicción de que los niños crecerán en el cielo bajo el cuidado de sus padres terrenales si estos llegaran a ser salvos».[3]

Si usted pasó por un aborto, déjeme decirle que Dios sabe cómo derramar perdón y sanidad a su vida mediante los méritos de Cristo. El aborto no es un pecado que no pueda llegar a perdonarlo. Dios no solo lo perdona, hace mucho más que eso. Gracias a su misericordia, ese pequeñito que ya no está lo esperará en el cielo y juntos, ese precioso niño y usted, disfrutarán eternamente de una relación llena de amor.

Jesús los ama y ama a cada niño desde su concepción. De hecho, Dios nos ama desde antes de los inicios del tiempo.

EL HIJO DE DAVID

Las páginas del Antiguo Testamento nos cuentan la sórdida historia del adulterio del rey David con Betsabé y su conspiración para matar al esposo. Después de estos hechos infames, por un año mantuvo David este pecado en su corazón, pero finalmente el Señor mandó al profeta Natán para confrontarlo. Natán predijo que el hijo que David y Betsabé habían concebido iba a fallecer. Cuando el niño enfermó, David le suplicó a Dios por la vida del niño. Ayunaba y pasaba las noches tirado en el suelo. El niño estuvo enfermo por siete días hasta que finalmente murió.

Cuando David supo que el niño había muerto, hizo algo que parecía muy extraño en ese tiempo. «Entonces David se levantó del suelo, se lavó, *se* ungió y se cambió de ropa; entró en la casa del Señor y adoró. Después vino a su casa y cuando pidió, le pusieron comida delante y comió.» (2 Samuel 12:20).

Si siente confusión ante las acciones de David, no es el único.

«¿Qué es esto que has hecho? Mientras el niño vivía, Mientras el niño vivía, usted ayunaba y lloraba, pero cuando el niño murió, se levantó y comió pan» (v. 21).

La respuesta de David para estos siervos que lo cuestionaban ha traído paz a muchos padres afligidos. Esto fue lo que dijo: «Mientras el niño *aún* vivía, yo ayunaba y lloraba, pues me decía: "¿Quién sabe si el SEÑOR tendrá compasión de mí y el niño viva?". Pero ahora que ha muerto, ¿por qué he de ayunar? ¿Podré hacer que vuelva? Yo iré a él, pero él no volverá a mí» (vv. 22-23).

Puede decirse que la última oración en este pasaje (2 Samuel 12:23) es la más relevante en la Biblia que trate de lo que les sucede a los niños cuando mueren. La esperanza de David en ese momento estaba fundamentada en la eternidad, en el cielo. Sabía que volvería a ver nuevamente a su hijo. En esencia dijo: «no puedo traerlo de regreso, pero un día iré al lugar en el que está mi hijo y volveremos a reunirnos».

David no hablaba de reunirse con su hijo en la muerte, pues la actitud detrás de sus palabras era de esperanza y ánimo. Pensar en una reunión eterna fue lo que lo mantuvo a flote. ¿Dónde pensaba él que sería la reunión? En la tumba no era, tampoco en el infierno. ¡David anticipaba el cielo! Expresó la creencia de que su bebé se había adelantado a ese lugar de bendición y la idea de reunirse con este niño en el cielo animaba demasiado a David, al punto que dejó de llorar y ayunar, se vistió y fue a reunirse con los demás.

David sabía esta verdad: cuando los niños mueren o si el Rapto se da antes de que entiendan el evangelio, irán directamente al cielo.

Había una familia cuyo bebé había fallecido. Su hija pequeña se acercó a su madre y le preguntó a dónde se había ido su hermanito. «Con Jesús», respondió la madre.

Unos días después, la madre fue a visitar a una amiga. «Me siento intensamente triste por haber perdido a mi bebé», le dijo. La pequeñita, que había escuchado las palabras de su madre, se acercó a ella y le dijo: «Mami, ¿se puede perder algo que sabes dónde está?».

«No, claro que no», respondió la madre.

«Entonces, ¿cómo puede estar perdido un bebé cuando se ha ido con Jesús?».

¿No es una verdad hermosa que debemos tener en mente? Si sabemos dónde están, no están perdidos. Solo estamos esperando a que llegue el momento en el que nos reunamos en el futuro.

CAPÍTULO 16

VIVA COMO SI ESTUVIERA MURIENDO

«Viva como si estuviera muriendo». Ese fue el título de una canción muy popular de Tim McGraw que sonó hace unos años. La letra habla de amar profundamente, de hablar con dulzura y de perdonar a quien alguna vez le guardó rencor. El pensamiento final en la canción dice algo como: «Espero que algún día puedas tener la oportunidad de vivir como si estuvieras muriendo».[1]

Casi al mismo tiempo en que se lanzó esta canción, el profesor Randy Pausch, profesor de la universidad Carnegie Mellon, recibió una invitación para ser orador en una serie de conferencias. En ellas solicitaban gentilmente a los oradores que presentaran su conferencia como si fuera la última de su vida, que presentaran como si estuvieran a punto de morir. Resulta que así fue en el caso de Pausch, quien murió a causa de cáncer de páncreas a la edad de 47 años. Su presentación fue una inolvidable charla que llegó a ser un libro con más de diez millones de copias vendidas. El libro se llamó *La última lección*.[2]

El cantante de música country y el profesor de la universidad pensaron en un acorde en común: en la importancia de vivir con propósito, de caminar en la vida con una sensación de urgencia fundamentada en que existe algo mucho más grande que la mera búsqueda de placer.

Durante los últimos capítulos hemos estado explorando el «qué» del Rapto, de qué se trata, qué sucederá en ese momento, qué cambiará cuando Cristo regrese por su iglesia. Ahora llegó el momento de examinar el «por qué» del Rapto. En específico, hablaremos de por qué es importante para usted y para mí en estos tiempos.

Tal vez se haya estado preguntando cuál es la relevancia del Rapto. Si el Rapto es un acontecimiento del futuro, ¿por qué nos importa ahora? Y si el Rapto es el momento en el que todos los cristianos, vivos y muertos, se reúnen con el Señor en el cielo, ¿por qué este suceso afectaría mi vida en la tierra?

La respuesta está conectada con los temas que Tim McGraw y Randy Pausch resaltaron. De la misma forma en la que la muerte puede ayudar a todas las personas a reconocer el valor de la vida, la realidad del Rapto debe motivar a los seguidores de Jesús a hacer un uso adecuado de nuestro tiempo aquí y ahora. La historia no perdurará por siempre, pues el fin se acerca, y quizás sea pronto. Por ello, somos responsables de amar a Dios y de amar a los demás al máximo mientras tengamos la oportunidad de impactar en la eternidad.

Si en algún momento la iglesia de Dios y el pueblo de Cristo deben llegar a apropiarse de ese carácter de urgencia, ese momento es ahora.

Esa es la esencia del desafío que Pablo nos deja en Romanos 13:11-14:

> Y *hagan* todo esto, conociendo el tiempo, que ya es hora de despertarse del sueño. Porque ahora la salvación está más cerca de nosotros que cuando creímos. La noche está muy avanzada, y el día está cerca. Por tanto, desechemos las obras de las tinieblas y vistámonos con las armas de la luz. Andemos decentemente, como de día, no en orgías y borracheras, no en promiscuidad sexual y lujurias, no en pleitos y

envidias. Antes bien, vístanse del Señor Jesucristo, y no piensen en proveer para las lujurias de la carne.

Con palabras directas y contundentes, Pablo ofreció cuatro claves para resistir la seducción de nuestra generación y a permanecer alertas cuando Cristo regrese. Me gusta pensar que esas claves son las prioridades del Rapto para el pueblo de Dios.

VIGILE TENAZMENTE

Siempre ha sido importante entender los tiempos. En el Antiguo Testamento se menciona el nombramiento de un grupo con un propósito específico, el cual era discernir los tiempos a favor de la nación de Israel. Las personas que fueron designadas a esta tarea eran «los hijos e Isacar, expertos en discernir los tiempos, con conocimiento de lo que Israel debía hacer» (1 Crónicas 12:32).

«Hoy *habrá* tempestad, porque el cielo está rojizo y amenazador». ¿Saben ustedes discernir el aspecto del cielo, pero no pueden *discernir* las señales de los tiempos? (Mateo 16:3).

En otras palabras, los líderes espirituales del tiempo de Jesús vigilaban la lluvia o la puesta del sol; no obstante, seguían ciegos a las obras del Espíritu Santo en su vida.

El evangelista Vance Havner lo describe de esta manera: «El diablo ha adormecido la atmósfera de esta época. Por lo tanto, en vista de las promesas firmes del regreso de Cristo, como creyentes, tenemos la misión de hacer más que solo estar listos, también tenemos que mantenernos expectantes. En este tiempo de anarquía, apostasía y apatía, necesitamos quitar nuestros rótulos de "No molestar", liberar nuestra capacidad de asombro, salir de nuestro coma y despertar de nuestra apatía».[3]

Estemos listos o no, el Señor viene. Su regreso es incuestionable y según lo que dice Pablo, también es inminente: «Porque ahora la salvación está más cerca de nosotros que cuando creímos» (Romanos 13:11).

Cuando uso la palabra *inminente*, no me refiero a una palabra relacionada con el calendario. Tampoco estoy definiendo una fecha para el regreso del Señor. *Inminente* no significa *inmediato*. Simplemente significa que algo puede pasar en cualquier momento, que no tiene que suceder nada antes de que se dé ese suceso (vamos a explorar esa idea con más profundidad en el capítulo 21).

Pablo expresó la verdad acerca del regreso del Señor en este pasaje de una forma única cuando dice: «Porque ahora la salvación está más cerca de nosotros que cuando creímos».

Si quiere tener una buena respuesta para aquellos que preguntan cuándo regresa el Señor, aquí tiene esta. Solo dígales que su venida está más cerca ahora que cuando se convirtió en creyente del Señor. ¡Esta siempre será una respuesta precisa!

Sin embargo, ¿qué quería decir Pablo cuando habló de que nuestra salvación está más cerca que cuando creímos? Y es que, después de todo, nuestra salvación ¿no está en el pasado?

Cuando Pablo usó la palabra *salvación* en este contexto, estaba contemplando el concepto de plenitud, de totalidad. Desde el momento en el que decimos sí a Cristo, el Espíritu Santo nos sella y quedamos limpios de todo pecado. Después viene el proceso continuo de crecimiento en el que nos ajustamos, molécula espiritual por molécula espiritual, hasta llegar a la imagen de Cristo mediante la obra redentora del Espíritu Santo. De último viene el tiempo futuro del cual habla Pablo en Romanos 13. Finalmente, llegará el día en que estaremos absolutamente libres de la presencia del pecado.

Esta es una buena forma de recordar esta salvación tripartita:

- Pasado: hemos sido salvados del castigo del pecado.
- Presente: nos sigue salvando del poder del pecado.
- Futuro: seguiremos siendo salvos de la presencia del pecado.

Mi salvación estará completa cuando Jesús me lleve ante Él en el futuro, cuando por fin el pecado quede destruido y la vida en Cristo sea perfecta. Y ese día, dice Pablo, «está más cerca de nosotros que cuando creímos». Por lo tanto, usted y yo debemos mantenernos vigilantes en el presente, a medida que damos espacio a la victoria de Cristo desde el pasado para guiarnos a un futuro glorioso.

Charles Spurgeon predicó en la época victoriana de Inglaterra sobre el problema de apatía que se daba en ese tiempo. Hizo hincapié en algo que no olvidaré tan fácilmente. Dijo: «Puedes dormir, pero no puedes provocar al diablo a que cierre los ojos... el príncipe de la potestad del aire mantiene a sus siervos trabajando... si pudiéramos, con una mirada, veríamos las actividades de los siervos de Satanás y nos quedaríamos sorprendidos de nuestro aletargamiento».[4]

BATALLE VALIENTEMENTE

Sé que «ver» puede sentirse como una actividad relativamente pasiva. Es como ver que una pintura se seque. No obstante, Pablo tenía otros planes, y otras prioridades, para los seguidores de Jesús: «La noche está muy avanzada, y el día está cerca. Por tanto, desechemos las obras de las tinieblas y vistámonos con las armas de la luz» (Romanos 13:12).

Este versículo nos presenta dos mandatos fundamentales. El primero es que «desechemos las obras de las tinieblas», ¿qué significa eso?

La *oscuridad* es un término que se usa frecuentemente en las escrituras para describir la vida que llevábamos antes de confiar en Cristo como Salvador. Por ejemplo: «porque antes ustedes eran tinieblas, pero ahora son luz en el Señor; anden como hijos de luz» (Efesios 5:8).

Muchos seguidores de Cristo se sorprenden cuando descubren que, al volverse cristianos, su vieja naturaleza sigue presente en ellos. Seguimos luchando con el pecado. Dicho de una forma más específica, seguimos acarreando el deseo del pecado, razón por la que es tan necesario que demos batalla a esos impulsos pasados. Estamos en guerra en contra de nuestra vieja naturaleza.

Un dicho antiguo reza:

> Dos naturalezas pelean en mi pecho.
> Una es maldad y la otra es bendición.
> A una la abrazo y a la otra la desecho.
> ¡Aquella que alimente ganará mi condición!

El segundo mandato de Pablo es más positivo: «vistámonos con las armas de la luz» (Romanos 13:12).

Aquí, Pablo usa una conexión imaginaria con la imagen del Nuevo Testamento para la idea de caminar en unidad con Dios.

Juan dijo: «mas si andamos en la luz, como Él está en la luz, tenemos comunión los unos con los otros, y la sangre de Jesús su Hijo nos limpia de todo pecado» (1 Juan 1:7).

Me han dicho que, científicamente, no existe la tal oscuridad. La oscuridad es un término que simplemente se usa para describir la ausencia de luz, lo que significa que en cualquier lugar en el que haya luz, la oscuridad deja de existir, se desvanece.

De la misma manera, cuando caminamos en la luz de Cristo, toda oscuridad espiritual tendrá que huir.

ANDE VIRTUOSAMENTE

¿Qué significa «caminar en la luz»? ¿Cómo llegamos a vivir virtuosamente como seguidores de Cristo? Nuevamente, el primer paso es rechazar esas partes en nosotros que sabemos que son pecaminosas.

Sigamos explorando las palabras insistentes de Pablo que habla a los cristianos en Roma, y a nosotros: «Andemos decentemente, como de día, no en orgías y borracheras, no en promiscuidad sexual y lujurias, no en pleitos y envidias» (Romanos 13:13).

Pablo se enfocó específicamente en seis factores que nos impiden caminar «decentemente»: fiestas, embriaguez, obscenidad, lujuria, pleitos y envidia. A primera vista, podría verse como una selección aleatoria de vicios. Sin embargo, estos seis pecados llegan a ser peculiarmente peligrosos porque pueden ocultarse en la noche del corazón humano antes de que se manifiesten a la luz del día.

Si nadie más conoce mis pequeñas luchas, pensamos, *entonces no son tan dañinas. Ya me encargaré de ellas después.* Es el pensamiento con el que nos engañamos.

De nuevo, ese es el poder del Rapto, el que nos recuerda que «después» no es lo suficientemente bueno. ¡Cristo ya viene! Existe un plan cósmico del cual cada uno de nosotros es una diminuta parte, sí, diminuta, pero seguimos siendo parte. Dios nos ha dado trabajo que debemos completar antes del día de su regreso. Por ello podemos decidir caminar virtuosamente.

ESPERE VICTORIOSAMENTE

Vigilar tenazmente, pelear valientemente, caminar virtuosamente para poder llegar a esperar victoriosamente. A la luz de la realidad del Rapto, anticipamos la victoria futura de Dios sobre el mal, así como disfrutamos la victoria que Cristo ha tenido sobre nuestro pecado.

«Antes bien, vístanse del Señor Jesucristo, y no piensen en proveer para las lujurias de la carne» (Romanos 13:14).

¿Qué significa «vístanse del Señor Jesucristo»? Ray Stedman sugiere este enfoque:

> En la mañana, al levantarme, busco que la ropa que me ponga sea la que se adapte a ser parte de mí durante el día. De esta manera, va a donde voy y hace lo que hago. Me cubre y me hace ver presentable ante los demás. Ese es el propósito de la ropa. De la misma manera, el apóstol nos está diciendo: «Vístanse de Jesucristo cuando se levanten

> en la mañana. Háganlo parte de su vida este día. Traten de que vaya con ustedes a dondequiera que vayan y que sea Él quien actúe a través de ustedes en todo lo que hacen. Supliquen tener los recursos de Cristo. ¡Vivan su vida en CRISTO!».[5]

Cuando vivimos de esta manera, dejamos de «satisfacer los deseos de la carne». No damos oportunidad de recompensar nuestros deseos de maldad.

«No ceda sus planes al pecado ni le dé la bienvenida. No le brinde ni una sola oportunidad. Expulse al pecado de su entrada y no deje que entre a la casa».[6]

Hay un viejo dicho que dice algo así: «Clama a Dios, pero rema lejos de las rocas». La idea es salvaguardarse al colocarse en la mejor situación posible para salir victorioso y alejarse tanto como le sea posible del lugar que seguramente le lleva al fracaso.

Cuando nos convertimos en cristianos, Cristo vive en nosotros y aprendemos a estar incómodos con todo lo que lo aflija. El solo saber, saber en verdad, que Cristo vive en usted es la motivación más grande hacia una vida piadosa que llegará a experimentar en su vida. En muchas formas, ese conocimiento es la clave hacia la victoria en nuestra vida espiritual.

La épica película de guerra *Salvando al soldado Ryan* nos cuenta la historia de una misión de rescate que se enfoca en el joven soldado raso James Ryan durante la Segunda Guerra Mundial. Cuando un alto funcionario en Washington, DC, se entera de que tres de los hermanos de James murieron en combate, uno a los pocos días del otro, ordena una misión especial para que traigan al joven y lo entreguen a su madre. Es el único hijo que le queda.

Infortunadamente, la unidad de James ha desaparecido en combate en algún lugar en Francia. Por ello, el capitán John Miller es el encargado de conformar un escuadrón y encontrar al soldado Ryan, misión con la que cumple. No obstante, cuando el joven soldado Ryan se niega a abandonar a sus camaradas, el capitán Miller y su escuadrón se ven obligados a defenderlo en medio de una terrible batalla en contra de las fuerzas enemigas. James Ryan sobrevive esa batalla, pero el capitán Miller y la mayoría del escuadrón mueren a manos de los enemigos.

Al final de la película, el capitán Miller, quien ha recibido una herida mortal, acerca bruscamente al aturdido soldado y le dice en su último respiro: «James, gánate esto, ¡gánatelo!».

La siguiente escena muestra un salto hacia el presente, en donde James Francis Ryan, con más de ochenta años, rinde homenaje a la tumba del capitán Miller en Omaha Beach, Normandía. Se repone de la emoción y tal vez con cierta culpa, James le habla a la lápida como si estuviera hablándole a Miller y al resto del grupo: «Ojalá haya sido suficiente… ojalá haya sido digno y merecedor de todo cuanto haya hecho por mí».[7]

Claro que nadie puede llegar a merecer tan grande sacrificio. Nadie puede ser «digno y merecedor». Lo bueno de todo esto es que, ningún regalo se gana, en especial el regalo de la vida.

También esa es la verdad de la salvación: nunca podremos ganarla, pero podemos, en palabras de Pablo: «vivan de una manera digna del llamamiento que han recibido» (Efesios 4:1, NVI).

Ese es el mensaje que quiero comunicar en este capítulo. Debido a lo que Jesús ha hecho por nosotros y debido a la realidad del Rapto, evitemos todo lo que mancilla el esplendor de su sacrificio. Como seguidores de Cristo, mantengámonos alertas, vigilantes, con un ojo en los encabezados de noticias y otro en los cielos del este. ¡Aprendamos a vivir como si estuviéramos muriendo!

CAPÍTULO 17

¿QUÉ PASA EN EL CIELO?

Hasta donde mi personal y yo podemos determinar, no existe una ciudad, comunidad o municipio en Estados Unidos que se llame «Cielo».

Pero solía haberlo.

Según la Asociación Histórica del Estado de Texas, el pequeño asentamiento de Cielo, Texas, se organizó en 1924. Estaba localizado cerca de la Ruta *Farm Road* 769, en el condado de Cochrane. Aparte del nombre, la atracción principal de Cielo parece haber sido su proximidad con Atchison, Topeka y el ferrocarril Santa Fe.

Tristemente, las cosas no salieron bien para los residentes de Cielo. El pueblo se vio envuelto en una lucha amarga con su vecino —Morton, Texas— en el año 1925. Ambos pueblos querían ser reconocidos como la sede del condado Cochrane. Ese año hubo una elección, y el rival Morton fue quien la ganó.

No satisfecho con los resultados, Cielo los impugnó y hasta insinuaba que la elección había sido manipulada. Finalmente, los poderes superiores adjudicaron oficialmente la sede del condado a Morton.

Poco después, el asentamiento de Cielo fue abandonado.[1]

Resulta algo chistoso imaginarse a un grupo de personas tratando de establecer su propia versión del cielo en la tierra, pero a la vez nos hace preguntarnos, «¿cómo será el cielo en verdad?»

Hemos pasado muchas páginas explorando y buscando la comprensión del Rapto de la iglesia, el cual será un proceso en el que Jesús acompañará a los creyentes al cielo para vivir con Él para siempre. Sabemos que nuevas y sorprendentes experiencias aguardan en el cielo para los creyentes y aprenderemos de algunas en este capítulo.

Pero, específicamente, ¿qué vamos a encontrar ahí que debe mantenernos con tanta expectativa? ¿Qué encontraremos?

En una palabra: ¡todo! Todo aquello que es más valioso y querido para usted y para mí, todo lo que es importante para los seguidores de Cristo, todo se encuentra en el cielo. Todo lo que necesitamos o deseamos, lo encontraremos en el cielo cuando atravesemos la magnífica entrada, ya sea porque muramos o porque hayamos sido arrebatados con Cristo en el Rapto.

Aquí dejo siete ejemplos para demostrar a qué me refiero.

NUESTROS BIENES INMUEBLES ESTÁN EN EL CIELO

Empecemos con una verdad fundamental del cielo: es un lugar. A diferencia de Cielo en Texas, el cielo existe en la actualidad y siempre existirá.

La palabra *cielo* se menciona casi setecientas veces en la Biblia. De los 39 libros del Antiguo Testamento, 33 hablan del cielo, mientras que en el Nuevo Testamento, 21 de 27 libros son los que hablan al respecto. La palabra *cielo* se refiere a algo que se eleva, que está en lo alto. Por ello, el lenguaje de la Biblia habla del cielo como un lugar que está en lo alto, que se eleva, que se levanta.

En Juan 14:1-3, Jesús dijo: «No se turbe su corazón; crean en Dios, crean también en Mí. En la casa de Mi Padre hay muchas moradas; si no *fuera así*, se lo hubiera dicho; porque voy a preparar un lugar para ustedes. Y si me voy y les preparo un lugar, vendré otra vez y los tomaré adonde Yo voy; para que donde Yo esté, *allí* estén ustedes también».

Cuando la Biblia habla del cielo, lo menciona como un «lugar», una palabra que implica una ubicación específica y literal. La palabra griega que se usa para «lugar» es *topas*, que se refiere estrictamente a un área geográfica que puede ubicarse. Es un lugar real.

Jesús habló estas palabras en el aposento alto la noche previa a su muerte. Les acababa de decir a sus discípulos que moriría por ellos en la cruz. Explicaba que sería sepultado y que resucitaría para regresar al cielo. Con esta información, los discípulos se llenaron de confusión y de angustia. Sin embargo, Jesús les dijo que no deberían atribularse. Les dijo: «voy a preparar un *lugar* para ustedes».

El apóstol Pablo dijo que Cristo estaría sentado a la diestra de Dios en los «*lugares* celestiales» (Efesios 1:20).

La intención de Jesús no es que vivamos en una tierra de fantasía, en una bruma incorpórea o en un estado mental de relajación intangible. No. Cuando la Biblia habla del cielo, se refiere a un lugar específico.

La Biblia a veces se refiere al cielo como un país, lo que implica que es un territorio enorme. En otras ocasiones, se refiere al cielo como una ciudad celestial que nos hace pensar en edificios, calles, habitantes y actividad. Otras veces dice que es un reino, lo que nos indica que existe organización y un gobierno. En el primer pasaje cité Juan 14:1-3 en donde Jesús menciona que el cielo es «la casa de su Padre».

En lo personal, cuando se habla que el cielo es «la casa de mi Padre» lo relaciono como un lugar íntimo, dulce y personal; deja de ser un espacio vacío. En mi mente lo que logro ver es un hogar. Jesús prometió que, si ponemos nuestra confianza en Él, prepararía un lugar para nosotros en la casa de nuestro Padre, un lugar que será nuestro hogar celestial. Este lugar no tiene nada de imaginario, hipotético ni intangible.

NUESTRO REDENTOR ESTÁ EN EL CIELO

Ahora bien, nuestro redentor está en el cielo. Hebreos 9:24 dice: «Porque Cristo no entró en un lugar santo hecho por manos, una representación del verdadero, sino en el cielo mismo, para presentarse ahora en la presencia de Dios por nosotros».

Solo imagine el momento en el que lleguemos al cielo (¡cuando veamos a Jesús!). Ahora no lo podemos ver con nuestros ojos, pero la Biblia dice que cuando Jesús regrese por nosotros «seremos semejantes a Él porque le veremos como Él es» (1 Juan 3:2).

El libro de Apocalipsis describe cómo será el cielo durante toda la eternidad: «El trono de Dios y del Cordero estará allí, y Sus siervos le servirán. Ellos verán Su rostro» (22:3-4).

Imagínese el gozo que tendremos cuando lleguemos al cielo y veamos a Aquel que dio su vida por nosotros, sabiendo que ¡pasaremos la eternidad con Él en el paraíso!

NUESTRAS RELACIONES ESTÁN EN EL CIELO

Recuerdo una conversación que tuve con mi padre cuando se acercaba al ocaso de su vida. Era un hombre sorprendente que había entablado muchas relaciones y amistades. Lo que significaba que había asistido y dirigido más funerales de los imaginados.

Me dijo: «David, algo que sucede cuando envejeces es que llega el día en que te das cuenta de que tienes más amigos en el cielo de los que tienes aquí en la tierra».

¡Cuánta razón tenía! Se va dando gradualmente, pero inevitablemente se da con la edad. Entre más vivamos, más seres queridos nos preceden a la eternidad.

Lo bueno de todo esto es que ganamos confianza en que nuestros seres amados que murieron en Cristo, todos están en el cielo.

Pronto nos uniremos a ellos.

NUESTROS RECURSOS ESTÁN EN EL CIELO

El cuarto punto es que nuestros recursos están en el cielo. La Biblia dice: «Bendito sea el Dios y Padre de nuestro Señor Jesucristo, quien según Su gran misericordia, nos ha hecho nacer de nuevo a una esperanza viva, mediante la resurrección de Jesucristo de entre los muertos, para *obtener* una herencia incorruptible, inmaculada y que no se marchitará, reservada en los cielos para ustedes» (1 Pedro 1:3-4).

Cuando usted se convierte en cristiano, Dios se convierte en su padre y lo hace su heredero. Significa que tiene una herencia en Cristo que jamás se verá afectada por la inflación. Tampoco la perderá en ningún impacto económico. El valor de esta herencia nunca declinará ni disminuirá; es una herencia que estará reservada y protegida para usted. Su nombre está grabado en ella.

Entre los recursos eternos se incluyen las recompensas que recibirá de Cristo. Jesús les dijo a sus seguidores durante un tiempo de persecución: «Regocíjense y alégrense, porque la recompensa de ustedes en los cielos es grande, porque así persiguieron a los profetas que fueron antes que ustedes» (Mateo 5:12).

NUESTRA RESIDENCIA ESTÁ EN EL CIELO

El cielo también es valioso para nosotros porque sabemos que ahí está nuestra residencia. No solo habla del lugar donde viviremos, sino de nuestra ciudadanía. Cuando nos volvemos cristianos, también nos volvemos residentes del cielo: «Porque nuestra ciudadanía está en los cielos, de donde también ansiosamente esperamos a un Salvador, el Señor Jesucristo» (Filipenses 3:20).

Cuando solicita un pasaporte debe indicar en dónde nació, dónde vive en la actualidad, la fecha de su nacimiento, entro otros datos. Si lo aprueban, el gobierno le emite un pasaporte para que otros gobiernos sepan que usted es un ciudadano de los Estados Unidos, Alemania, México o de otro país. En mi caso nací en Toledo, Ohio y vivo en San Diego, California. Tengo un pasaporte estadounidense, pero mi residencia real está en el cielo. Soy un ciudadano de esa tierra y por el momento me encuentro en la tierra como un embajador.

Como creyentes en Jesús, no somos ciudadanos de la tierra con destino al cielo. Somos ciudadanos del cielo que están de paso en la tierra. ¡Permita que la realidad cambie la forma en la que vive cada día!

NUESTRAS RIQUEZAS ESTÁN EN EL CIELO

El cielo también es preciso para nosotros porque es donde se almacenan nuestras riquezas: «No acumulen para sí tesoros en la tierra, donde la polilla y la herrumbre destruyen, y donde ladrones penetran[a] y roban; sino acumulen tesoros en el cielo, donde ni la polilla ni la herrumbre destruyen, y donde ladrones no penetran ni roban; porque donde esté tu tesoro, allí estará también tu corazón» (Mateo 6:19-21).

¡Qué gran declaración! ¿Cómo podemos acumular riquezas para nosotros en el cielo? La única manera en que podemos ir ganando tesoros desde aquí es invertir en la obra de Dios. No vamos a poder llevarnos el dinero con nosotros al cielo, tampoco las casas, los vehículos, los botes, ni ninguna prenda de vestir. Lo que sí podemos llevar es a otras personas cuando invertimos nuestra vida y recursos en difundir el reino de Dios.

Lo único que se traslada de la tierra al cielo son las almas humanas y la palabra de Dios. Entonces, si está tratando de acrecentar un capital en el cielo, invierta su tiempo, talentos y tesoros en la palabra de Dios y las almas de hombres y mujeres que necesitan el mensaje de Jesucristo.

TENEMOS UN LUGAR RESERVADO EN EL CIELO

Finalmente, el cielo es precioso porque tenemos un lugar reservado ahí. En el capítulo 14 describí el registro que llevan en el cielo, el cual se llama el Libro de la Vida del Cordero. En este libro se anotan los nombres de todos los que pertenecen a Cristo. ¿Está escrito su nombre en el cielo? ¿Tiene su reservación en el cielo?

Hace poco, un grupo de casi cuatrocientos hoteles, consejos regionales de turismo, operadores de turismo y otras entidades en la industria hotelera enviaron una carta a Chuck Sams, director de la oficina de Servicio de Parques Nacionales y a Deb Haaland, la secretaria del Departamento de Interior de los Estados Unidos. ¿Cuál fue el motivo de esa carta? La frustración con las reservas de los parques nacionales mediante el sitio web Recreation.gov.

Durante muchos años, los turistas de todo el país llegan al límite de su paciencia al tratar de reservar lugares para acampar o alojamientos en los parques Yellowstone, Yosemite, Great Smoky Mountains y en otras 4.200 propiedades administradas a nivel federal. Parece ser que el problema principal es el sistema de reservas, el cual permite que los posibles visitantes reserven únicamente en un período que oscila desde 30 a 60 días antes de su visita, un tiempo que resulta frustrante para las personas que planean con anticipación, así como para quienes viven espontáneamente.

Aline Prado es una de los posibles visitantes. Pasó meses ingresando al sitio Recreation.gov en un esfuerzo para asegurar el alojamiento para las vacaciones de verano de su familia en Glacier National Park. «En ningún momento hubo espacios disponibles y me dijeron que volviera a revisar. Pero ¿cuándo? ¿Cómo es que ya todo está reservado?».[2]

Es extraño pensar que lograr acceso a un parque nacional sea más difícil que tener acceso al cielo, pero ¡así era! Para asegurar su reservación en la salvación eterna, solo necesita tener fe en Jesús.

Si está leyendo estas palabras y tiene incertidumbre sobre su reservación, le insto a que ore en este momento, confiese sus pecados, reconozca a Jesucristo como su Señor y Salvador. Hágalo ahora. Entregue su vida al control de Dios y acepte su ofrecimiento gratuito que es el regalo de la vida eterna.

CAPÍTULO 18

CON EL CIELO EN LA MENTE

¿Padece la adicción de las miradas inmersas en el celular? Es una epidemia global. En los Estados Unidos, la persona promedio pasa más de cinco horas al día desplazando la pantalla de su teléfono inteligente, a veces lo hacen mientras caminan, corren o incluso cuando van en bicicleta o en monopatín.[1]

¡Esas acciones están causando problemas!

En Hong Kong, los oficiales están instalando una nueva especie de semáforo para la calle que emite un brillo rojo sobre la acera para advertir a los peatones que van viendo sus celulares que se aproximan a alguna intersección.[2] En España, se crean nuevas leyes enfocadas en los «peatones distraídos» que son las personas que van viendo su celular en lugar de poner atención a sus alrededores.[3]

En Filadelfia y durante un «día de los inocentes», los oficiales de la ciudad usaron cinta adhesiva para crear un «carril electrónico» en las aceras de la ciudad, afuera de los edificios estatales del centro urbano. ¿De qué se trataba el carril electrónico? Simularon crear un camino para los peatones distraídos que caminaban con sus miradas hacia abajo, que estaban enfocados en sus dispositivos electrónicos. La idea era hacer reaccionar a los ciudadanos, de una forma divertida, que debían mantener sus cabezas erguidas mientras se conducían por las calles de la ciudad.

La mayoría no entendió el chiste y pensó que se trataba de un carril electrónico verdadero. De hecho, cuando quitaron la cinta adhesiva de las aceras, el ayuntamiento recibió quejas de los ciudadanos que pensaron que tener un carril para el uso del teléfono inteligente era una excelente idea.

A causa de ello, los oficiales de Filadelfia empezaron a diseñar una campaña de seguridad centrada en «los peatones que ven sus dispositivos en lugar de ver por donde caminan». Rina Cutler, alcaldesa en funciones de la oficina de transporte y servicios públicos, explicó: «Ciertamente, uno de los mensajes será "levanta la cabeza", incluso quisiera agregar "bobo", pero posiblemente no debería colocar adjetivos».[4]

«Levanten la cabeza» es un buen consejo para muchas situaciones. Es un consejo práctico, pero también es espiritual, como en el caso de «mantén tus ojos enfocados en el cielo». Al hablar de las señales de los tiempos, el señor Jesús dijo exactamente que: «Cuando estas cosas empiecen a suceder, levántense y alcen la cabeza, porque se acerca su redención» (Lucas 21:28). La Biblia nos dice que pongamos la mira «en las cosas de arriba, no en las de la tierra» (Colosenses 3:2).

Ahora que sabemos un poco más de qué es el cielo y lo que viviremos ahí, aprendamos cómo la realidad del cielo impacta nuestra vida aquí en la tierra. El Nuevo Testamento afirma continuamente que lo que creemos del cielo afecta cómo vivimos el presente. La forma en la que vemos el futuro tiene una influencia tremenda en cómo nos conducimos en este tiempo.

El apóstol Pedro dedicó un capítulo poderoso a las profecías acerca del fin del mundo cuando escribió su segunda carta, lecciones que son atemporales: «Puesto que todas estas cosas han de ser destruidas de esta manera, ¡qué clase de personas no deben ser ustedes en santa conducta y en piedad!» (2 Pedro 3:11).

¡Así es! ¿Qué clase de personas?

A la luz de 2 Pedro 3, hablemos de la diferencia que existe cuando sabemos los planes futuros que Dios tiene para nosotros. ¿Cómo deberíamos vivir hoy a la luz de lo que hemos aprendido del cielo, el Rapto y la vida eterna?

Pedro respondió esa pregunta en un lenguaje directo y considero que es útil ver la funcionalidad de su perspectiva. Ofreció cinco características verdaderas que tienen las personas que están listas para el Rapto.

PERSONAS DE PUREZA

Vuelva a leer 2 Pedro 3:11: «Puesto que todas estas cosas han de ser destruidas de esta manera, ¡qué clase de personas no deben ser ustedes en santa conducta y en piedad!».

En este versículo, Pedro describe el estilo de vida de un cristiano que entiende el plan futuro de Dios. Dijo que deberíamos ser personas de conducta santa. También agregó la palabra *piedad*, que significa tener una actitud dirigida hacia Dios y hacer aquello que le complace a Él.

El apóstol Juan confirmó: «Todo el que tiene esta esperanza en Cristo se purifica a sí mismo, así como él es puro» (1 Juan 3:3, NVI).

En la primera carta a Timoteo, Pablo nos exhortó a que la piedad fuera el objeto de nuestro decidido esfuerzo y de nuestra búsqueda. Dijo: «ejercítate para la piedad» y «sigue… la piedad» (1 Timoteo 4:7; 6:11, RVR1960). De esta forma lograremos tener un efecto en las palabras que hablamos, en lo que vemos, en los pensamientos que contemplamos y en los hábitos que dan forma a nuestra vida.

Permítame hacerle una pregunta directa: En vista de que el Rapto es inminente, ¿hay algún cambio que necesite hacer en su vida diaria, en lo que lo entretiene, en sus gastos, en sus actitudes y en el uso de su tiempo?

En su libro *Cielo*, el autor Randy Alcorn nos ayuda a entender cómo nos debería motivar el futuro que Dios ha revelado para tener vidas santas:

> Si la fecha de mi casamiento está anotada en el calendario, y yo estoy pensando en la persona con quien me voy a casar, no debería ser un blanco fácil para la seducción. De igual manera, cuando he meditado en el Cielo, el pecado es muy poco atractivo. Es cuando mi mente se desvía del Cielo que el pecado parece atractivo. El pensar en el Cielo lleva inevitablemente a buscar la santidad. Nuestra elevada tolerancia del pecado testifica de nuestra falla de prepararnos para el Cielo.[5]

PERSONAS DE PROMESA

Además de levantar la piedad y la conducta santa, Pedro incentivó a los seguidores de Cristo a estar «esperando y apresurando la venida del día de Dios» (2 Pedro 3:12).

En otras palabras, Pedro nos instruye a tener una mentalidad enfocada en las promesas de Dios para el futuro, en especial en el Rapto y en la Segunda Venida. C. S. Lewis nos mostró cómo se percibe en un nivel práctico cuando escribió: «Debo mantener vivo en mí el anhelo de llegar a mi verdadera nación, la cual no lograré encontrar hasta después de la muerte; nunca dejaré que la nieve cubra ese anhelo, ni lo dejaré olvidado a un lado, sino lo tendré como el objetivo principal de vida para mantener la vista en esa otra nación y para ayudar a otros a que mantengan el mismo deseo».[6]

De acuerdo con Pablo, es fácil volverse indiferente a la venida del Señor y a los planes futuros que tiene para nosotros. Nos anima a vivir como personas que se mantienen «esperando y apresurando la venida del día de Dios». El término que se tradujo como «esperando» significa «tener la expectativa de algo o esperar por algo».

Cuando Pedro escribió en el versículo 12 que estamos «apresurando» la venida del día de Dios, nos recordaba que debemos mantener un deseo serio sobre la venida del Señor. Pablo, en sus últimos días, lo dijo de esta manera: «En el futuro me está reservada la corona de justicia que el Señor, el Juez justo, me entregará en aquel día; y no solo a mí, sino también a todos los que aman Su venida» (2 Timoteo 4:8).

Me encanta la palabra *anticipación*. Tenemos una necesidad psicológica innata de esperar con ansias los sucesos futuros, de disfrutar los pensamientos sobre eso que viene, de planificar cada evento, de pensar alegremente sobre nuestras vacaciones futuras, de visitar a un nieto, o de compartir en una celebración especial. ¡Cuánto más deberíamos anticipar la promesa garantizada del regreso de Cristo por nosotros!

PERSONAS DE PROPÓSITO

Ahora bien, debido a que el Rapto y el cielo son una realidad futura, Pedro insta a los creyentes en Jesús a mantener esa mentalidad sobre su propósito. Escribió: «Por tanto, amados, puesto que ustedes aguardan estas cosas, procuren con diligencia ser hallados por Él en paz, sin mancha e irreprensibles» (2 Pedro 3:14).

La instrucción «con diligencia» significa «hacer todo de la mejor manera, con apuro, con cuidado, apresurándose». Esta es la tercera vez que Pedro usaba la palabra *diligencia* en su segunda epístola. Estas son las primeras dos veces:

- «Por esta razón también, obrando con toda diligencia, añadan a su fe, virtud, y a la virtud, conocimiento; al conocimiento, dominio propio, al dominio propio, perseverancia, y a la perseverancia, piedad, a la piedad, fraternidad y a la fraternidad, amor» (1:5-7).

- «Así que, hermanos, sean cada vez más diligentes para hacer firme su llamado y elección *de parte de Dios*. Porque mientras hagan estas cosas nunca caerán» (1:10).

En los días de Pedro, había personas que pensaban que como el Señor regresaría pronto, deberían calmarse y quedarse relajados sin mayor esfuerzo para ir al cielo. Pero es totalmente lo contrario. Debido a que Cristo viene pronto, debemos llenarnos con un sentimiento de urgencia. Debemos ser diligentes, con una mente congruente con nuestro propósito.

Jesús afirmó esta instrucción cuando nos dijo «Negocien *con esto* hasta que yo regrese» (Lucas 19:13). Debemos usar los dones y el llamado que ha puesto sobre nosotros, así como aprovechar cada oportunidad que ha puesto delante de nosotros.

¡Es en serio! ¡Cuánta urgencia deberíamos agregarle a nuestra rutina diaria con estas verdades! Nuestro Señor nos encomendó tareas para que cada uno pueda completarlas, las cuales se convierten en tareas de cada día. Siempre tendremos algo qué terminar, una carrera que debemos trazar y un trabajo que debemos concluir. El celo que tengamos por el pronto regreso del Señor determina la forma en la que le serviremos esta semana.

PERSONAS DE PERSEVERANCIA

Pedro también escribió esta advertencia: «Por tanto, amados, sabiendo esto de antemano, estén en guardia, no sea que arrastrados por el error de hombres libertinos, caigan de su firmeza» (2 Pedro 3:17).

Las palabras *estén en guardia* significan permanecer firme en nuestra fe y en lo que hacemos, constantes, invariables, firmes. El término está asociado en todo el Nuevo Testamento con la venida del Señor y su plan para el futuro. ¿Por qué? Porque no hay tiempo para ser débiles o cobardes.

En otras porciones, la Biblia nos dice:

- «No obstante, lo que tienen, reténganlo hasta que Yo venga» (Apocalipsis 2:25).
- «Vengo pronto. Retén firme lo que tienes, para que nadie tome tu corona» (Apocalipsis 3:11).

Al conocer la verdad sobre el futuro, caminamos en paciencia y fundamentamos nuestras obras en el Señor, impávidos ante los errores de los malvados. Podrán ridiculizarnos, burlarse de nosotros, ser nuestra oposición y tratar de intimidarnos, pero nuestra cabeza está en lo alto y nuestros ojos están fijos en el futuro del cielo. ¡Somos personas de firmeza!

PERSONAS DE PROGRESO

Finalmente, somos llamados a ser personas de progreso. Pedro terminó su capítulo diciendo: «Antes bien, crezcan en la gracia y el conocimiento de nuestro Señor y Salvador Jesucristo. A Él *sea* la gloria ahora y hasta el día de la eternidad. Amén» (2 Pedro 3:18).

De hecho, son las últimas palabras que quedaron grabadas del apóstol Pedro. Aquí nos dejó un desafío que retendrá nuestra atención hasta que entremos al cielo. Estamos dispuestos a crecer en la gracia y en el conocimiento de nuestro Señor y Salvador Jesucristo.

¿Cómo lo logramos? La Biblia nos ofrece cuatro caminos, los cuales me gustaría explorar mientras concluimos este capítulo.

Primero, el crecimiento viene con *la voluntad de Dios*. El deseo de Dios para nosotros es que crezcamos en todas las áreas de vida y que Él tenga el espacio para cumplir con sus deseos. Pablo escribió: «Estoy convencido precisamente de esto: que el que comenzó en ustedes la buena obra, la perfeccionará hasta el día de Cristo Jesús» (Filipenses 1:6).

Segundo, el crecimiento viene de *estar sobrios en oración.* Pedro escribió en su primera epístola: «Pero el fin de todas las cosas se acerca. Sean pues ustedes prudentes y de *espíritu* sobrio para la oración» (1 Pedro 4:7). Todos los cristianos entienden que la oración es una parte esencial del amor a Dios y de vivir como habitantes de su reino. La pregunta es: ¿estamos orando? ¿Somos personas de oración? Si no es así, no podremos ser personas que progresan.

Tercero, el crecimiento viene mediante *la palabra de Dios.* Jesús nos dijo «Por tanto, Yo vengo pronto. Bienaventurado el que guarda las palabras de la profecía de este libro» (Apocalipsis 22:7). A. W. Tozer dijo: «para llegar a ser un cristiano completo no se necesita nada menos que estudiar la Biblia completa».

Y finalmente, el crecimiento viene por medio del *trabajo de la iglesia.* En ningún momento se suponía que los cristianos buscaran progresar por sus propios medios. Somos parte de una comunidad, de un reino y de una iglesia. El autor de Hebreos escribió: «Consideremos cómo estimularnos unos a otros al amor y a las buenas obras, no dejando de congregarnos, como algunos tienen por costumbre, sino exhortándonos *unos a otros*, y mucho más al ver que el día se acerca» (Hebreos 10:24-25).

Entonces puede ver que la venida de Cristo y la doctrina de la eternidad nos dan las motivaciones más sólidas para vivir la vida cristiana *hoy*. El Rapto nos hace más conscientes del cielo, incluso en este momento y en este lugar, moviéndonos hacia la pureza, la promesa, la paciencia, el propósito y el progreso.

En estas páginas he mencionado algunas veces a C. S. Lewis, de hecho, lo mencioné al principio de este capítulo. Quiero citarlo nuevamente porque quizás nadie ha escrito nada más útil acerca del cielo que lo que él escribió. Nos ofrece una perspectiva de este tema que es sencilla y profunda a la vez.

En el libro *Mero cristianismo*, Lewis escribió: «Si leemos la historia veremos que los cristianos que más hicieron por este mundo fueron aquellos que pensaron más en el otro mundo… Dado que la mayor parte de los cristianos han dejado de pensar en el otro mundo, es que se han vuelto tan ineficaces en este. Si nuestro objetivo es el cielo, la tierra se nos dará por añadidura; si nuestro objetivo es la tierra, no tendremos ninguna de las dos cosas».[7]

CAPÍTULO 19

LA TRIBULACIÓN

En 2022, Nadezhda Sukhorukova tuvo que soportar por más de un mes la furia del ejército ruso. De igual forma, otros trescientos mil residentes de Mariupol en la región sureste de Ucrania, pasaron por lo mismo. Ese ataque bélico iba acompañado de misiles, tanques, drones, artillería, infantería con armas y granadas. Toda la ciudad quedó atrapada en una zona de guerra, literalmente, sin acceso a agua, electricidad o comunicación con el mundo exterior.

Cuando Nadezhda finalmente logró escapar, empezó a publicar en Facebook para informar al resto del mundo los horrores que había presenciado, escuchado, sentido y experimentado. «La muerte yace en las entradas, en los balcones, en los jardines», escribió. «El temor más grande son los bombardeos nocturnos. ¿Saben cómo se ve una noche con bombardeos? Es como ver la muerte».[1]

En otra publicación trató de describir la experiencia de aguardar temerosamente los misiles con que atacaban a primeras horas de la madrugada: «Es como si se tratara de un enorme martillo que embate sobre el tejado de hierro y a consecuencia viene un terrible traqueteo, algo como si aserrucharan el suelo con un enorme instrumento o como si un gigante de hierro caminara con pies de plomo sobre tu tierra y las casas, los árboles y la gente».[2]

«Mi ciudad fallece con una muerte dolorosa».[3]

Como ser humano, cuando leo estas palabras experimento una serie de distintas emociones. Dolor y aflicción por las muchas vidas que fueron devastadas; ira por tanta injusticia; impotencia por mi incapacidad de poder ayudar en una forma tangible.

Como estudiante de la profecía bíblica, cuando leo estas palabras me pongo a pensar en lo que todo nuestro mundo experimentará en el futuro. Leer acerca de estas pruebas y tribulaciones que atraviesa el pueblo de Ucrania me recuerda que *la* tribulación está por venir, y quizás, venga pronto.

Recuerde, el Rapto no será como el pasar de una aspiradora. El momento en que Jesús ponga un pie afuera de las puertas del cielo y regrese para rescatar a su pueblo de este mundo, empezará el conteo regresivo para la tribulación. Por lo tanto, es importante que aprendamos más de esos siete años que están a punto de acechar la historia humana.

LA IMAGEN DE LA TRIBULACIÓN

De acuerdo con la palabra de Dios, la tribulación será un tiempo lleno de horrores sin precedente, de turbulencias, persecuciones, desastres naturales, matanzas masivas y agitaciones políticas que anticiparán la Segunda Venida de Cristo. Todos los que aceptan la autoridad de la Biblia creen que la tribulación es un hecho. El caos descontrolado del mundo actual lleva a muchos a temer que ya esté sobre nosotros.

La palabra *tribulación* pocas veces aparece en las conversaciones regulares que se tienen en la actualidad. El término traducido del griego *thlipsis*, hace recordar las piedras gigantes que se usaban en la antigüedad para triturar los granos que serían harina.[4]

Por ello, la idea que está detrás de la *tribulación* se trata totalmente de triturar, pulverizar o moler una sustancia para volverla polvo. ¡Es una imagen poderosa!

Esa es la imagen en la que deberíamos enfocarnos cuando pensamos en la tribulación, ese período de siete años que será una de las características prominentes de los tiempos finales que se han profetizado. Exploremos lo que dice la Biblia acerca de este tiempo tan terrible.

SIETE AÑOS DE ASOMBRO

Nuevamente, el Rapto será la señal del inicio de la tribulación. Ese es el momento en el que Cristo aparece, levanta de los muertos a los que creyeron en Él y a los cristianos que viven se los lleva de la tierra para estar con Él.

La siguiente pregunta natural para los lectores de Pablo podría ser: «Entonces, ¿qué va a suceder?» Pablo anticipó la pregunta y empezó 1 Tesalonicenses 5 con estas palabras: «Ahora bien, hermanos, con respecto a los tiempos y a las épocas, no tienen necesidad de que se les escriba *nada*. Pues ustedes mismos saben perfectamente que el día del Señor vendrá así como un ladrón en la noche» (vv. 1-2).

La frase «el día del Señor» es sinónimo de lo que llamamos los tiempos finales. Incluye todo lo que sucederá desde el Rapto y que se extenderá hasta la tribulación y el milenio.

Pablo dice que no podemos saber cuándo sucederá el Rapto, que será tan desconocido como cuando un ladrón planea saquear su casa. Ningún ladrón envía una carta para avisar que llegará mañana a las dos de la madrugada. De la misma manera, tampoco recibiremos un tiempo aproximado de la llegada del Rapto. Sucederá inesperadamente y la tribulación seguirá su estela.

SIETE AÑOS DE GRAVEDAD

En ningún lugar de las escrituras encontrará una palabra o descripción que diga algo bueno del tiempo de la tribulación (a menos que sea la promesa de que terminará después de siete años). Moisés la llamó «el día de su calamidad» (Deuteronomio 32:35). Sofonías dijo que era «el día de ira del SEÑOR» (Sofonías 2:2). Pablo dijo que se trataba de «la ira venidera». Juan llamó a este momento «la hora de la prueba» (Apocalipsis 3:10) y «la hora de Su juicio» (14:7). Daniel lo describió como «un tiempo de angustia cual nunca hubo desde que existen las naciones hasta entonces» (Daniel 12:1).

De acuerdo con el profeta Sofonías, ese día es: «Día de ira aquel día,
Día de congoja y de angustia,
Día de destrucción y desolación,
Día de tinieblas y densas sombras,
Día nublado y de densa oscuridad,
Día de trompeta y grito de guerra
Contra las ciudades fortificadas
Y contra los torreones de las esquinas» (Sofonías 1:15-16).

Jesús nos dijo que la tribulación sería un tiempo de terror y horror sin precedente: «Porque habrá entonces una gran tribulación, tal como no ha acontecido desde el principio del mundo hasta ahora, ni acontecerá jamás. Y si aquellos días no fueran acortados, nadie se salvaría; pero por causa de los escogidos, aquellos días serán acortados» (Mateo 24:21-22).

Los capítulos centrales de Apocalipsis nos dan una descripción vívida de los horrores del período de la tribulación. Enormes guerras asolarán la tierra cuando las naciones se levanten con hambre de conquista. No habrá paz en lo absoluto y las matanzas desenfrenadas ensangrentarán la tierra. Granizo y fuego quemarán el pasto del planeta y destruirán una tercera parte de todos los árboles. La sequía de los suministros alimenticios provocará un hambre intensa. Los ríos y los mares llevarán demasiada contaminación que no podrán tener vida. Muchos ríos se secarán por completo. El sol quemará la tierra y a sus habitantes como si fuera fuego. Un cuarto de toda la población del mundo morirá por las guerras, la hambruna y los depredadores bestiales. Habrá terremotos devastadores acompañados por truenos y relámpagos que destruirán ciudades. Las montañas impactarán contra los mares, matando un tercio de los peces. Las olas y las mareas que se levantarán por el cataclismo hundirán una tercera parte de todas las embarcaciones del mundo. Una lluvia enorme de meteoros impactará la tierra, lo que levantará cenizas y humo por la devastación y que terminará ocultando el sol y la luna. Enjambres de insectos demoníacos oscurecerán los rayos de sol e infringirán dolorosas punzadas. Plagas epidémicas y descontroladas aniquilarán a un tercio de toda la humanidad. Todos, desde los líderes de las naciones hasta los siervos y los esclavos, huirán de las ciudades para ocultarse en cuevas y debajo de las rocas (Apocalipsis 6:2-17; 8:8-13; 9:1-20; 16:1-21).

Y para agravar las cosas, un tirano maníaco conocido como el anticristo se levantará con poder. Será mucho más demoníaco que Antíoco IV, Nerón, Stalin y Hitler combinados. Demandará lealtad total a su programa satánico y aquellos que se opongan tendrán prohibido comprar o vender alimentos, así como cualquier otro producto. Su sed de poder no tendrá fin hasta que todo el mundo civilizado se asfixie en su aprehensión tirana (13:1-18).

No exagero al decir que la tribulación será el infierno en la tierra. El doctor J. Dwight Pentecost nos dice que no habrá escapatoria ni alivio: «No se encontrará ningún pasaje que aligere en algún grado la inclemencia de este tiempo que vendrá sobre la tierra».[5]

EL PROPÓSITO DE LA TRIBULACIÓN

Claro está que Dios no estará ausente durante esos siete años de terror. Como siempre, permanecerá involucrado activamente en todos los aspectos de la vida.

Sí, la tribulación será una consecuencia de la creciente rebelión de la humanidad en la tierra y del pecado desenfrenado. Sin embargo, la mano de Dios participará activamente, así como lo estuvo cuando trajo las plagas a la desafiante nación de Egipto. La tribulación es un programa planificado y diseñado para alcanzar tres metas importantes.

PARA PURIFICAR A ISRAEL

La nación judía existe como resultado de la promesa de Dios a Abraham en la que le dijo que su descendencia sería tan numerosa como las estrellas en el cielo y que se establecería por toda la eternidad (Génesis 12:1-3; 15:5). La nación judía ha puesto a prueba la paciencia de Dios durante los muchos siglos de su existencia, alejándose de Él una y otra vez. No obstante, aunque la rebelión de Israel ha sido persistente, Dios cumplirá su promesa, no solo porque es Dios y Él no rompe sus promesas, sino porque también ama profundamente a Israel.

Una de las últimas fases de su promesa a Israel se cumplió en 1948, cuando la nación fue restablecida a la tierra que Dios había prometido originalmente. A pesar de eso, después de todo el cuidado de Dios para preservar al pueblo judío que se había esparcido por siglos, y de guardarlos para que permanecieran intactos y pudieran heredar su tierra, fueron desobedientes incluso al presente.

El primer propósito de la tribulación es eliminar la rebelión judía y traer una conversión final de la nación. La tribulación será el fuego que purifique a Israel en el que se quemará toda la escoria y las impurezas. Como dijo el profeta Ezequiel: «Los haré pasar bajo la vara y los haré entrar en el vínculo del pacto; y separaré de ustedes a los rebeldes, a los que han transgredido contra Mí» (Ezequiel 20:37-38, también lea Deuteronomio 4:30-31).

El apóstol Pablo no dejó espacio para la ambigüedad, sino que confirma que esta profecía de Ezequiel será efectiva: «Así, todo Israel será salvo, tal como está escrito:

"El Libertador vendrá de Sión;
Apartará la impiedad de Jacob.
Y este es Mi pacto[a] con ellos,
Cuando Yo quite sus pecados"» (Romanos 11:26-27).

PARA CASTIGAR A LOS PECADORES

El propósito general de la tribulación será ejecutar la ira de Dios sobre quienes lo han enfrentado, primero sobre los judíos y después sobre los gentiles. Como Pablo escribió: «Porque la ira de Dios se revela desde el cielo contra toda impiedad e injusticia de los hombres, que con injusticia restringen la verdad» (Romanos 1:18).

Nos gusta pensar y hablar del amor de Dios, pero no nos gusta mucho hablar de su ira. No obstante, la ira va de la mano con el juicio y también es una expresión de su bondad y su amor. De hecho, el amor y la ira son los dos lados de una misma moneda. Uno de los lados es infinitamente bueno, así como Dios. Él aborrece el mal porque el mal es el enemigo de la bondad. De hecho, el mal es un parásito, una plaga o un cáncer sobre la bondad. Se alimenta para destruir lo que es bueno. Por lo tanto, esa es la razón por la que Dios dirige su ira al mal.

El teólogo N. T. Wright explicó:

> La doctrina bíblica de la ira de Dios está enraizada en la doctrina de que Dios es bueno, sabio y un creador amoroso que odia (sí, odia implacablemente) todo lo que arruina, vandaliza, tergiversa o daña su bella creación, y en especial, todo aquello que lastima de esa manera a las criaturas que hizo semejantes a su imagen. Si Dios no odiara los prejuicios raciales, no sería ni bueno ni amoroso. Si Dios no se airara contra el abuso infantil, no sería bueno ni amoroso. Si Dios, en un acto de ira y juicio correctos, no estuviera totalmente decidido a erradicar de su creación la arrogancia que hace que las personas exploten, ataquen, acosen y esclavicen a otro de sus iguales, no sería amoroso, ni bueno, ni sabio.[6]

El profeta Nahúm explicó la ira de la naturaleza de Dios a su manera:

«Dios celoso y vengador es el Señor;
Vengador es el Señor e irascible.
El Señor se venga de Sus adversarios,

Y guarda rencor a Sus enemigos.
El SEÑOR es lento para la ira y grande en poder,
Y ciertamente el SEÑOR no dejará sin castigo *al culpable*». (Nahúm 1:2-3).

PARA PREDICAR EL EVANGELIO

Las escrituras nos dicen que el tiempo de siete años de tribulación dejará en evidencia a aquellos que no se hayan arrepentido ante la ira de Dios, tanto judíos como gentiles. La pregunta a continuación es: ¿cómo van a responder estas personas?

Es increíble, pero la palabra de Dios dice que esas rocas para moler, las *thlipsis* de la tribulación, serán buenas nuevas para muchos que se verán obligados a soportar ese tiempo. ¿Por qué? Porque los conducirá a un lugar de sumisión ante Dios. Este período los confrontará con la realidad de su pecado, lo cual los hará que sientan la urgencia de aceptar la salvación que ofrece Jesucristo.

Es sorprendente pensar que la tribulación podría producir la cosecha más grande del reino de Dios en la historia de nuestro mundo. Exploraremos esta posibilidad con más detalles en el capítulo 20. Así como el sol endurece la arcilla y suaviza la mantequilla, la ira de Dios endurecerá algunos corazones y suavizará otros. Ahora podemos entender que el propósito de la tribulación incluye la conversión y el castigo, todo depende de cómo responden los objetos de la ira de Dios.

Cuando hablamos de nuestra respuesta a la tribulación, sé que pareciera como si estuviéramos hablando de un caso de estudio desolador. Saber que nuestro mundo, y tal vez aquellos a quienes amamos, soportarán siete largos años de terror y caos se convierte en una carga que ninguno de nosotros quiere llevar sobre sus hombros. Saber que estos sucesos pueden llegar pronto solo intensifica la preocupación.

El recordado Billy Graham escribió: «somos como personas con una condena de muerte en espera de la fecha de ejecución. Tenemos la sensación de que algo está por acontecer. Sabemos que las situaciones no pueden seguir como están. La historia llegó a un callejón sin salida, por lo que hemos llegado a un camino que nos conduce a una colisión. Algo está a punto de suceder».[7]

A pesar de todo, podemos ceñirnos al conocimiento de que incluso algo tan terrible como la tribulación es parte del plan de Dios para la historia, para *su* historia. Incluso durante las peores circunstancias que podemos imaginarnos, Dios está en control. Ya planificó su voluntad para el futuro y sus planes nunca se verán frustrados.

CAPÍTULO 20

LA SALVACIÓN EN LA TRIBULACIÓN

Solo tenía 17 años, era una edad muy corta para morir. A pesar de ello, Taha Erdem pensaba que había llegado al final de su vida. Estaba durmiendo cuando empezó el terremoto. Sacudió violentamente al joven en su cama y quedó sepultado debajo de los escombros del edificio de cuatro pisos de apartamentos en donde vivía con su familia. Mientras el terremoto sacudía, el joven veía cómo la losa de concreto del techo se deslizaba más cerca de él, amenazando con aplastarlo hasta la muerte.

Taha tuvo el valor de alcanzar su celular y grabar un video para su familia y amigos. Con dolor, giró la cámara hacia su rostro golpeado, presionó el botón para grabar y dijo: «Creo que este es el último video que grabaré para ustedes. Si no me equivoco, estoy por morir. Tengo casi quinientos kilos sobre mis pies, de hecho, ya ni los siento. Creo que me lastimé la cabeza cuando estaba tratando de salir. Sigo temblando».

Luego dijo: «Mis amigos, la muerte viene cuando menos la esperamos. Hay muchas cosas de las que me arrepiento. Que Dios perdone todos mis pecados».

¡Qué gran mensaje para toda la humanidad! La muerte viene cuando menos la esperamos, que es más o menos como Cristo vendrá por su pueblo, vendrá como ladrón en la noche. Los que se queden tendrán muchos remordimientos. Puede que sientan que estarían mejor muertos o que es muy tarde para ser salvos. Pero todavía hay tiempo para que Dios perdone sus pecados.

Lo bueno en esta historia era que todavía no era muy tarde para Taha Erden. Dos horas después del terremoto, pudieron rescatarlo vivo de entre los escombros. Milagrosamente, ¡también pudieron rescatar a otros diez miembros de la familia![1]

De la misma manera, la gracia de Dios rescatará a muchas personas de los escombros de la tribulación. Todavía habrá esperanza para quienes se queden después del Rapto. El evangelio seguirá disponible, aunque la iglesia se haya ido.

Por lo menos existirán cuatro afluentes de la verdad del evangelio que cortarán un canal transversal sobre la tribulación. De hecho, es posible que el despertar espiritual que acontezca durante la tribulación sea la cosecha evangelística más grande que el mundo haya podido ver.

EL SERMÓN DE LOS 144.000

En la línea de combate de los esfuerzos de Dios para traer con Él a los sobrevivientes de la tribulación estarán 144.000 escogidos que serán evangelistas judíos específicamente. Esta es la porción en Apocalipsis 7:2-4 que describe cómo serán:

> También vi a otro ángel que subía de donde sale el sol y que tenía el sello del Dios vivo. Y gritó a gran voz a los cuatro ángeles a quienes se les había concedido hacer daño a la tierra y al mar: «No hagan daño, ni a la tierra ni al mar ni a los árboles, hasta que hayamos puesto un sello en la frente a los siervos de nuestro Dios».

> Oí el número de los que fueron sellados: 144,000 sellados de todas las tribus de los israelitas.

Dios establecerá a 144.000 judíos para que realicen una misión sumamente especial que lleve de la tierra al cielo durante la tribulación. Solo se necesitaron 12 judíos (apóstoles de Jesús) para que pusieran el mundo de cabeza en el primer siglo. ¡Ese día podremos ver lo que pueden hacer 12 multiplicados por 12.000!

¿Cuántas almas podrán salvarse con el mensaje de estos evangelistas? Esto es lo que dice la Biblia:

> Después de todo esto miré, y vi una gran multitud, que nadie podía contar, de todas las naciones, tribus, pueblos y lenguas, de pie delante del trono y delante del Cordero, vestidos con vestiduras blancas y con palmas en las manos. [...] Uno de los ancianos habló diciéndome: «Estos que están vestidos con vestiduras blancas, ¿quiénes son y de dónde han venido? [...] Y él me dijo: «Estos son los que vienen de la gran tribulación, y han lavado sus vestiduras y las han emblanquecido en la sangre del Cordero. (Apocalipsis 7:9, 13-14)

LA PROFECÍA DE LOS DOS TESTIGOS

Además de los 144.000 evangelistas judíos, dos hombres más aparecerán durante los tiempos finales y al instante exigirán una audiencia a nivel mundial. Apocalipsis 11:3 dice: «Otorgaré *autoridad* a mis dos testigos, y ellos profetizarán por 1,260 días, vestidos de cilicio».

Muchos eruditos evangélicos creen que estos dos testigos son Moisés y Elías. Timothy Demy y John Whitcomb presentan razones sólidas para esta identificación: «En toda la historia de Israel no existen más que dos hombres que pudieran recibir más grande respeto que Moisés y Elías. Moisés era el gran libertador y el legislador de Israel

(Deuteronomio 34:10-12). Los judíos en la época de Jesús vieron sus milagros desde la alta perspectiva que tenían de Elías, lo que causó que algunos concluyeran que Elías había regresado».[2]

William R. Newell escribió: «Testificarán incansablemente de la maldad humana enfrente de los mismos hombres, [...] denunciarán abiertamente la terrible impiedad que está dispuesta a adorar al diablo y dirán lo que son delante de Dios».[3]

A media tribulación, los dos testigos serán asesinados y sus cuerpos serán exhibidos en las calles de Jerusalén, pero la Biblia dice: «Pero después de los tres días y medio, el aliento de vida de parte de Dios vino a ellos y se pusieron en pie, y gran temor cayó sobre quienes los contemplaban» (Apocalipsis 11:11).

Mientras un mundo estupefacto observa, los dos hombres, ahora vivos nuevamente y liberados, escucharán una voz del cielo que dirá: «"Suban acá". Y subieron al cielo en la nube, y sus enemigos los vieron» (Apocalipsis 11:12).

Es imposible calcular cuántos pecadores en la tribulación vendrán a Cristo a consecuencia de la predicación de los dos testigos.

LA PROCLAMACIÓN DEL ÁNGEL

Dios usará un tercer medio para anunciar las buenas nuevas del evangelio al mundo perdido durante la tribulación: a su ángel. La misericordia y el amor de Dios es tan grande que nombrará a un ángel para que proclame el mensaje de la gracia salvadora de Dios y para que se asegure de que todos tengan la oportunidad de escuchar las buenas nuevas. Ni siquiera el poder del anticristo sobre el mundo va a evitar que el evangelio se expanda. Dios circunvalará la tiranía demoníaca y anunciará desde los cielos.

Esto lo leemos en Apocalipsis 14:6-7:

> Después vi volar en medio del cielo a otro ángel que tenía un evangelio eterno para anunciarlo a los que moran en la tierra, y a toda nación, tribu, lengua, y pueblo, que decía a gran voz: «Teman a Dios y den a Él gloria, porque la hora de Su juicio ha llegado. Adoren al que hizo el cielo y la tierra, el mar y las fuentes de las aguas».

¡Gracias a un ángel que estará volando sobre la tierra se seguirán escuchando el evangelio eterno y la advertencia solemne! Para mí esto es sorprendente, además de que es una ventana al corazón de Dios. Se asegurará de que todos en la tierra escuchen las buenas nuevas y que tengan oportunidad de reaccionar, incluso durante la tribulación.

LA PRESENCIA DE BIBLIAS Y MATERIALES BÍBLICOS

Aquellos que se queden tendrán otro medio para que puedan escuchar las buenas nuevas de la gracia y el perdón de Dios: todas las Biblias, libros devocionales, películas, programas, páginas web y literatura que quede. ¡Todo este material no se irá en el Rapto!

Henry Morris anticipa esta realidad y escribe:

> Miles de millones de copias de biblias y de porciones bíblicas se han publicado en todos los idiomas más hablados y se han distribuido en todo el mundo. [...] Los creyentes del mundo se irán en el Rapto, pero las escrituras permanecerán en la tierra y las multitudes sin duda se forzarán a leer la Biblia.
>
> Por ello, las multitudes regresarán a su creador y salvador en esos días, y estarán dispuestos a dar testimonio de la palabra de Dios e incluso su vida mientras busquen persuadir al mundo de que las calamidades que sufren son el juicio del Señor.[4]

Todo esto demuestra que Dios, en su misericordia, se asegurará que el pueblo de todo el mundo tenga una oportunidad de escuchar las buenas nuevas del evangelio de gracia mediante predicadores, testigos, un ángel y el material cristiano que incluye las Biblias.

Es importante entender que las personas podrán ser salvadas durante la tribulación, ya que nunca es tarde para recibir la gracia de Dios por medio de Jesucristo hasta el último momento antes de la Segunda Venida.

Pero también debemos entender que seguir a Jesús durante la tribulación demandará un alto precio, incluso la muerte. A la luz de lo que ya estudiamos en este libro, podría estarse preguntando qué le sucederá a una persona que acepta a Cristo durante la tribulación y que muere antes de que finalicen los siete años de la tribulación.

Cuando un seguidor de Cristo muera durante el tiempo de la tribulación, su cuerpo permanecerá aquí en la tierra, pero su alma irá inmediatamente al cielo para estar con Dios. Estar ausente del cuerpo es estar presente con el Señor (2 Corintios 5:8).

El libro de Apocalipsis nos deja ver un poco de las almas de los mártires creyentes durante la tribulación. Los presenta en espera de Dios para exigir venganza por los acosadores que los mataron. Lea este pasaje en Apocalipsis 6:9-11:

> Cuando el Cordero abrió el quinto sello, vi debajo del altar las almas de los que habían sido muertos a causa de la palabra de Dios y del testimonio que habían mantenido. Clamaban a gran voz: «¿Hasta cuándo, oh Señor santo y verdadero, esperarás para juzgar y vengar nuestra sangre de los que moran en la tierra?». Y se les dio a cada uno de ellos una vestidura blanca, y se les dijo que descansaran un poco más de tiempo, hasta que se completara también *el número* de sus consiervos y de sus hermanos que habrían de ser muertos como ellos lo habían sido.

Al ver los desastres inverosímiles sobre la tierra durante la tribulación, podemos entender que estos mártires estarán en el cielo adorando al Señor con gran fervor. Sus dificultades se habrán terminado, estarán en casa finalmente. El contraste es totalmente opuesto a lo que les haya sucedido en la tierra. Habrán pasado por hambre, pues no podrá comprarse alimento por no tener la marca de la bestia; habrán pasado por sed, pues los ríos se convertirán en sangre; habrán sufrido las quemaduras del abrasante sol. Sin embargo, la agonía de sus vidas habrá llegado a su fin en ese momento y estarán con el Señor.

Cuando Jesús regrese a la tierra al final de la tribulación, los cuerpos de los creyentes que murieron durante esos siete años serán resucitados y cada uno habitará en su nuevo cuerpo celestial. Apocalipsis 20:4 lo habla muy claro: «Y *vi* las almas de los que habían sido decapitados por causa del testimonio de Jesús y de la palabra de Dios, y a los que no habían adorado a la bestia ni a su imagen, ni habían recibido la marca sobre su frente ni sobre su mano. Volvieron a la vida y reinaron con Cristo por mil años».

Lo que sí es tan claro como el agua, es lo que hablamos de la salvación: si una persona deja este mundo sin haber aceptado a Cristo como salvador del pecado, esa persona ya no podrá recibir la salvación, es muy tarde. Su alma va al infierno para siempre. Esa es la verdad más simple y franca. No hay segundas oportunidades para la salvación después de la muerte. Una expresión antigua dice: «Cuando la muerte te encuentra, la eternidad te atrapa».

Hebreos 9:27 resalta la realidad de que «Así como está establecido que los seres humanos mueran una sola vez y después venga el juicio» (NVI).

Nada puede cambiar su destino después de la muerte. No existe el purgatorio ni una liberación bajo condición. Los límites del destino se han establecido por siempre después de la vida. La muerte elimina cualquier oportunidad para cambiar la mentalidad acerca de su destino eterno. La muerte cierra la puerta de la salvación por siempre.

Pero ¿*en esta vida* habrá un momento que sea demasiado tarde para recibir la salvación? ¿Existirá una línea que al cruzarla cierre la ventana de la salvación? Creo que la respuesta a esta pregunta es sí. La Biblia posee una advertencia contra todos los que rechacen a Jesucristo y reciban la marca del anticristo durante la tribulación:

> Entonces se manifestará aquel malvado, a quien el Señor Jesús derrocará con el soplo de su boca y destruirá con el esplendor de su venida. El malvado vendrá, por obra de Satanás, con toda clase de milagros, señales y prodigios falsos. Con toda perversidad engañará a los que se pierden por haberse negado a amar la verdad y así ser salvos. Por eso Dios les envía un poder engañoso, para que crean en la mentira. Así serán condenados todos los que no creyeron en la verdad, sino que se deleitaron en la maldad. (2 Tesalonicenses 2:8-12, NVI)

Aquellos que aceptaron las mentiras del anticristo, que hayan sido engañados y embaucados por sus prodigios, no tendrán oportunidad de ser salvados. Cuando elijan al anticristo, Dios enviará una ilusión convincente que endurecerá esa elección y confirmará la condenación. No hay punto de retorno de esa decisión catastrófica, es irreversible e irrevocable. Esta es una decisión eterna escrita en el concreto de la eternidad.

Apocalipsis 14:9-11 dice:

> «Si alguien adora a la bestia y a su imagen, y recibe una marca en su frente o en su mano, él también beberá del vino del furor de Dios, que está preparado puro[a] en la copa de Su ira. Será atormentado con fuego y azufre delante de los santos ángeles y en presencia del Cordero. El humo de su tormento asciende por los siglos de los siglos. No tienen reposo, ni de día ni de noche, los que adoran a la bestia y a su imagen, y cualquiera que reciba la marca de su nombre».

El Dr. Arthur Compton fue uno de los seis científicos que conformaron el comité que nombró el presidente Franklin D. Roosevelt para crear la primera bomba atómica. En el artículo de una revista posterior, Compton recordó el día en 1942 cuando él y otros científicos realizaron su primer experimento en una cancha de squash en Chicago. Describió las diferentes reacciones: alivio, preocupación, emoción. Todos los presentes se dieron cuenta de que se había liberado un poder que podría cambiar el curso de la historia.

Compton sabía que la vida en la tierra jamás sería la misma. Concluyó: «Ahora los hombres deben buscar el camino de Jesús o perecerán».[5]

Esa es la elección que el mundo tiene hoy, y es su elección. Es trágico ver que el mundo perece, pero usted puede seguir el camino de Jesús. No espere más para recibirlo, el tiempo pasa. La Biblia enfatiza la urgencia para responder al llamado del evangelio ahora mismo. No espere ser salvado en medio de los escombros de la tribulación. Extienda sus brazos a Cristo ahora, antes de que venga el colapso.

El Señor nos dice: «les digo que este es el momento propicio de Dios; hoy es el día de salvación» (2 Corintios 6:2, NVI).

Cada página de la Biblia dice *hoy*.

Cada tic-toc del reloj dice *hoy*.

Cada latido de su corazón dice *hoy*.

Cada sección de obituarios parece clamar *hoy*.

Toda la creación clama: «*hoy* es el día de salvación».[6]

CAPÍTULO 21

EN CUALQUIER MOMENTO

Cuando ha vivido en California tanto tiempo como yo, va adquiriendo un respeto sano por los terremotos. A diferencia de otros desastres naturales que han desarrollado sistemas de alerta, ya sea de horas o de días de anticipación, no hay forma de predecir cuándo o dónde puede darse inicio un terremoto.

Sin embargo, esto no ha limitado que sigan intentando.

En 2022, un investigador holandés llamado Frank Hoogerbeets llamó la atención de la prensa internacional al predecir con exactitud un terremoto devastador en Turquía tres días antes de que sucediera. El método de Frank se basa en la alineación de los planetas de nuestro sistema solar, lo que él llama «geometría planetaria».

Si lo vemos con más detenimiento, los tuits y las alertas que Frank publica son como un mensaje encriptado parecido a las galletas de la fortuna; un ejemplo es este que dice: «estamos entrando lentamente a un tiempo en que la probabilidad sísmica de M-8+ aumenta su actividad». El propio sitio web de Frank dice: «No existe un método confiable para predecir la hora o la ubicación exacta de los terremotos».[1]

Otros métodos para predecir los terremotos son incluso más extraños. Unos cuantos meses antes de la predicción de Frank, un grupo de pesqueros mexicanos hizo todo lo posible para alertar sobre un posible sismo después de haber atrapado un pez remo extraordinario cerca de Sinaloa. Esta especie de pez remo es el pez óseo más largo en el mar, los cuales regularmente habitan en lo más profundo, situación que los hace muy difíciles de pescar.

Las leyendas locales dicen que el pez remo solo sube a la superficie cuando alguna calamidad se aproxima, razón por la que con frecuencia se les llama «pez terremoto».[2]

Después de estudiar estos y otros métodos, el Servicio Geológico de los Estados Unidos hizo una declaración pública que indica: «Ni la oficina del Servicio Geológico de los Estados Unidos, USGS, ni ningún otro científico ha podido predecir un terremoto de gran magnitud».[3]

Dada la realidad, aquellos que vivimos cerca de fallas geológicas debemos continuar con la idea de que un terremoto es inminente. Debemos prepararnos como si «un terremoto enorme» pudiera suceder en cualquier momento, así también la venida de nuestro Señor es inminente y puede suceder en cualquier momento.

De hecho, una de las enseñanzas esenciales del Rapto documentada en algunas partes de las escrituras por lo general se llama la doctrina de la inminencia.

Cuando algo es inminente, puede suceder en cualquier instante. No se necesitan eliminar barreras ni se necesita cumplir con estándares antes de que suceda. Lo más importante es que un suceso «inminente» no significa que sea «inmediato». Decir que un evento es inminente no significa que esté garantizado de que suceda en el futuro inmediato, solo que *podría* suceder en cualquier momento.

En su insuperable libro del Rapto, Renald Showers nos da una explicación profunda de la palabra *inminente:*

> La palabra inglesa «inminente» significa «que cierne sobre nuestra cabeza, que está pronto a caer o a alcanzar a una persona, que pueda suceder prontamente». Entonces, un suceso inminente es aquel que cierne sobre nosotros, que siempre está pronto a caer o a alcanzar a una persona, que siempre está pronto a suceder en el sentido de que puede darse en cualquier momento.
>
> Podrían darse otras actividades antes del suceso inminente, pero no necesariamente tiene que pasar algo antes de dicho acontecimiento. Si algo tuviera que pasar antes de este suceso, dejaría de ser inminente. La necesidad de que algo tenga que pasar antes destruye el concepto de inminencia. Cuando un acontecimiento es realmente inminente, nunca sabemos con exactitud cuándo se dará.[4]

El expositor de la Biblia, A. T. Pierson, escribió: «Inminencia es la combinación de dos condiciones: "seguridad e incertidumbre". Un suceso inminente es aquel que con seguridad se da en algún momento, pero con incertidumbre de cuándo. Inminente no es sinónimo de latente. No es preciso decir que lo inminente está cerca, pues puede que esté, como que no lo esté».[5]

Resalto este término porque la Biblia representa el Rapto como un suceso inminente, aquel que pudiera darse en algún momento. Este capítulo le mostrará dónde encontrar estas afirmaciones en las escrituras y por qué la doctrina de la inminencia es tan importante para su vida diaria.

LOS VERSÍCULOS QUE PRESENTAN LA INMINENCIA

Hemos explorado la poderosa promesa de Jesús a sus seguidores en Juan 14 desde distintos ángulos, pero veamos una vez más estos versículos, ahora desde la perspectiva de la inminencia:

> No se turbe su corazón; crean[a] en Dios, crean también en Mí. En la casa de Mi Padre hay muchas moradas; si no *fuera así*, se lo hubiera dicho; porque voy a preparar un lugar para ustedes. Y si me voy y les preparo un lugar, vendré otra vez y los tomaré adonde Yo voy; para que donde Yo esté, *allí* estén ustedes también. (vv. 1-3)

Veamos los dos verbos activos que se encuentran en la esencia del pasaje: «voy a preparar un lugar para ustedes» y «vendré otra vez y los tomaré adonde Yo voy». La primera afirmación ya sucedió. Después de la resurrección, Jesús no permaneció en la tierra, sino que ascendió al cielo. Se fue para preparar un lugar para nosotros. La segunda de estas promesas está por llegar. Jesús regresará y no nos dejó condiciones que debamos cumplir previamente a su regreso. Literalmente podría llegar en cualquier momento.

Eso es inminencia.

De hecho, un estudioso de la palabra escribió: «Jesús no menciona qué señales deben cumplirse antes del Rapto. Lo que sí mencionó fue que los apóstoles se reunirían con su Señor, lo cual sería el inicio de llegar a "sentirse en casa" tanto con Jesús como con el Padre».[6]

Pablo enfatizó la inminencia del regreso de Cristo cuando escribió su primera epístola a los creyentes de Tesalónica:

> Pero ustedes, hermanos, no están en tinieblas, para que el día los sorprenda como ladrón; porque todos ustedes son hijos de la luz e hijos del día. No somos de la noche ni de las tinieblas. Por tanto, no durmamos como los demás, sino estemos alerta y seamos sobrios. Porque los que duermen, de noche duermen, y los que se emborrachan, de noche se emborrachan.
>
> Pero puesto que nosotros somos del día, seamos sobrios, habiéndonos puesto la coraza de la fe y del amor, y por casco la esperanza de la salvación. Porque no nos ha destinado Dios para ira, sino

para obtener salvación por medio de nuestro Señor Jesucristo. (1 Tesalonicenses 5:4-9)

Vea que Pablo enfatiza la salvación de su audiencia. Describió a los tesalonicenses como «hermanos» y como «hijos de la luz». Eran creyentes y eran salvos. Por esa razón, ¿por qué es importante para ellos estar «alerta y sobrios»? Su futuro eterno ya estaba sellado, como en el caso de los cristianos en la actualidad, entonces, ¿por qué debían mantenerse preparados?

La respuesta se une a la seguridad de la ira de Dios. El día del juicio de Dios está por llegar. Los creyentes en Tesalónica no vivirían esa ira por el Rapto. Sin embargo, Pablo les encargó que ellos mismos invirtieran en la misión de expandir el reino de Dios mientras tenían tiempo. Quería que vivieran el llamado como hijos de luz, precisamente *porque* el regreso de Cristo era inminente.

Final y muy oportunamente, las últimas palabras de Jesús en las escrituras se registran en Apocalipsis 22:20, las cuales también enfatizan la inminencia de su regreso: «Sí, vengo pronto».

Esta es la realidad que deberíamos recordar como creyentes en Jesús. No necesitamos esperar por señales para realizar la obra de Cristo. Nos dice que viene pronto, más pronto que tarde, en cualquier momento.

Mientras trabajaba en este capítulo, un miembro de nuestra iglesia me llevó una tarjeta que dice: «no estoy en busca de una señal, ¡estoy en busca del Salvador!»

También vea las palabras que trasladan el mensaje de inminencia en los siguientes pasajes:

- «Alcen la cabeza, porque se acerca vuestra redención» (Lucas 21:28).
- «Nosotros mismos gemimos en nuestro interior, aguardando ansiosamente la adopción como hijos» (Romanos 8:23).

- «Esperando ansiosamente la revelación de nuestro Señor Jesucristo» (1 Corintios 1:7).
- «Todos seremos transformados en un momento, en un abrir y cerrar de ojos» (1 Corintios 15:51-52).
- «Ansiosamente esperamos un Salvador, el Señor Jesucristo» (Filipenses 3:20).
- «Pues ustedes mismos saben perfectamente que el día del Señor vendrá[a] así como un ladrón en la noche» (1 Tesalonicenses 5:2).
- «Aguardando la esperanza bienaventurada y la manifestación de la gloria de nuestro gran Dios y Salvador Cristo Jesús» (Tito 2:13).
- «Al ver que el día se acerca» (Hebreos 10:25).
- «Porque la venida del Señor está cerca» (Santiago 5:8).
- «El Juez está a las puertas» (Santiago 5:9).
- «Pero el fin de todas las cosas se acerca» (1 Pedro 4:7).
- «Por tanto, Yo vengo pronto» (Apocalipsis 22:7).

LOS PRONOMBRES QUE INSISTEN EN LA INMINENCIA

Cada palabra de la escritura importa, así como cada letra. Para citar a Jesús, «la letra más pequeña» y cada «tilde» también importa (Mateo 5:18). Hay un mundo de tesoros espirituales por encontrar cuando minuciosamente buscamos entre los elementos más pequeños de las escrituras.

Por ejemplo, veamos los pronombres personales que Pablo usó cuando escribió a los Tesalonicenses: «Nosotros los que estemos vivos *y* que permanezcamos hasta la venida del Señor, [...] los que estemos vivos *y* que permanezcamos, seremos arrebatados juntamente con ellos en las nubes al encuentro del Señor en el aire, y así estaremos con el Señor siempre» (1 Tesalonicenses 4:15, 17).

¿Por qué Pablo sigue diciendo «nosotros»? Porque su expectativa era ser incluido en el Rapto. En palabras de John MacArthur: «Cuando el apóstol Pablo describió la venida del Señor por la iglesia, usaba pronombres personales para mostrar que claramente estaba convencido de que él podría estar entre aquellos que serían llevados vivos para conocer al Señor».[7]

Pablo creía que Cristo regresaría mientras él estaba vivo. *Esperaba* que Jesús regresara mientras seguía con vida. Más que eso, anhelaba anticipadamente ese regreso.

El punto aquí no es que Jesús no iniciara el Rapto en el primer siglo. Lo importante es comprender, así como Pablo, que Cristo *podría* regresar en cualquier momento y que la inminencia de ese regreso nos incentivaría a vivir como Pablo vivió: enfocados cada día en lograr la obra de Dios para el reino de Dios.

LAS PARÁBOLAS QUE ILUSTRAN LA INMINENCIA

Para dejar claro su punto sobre la inminencia de su regreso, Jesús nos contó algunas historias o parábolas.

Su primera historia fue acerca de un *ladrón inesperado* (Mateo 24:43-44).

Es una historia que se trata de una casa a la cual irrumpió un ladrón porque el dueño de la casa no estaba vigilante. El objetivo de Jesús en esta historia era que: si el dueño de la casa hubiera sabido cuándo llegaría el ladrón, hubiera estado vigilando para evitar que el ladrón entrara. Sin embargo, debido a que el dueño no sabía la hora ni el día en que el ladrón llegaría, su casa estaría bajo el robo inesperado.

Ahora observe cómo Jesús concluye su parábola: «Por eso, también ustedes estén preparados, porque a la hora que no piensan vendrá el Hijo del Hombre» (v. 44).

La siguiente historia trata de *dos siervos* (Mateo 24:45-51). Esta historia se trata de dos siervos que trabajaban para el mismo amo. Uno de los siervos era fiel y el otro infiel. Su amo salió de viaje y dejó a los dos siervos a cargo. El buen siervo hizo fielmente todo lo que su amo indicó y proveyó alimento para la casa de su amo. El siervo infiel estaba convencido de que el amo estaba retrasado en su regreso y se embriagaba y golpeaba a algunos de sus consiervos. Cuando el amo regresó inesperadamente, encontró a cada siervo haciendo lo que acostumbraba a hacer. El siervo fiel fue recompensado con un ascenso, mientras que el siervo infiel fue castigado duramente.

Como el amo en la parábola, nuestro amo en los cielos vendrá en un momento inesperado. Podría ser hoy o mañana, en este siglo o en el siguiente. Pero siempre tenemos que estar a la espera, vigilantes y trabajando hasta que Él regrese.

La historia final trata de las *vírgenes, unas prudentes y unas insensatas* (Mateo 25:1-13). Esta parábola de Jesús es acerca de «diez vírgenes», cinco de ellas eran insensatas y cinco prudentes. Las diez vírgenes anticipaban la celebración de una boda y el desfile majestuoso y prolongado a la casa del novio. Cuando el novio llegó de repente, a mitad de la noche, las vírgenes insensatas no tenían aceite para sus lámparas. Al momento de querer ir a comprar aceite, era demasiado tarde y se quedaron afuera del banquete nupcial en el que sí participaron las vírgenes prudentes. Ninguno de los grupos sabía la hora exacta en la que el novio regresaría, pero un grupo estaba listo y el otro no".[8]

Esto es lo que Jesús dijo que podíamos aprender de esta parábola: «Velen, pues no saben ni el día ni la hora» (25:13).

En el evangelio de Lucas, Jesús dijo algo similar todavía más poderoso: «Dichosos aquellos siervos a quienes el señor, al venir, halle velando; en verdad les digo que se ceñirá *para* servir, y los sentará *a la mesa*, y acercándose, les servirá» (Lucas 12:37).

LA PERSPECTIVA QUE INTERPRETA LA INMINENCIA

La inminencia del regreso de Cristo es una verdad más que justa e incidental del Rapto. Libros importantes y manuscritos se han publicado para defender o para atacar esta doctrina. En pocas palabras, si la Biblia enseña que Jesús puede regresar en cualquier momento y que nada tiene que pasar antes de su regreso, entonces la idea de que la iglesia debe atravesar la tribulación antes del Rapto queda evidentemente falsa.

El pueblo de Taiwán entiende los conceptos prácticos de la inminencia en una forma visceral. Por más de 70 años, Taiwán ha estado bajo la amenaza de una invasión por parte del Partido Comunista de China (PCCh) y esa amenaza se ha intensificado después de la reciente invasión de Rusia contra Ucrania.

«La pregunta no es si China atacará a Taiwán, sino cuándo», dice Houh Shoou-yeh, quien es el presidente de un grupo de expertos del Ministerio de Defensa. «Taiwán debe prepararse para enfrentar un conflicto en cualquier momento», indica, a la vez que deja ver que el ejército taiwanés es capaz de movilizar a más de doscientos mil soldados en 24 horas.[9]

Este es el tipo de preparación que necesitamos mantener como seguidores de Jesús. Nosotros también estamos en el umbral de una invasión, no una hostil, sino una celestial. Por lo tanto, debemos escoger permanecer listos para la hora gloriosa que puede llegar en cualquier momento.

CAPÍTULO 22

¿A QUÉ SE DEBE LA DEMORA?

Durante décadas he viajado una buena porción del tiempo y las demoras en los vuelos han agotado mi paciencia. ¿También la suya? Cuando las líneas aéreas nos dan un itinerario de vuelo, hacemos nuestros planes con base en él y esperamos mantenernos dentro de ese marco de tiempo. Sin embargo, cuando me siento tentado a perder los estribos, solo tengo que agradecer que no estuve a bordo del vuelo 857 de United Airlines que viajaba de San Francisco a Shanghái en marzo de 2012.

Ese avión salió de San Francisco a las 2:00 p. m. de un domingo. El tiempo total del viaje estaba programado para tener un trayecto de trece horas. No obstante, después de tres horas, el avión sufrió un desvío hacia Anchorage, Alaska. Hubo un problema con los inodoros, pues el avión no tenía suficientes para asegurar la comodidad de todos los pasajeros durante un vuelo tan largo.

Cuando el avión aterrizó en Anchorage, los pasajeros tuvieron que permanecer a bordo por 90 minutos mientras los controladores aéreos gestionaban una puerta de ingreso. Los viajeros recibieron cupones para un tiempo de comida y una noche de alojamiento. Así también, les dijeron que regresaran al siguiente día para retomar su viaje a Shanghái.

Al otro día, otra demora. El nuevo vuelo estaba programado para partir a la 1:00 p. m. en un nuevo avión, pero la nave permaneció ahí por más de dos horas. Luego, después del abordaje, se les informó a los pasajeros que este nuevo avión tenía problemas de funcionamiento. Ellos mismos empezaron a abandonar sus asientos; retiraron su equipaje y regresaron nuevamente a la terminal.

Finalmente, y en otra aeronave, el vuelo salió de Anchorage y llegó exitosamente a Shanghái tres días después, pero lo bueno fue que llegaron sanos y salvos.[1]

En general a la gente no le gustan las demoras, sobre todo porque es frustrante cuando no entendemos por qué se nos obliga a esperar. Eso es lo que sucede cuando viajamos, cuando esperamos en la clínica médica, cuando esperamos a ser atendido en la caja del supermercado, en el tránsito o cuando esperamos a que llegue un paquete.

También sucede al esperar a que Dios cumpla sus promesas, inclusive la promesa del Rapto. Después de todo, el primer versículo del libro de Apocalipsis dice: «La Revelación de Jesucristo, que Dios le dio, para mostrar a Sus siervos las cosas que deben suceder pronto» (1:1).

Fijémonos en la palabra *pronto*. Si le digo a Donna, «iré a la tienda a comprar leche, pero volveré pronto», su idea no se basaría en esperarme por dos días, ¡imagínese dos mil años!

El último capítulo de Apocalipsis también usa la palabra «pronto» para describir el regreso de Cristo que dará el inicio de los tiempos finales. De hecho, pueden encontrar la palabra «pronto» cuatro veces en Apocalipsis 22. En el versículo 12, Jesús dijo: «Por tanto, Yo vengo pronto» y en el versículo 20 vuelve a decir su promesa con: «Sí, vengo pronto».

¡Pronto! Por siglos los creyentes han repetido la misma respuesta que dio Juan a esa promesa: «Amén. Ven, Señor Jesús» (v. 20).

Señor, ¡ven pronto! ¡*Maranata*!

En el capítulo anterior vimos que el Rapto es inminente, lo que significa que puede suceder en cualquier momento. A pesar de eso, el Señor Jesús no ha regresado. Durante dos mil años, los cristianos han visto y esperado el catalizador del Rapto para unirse a la siguiente fase del plan profético de Dios, y seguimos esperando.

Es justo hacer la pregunta: *¿por qué el retraso?*

LA PERSPECTIVA DEL SEÑOR

¿Creería que la gente ha estado haciendo la misma pregunta desde el primer siglo? Cuando el apóstol Pedro escribió su segunda epístola a las iglesias de Asia Menor (lo que actualmente es Turquía), probablemente la escribió desde las profundidades de una prisión en Roma. El emperador Nerón lo había condenado a morir, por lo que el objetivo de la epístola de Pedro era confrontar a los falsos maestros que habían permeado la iglesia y corregir la confusión doctrinal que habían provocado.

Es interesante ver que una de las preguntas que las personas de la iglesia primitiva parecían estarse haciendo es la misma que nos sigue intrigando ahora: *¿por qué el retraso?*

Al tiempo de esta carta ya habían pasado casi cuarenta años de la muerte de Jesús, ya había resucitado y ascendido al cielo con la promesa de «preparar un lugar» para sus seguidores. La iglesia primitiva estaba consciente de esa promesa y muchos se habrán preguntado por qué se tardaba tanto.

De hecho, como lo dice Pedro, los falsos maestros ya estaban usando esta tardanza para lanzar dudas sobre la fidelidad de Dios y la fiabilidad del regreso prometido de Cristo: «vendrán burladores con *su* sarcasmo, siguiendo sus propias pasiones, y diciendo: "¿Dónde está la promesa de Su venida? Porque desde que los padres durmieron, todo continúa tal como estaba desde el principio de la creación"» (2 Pedro 3:3-4).

Recuerde la definición de la frase bíblica «últimos días». Se refiere al período entre el fin del ministerio público de Jesús y el momento en que sucede el Rapto. Los cristianos de la generación de Pedro eran parte de los «últimos días», tal como lo somos nosotros. En su tiempo, como en el actual, los falsos profetas han tratado de lanzar dudas sobre la realidad del regreso de Cristo y señalan que Cristo no ha regresado como lo prometió.

¿Cómo respondió Pedro?

Primero, recordó a sus lectores que nuestra perspectiva humana en el tiempo es diferente a la perspectiva de Dios. Les dijo: «Pero, amados, no ignoren esto: que para el Señor un día es como mil años, y mil años como un día» (2 Pedro 3:8).

Ese versículo incluye una alusión al salmo 90:4 que dice:

«Porque mil años ante Tus ojos
Son como el día de ayer que *ya* pasó,
Y *como* una vigilia de la noche».

El objetivo del salmista (y también de Pedro) es sencillo y lógico: Dios es eterno y Él vive el tiempo de forma diferente a como nosotros lo vivimos.

La Biblia es el libro de Dios y las palabras representan su vocabulario. Tenemos que entender cómo usa las palabras, su intención de que las entendamos y lo que quiere decir cuando las usa desde su perspectiva. Tenemos que estudiar las escrituras dentro del contexto.

El erudito del Nuevo Testamento, Doug Moo, explicó:

> Dios mira el pasar del tiempo desde una perspectiva diferente a la nuestra. Somos impacientes, nos atribulamos y afligimos incluso cuando experimentamos un retraso corto, pero Dios es paciente, dispuesto a que pasen siglos e incluso milenios mientras Él obra en sus propósitos. Pedro no les dice a sus lectores que están equivocados en creer que el regreso de Cristo es «inminente». Lo que les está diciendo es que están equivocados al impacientarse cuando no sucede tan rápido como a ellos les gustaría o como ellos esperarían.[2]

La Biblia enseña que Dios existe en el pasado, presente y futuro, en el mismo momento. Para Dios, más tarde es igual que más temprano. El final es igual al principio. Ahora es igual que en ese entonces.

Este es un gran misterio y es difícil de hacer una conclusión en nuestra mente sobre el concepto de un Dios eterno. No obstante, si Dios fuera menos que eterno, en realidad no podría ser Dios. Y si un día para el Señor es como mil años, y mil años es como un día, entonces desde la perspectiva de Dios, no ha pasado mucho tiempo desde que Jesús se fue, no tanto como nos parece a nosotros. ¡Tal vez solo dos días!

«Amados», dice Pedro en esencia, «no ignoren esto». Es importante, es significativo. Recuerden que Dios no trabaja en nuestro itinerario. Sus planes están basados en su perspectiva y en su percepción, no en la nuestra.

LA PACIENCIA DEL SEÑOR

La segunda razón del retraso del Señor en regresar a esta tierra se encuentra en el versículo 9: « El Señor no se tarda en *cumplir* Su promesa, según algunos entienden la tardanza, sino que es paciente para con ustedes» (2 Pedro 3:9).

Algunos de los falsos maestros de la iglesia primitiva declaraban que Dios era lento para llevar a cabo su propósito, que no le preocupaba y que no le importa. Sin embargo, Pedro dijo que es mejor entender la tardanza de Dios en otra dirección. Este retraso de la venida de Cristo no se debe a que no le preocupe, sino en realidad, es una señal de cuánto le importa y ama a su pueblo. Sigue esperando porque es paciente. Quiere que las personas vengan a Él antes de que sea muy tarde.

En el libro de Joel leemos:

«Rasguen su corazón y no sus vestidos.
Vuelvan ahora al SEÑOR su Dios,
Porque Él es compasivo y clemente,

Lento para la ira, abundante en misericordia,

Y se arrepiente de *infligir* el mal» (2:13).

Pablo preguntó: ¿O tienes en poco las riquezas de Su bondad y tolerancia y paciencia, ignorando que la bondad de Dios te guía al arrepentimiento? (Romanos 2:4).

John Piper escribió: «Dado que Dios es inmortal, no envejece, no olvida, ve toda la historia a simple vista y nunca se aburre, por lo que está claro que no vive el tiempo como nosotros lo vivimos. [...] No deje de reconocerlo. Decir que han pasado casi dos mil años desde su partida no es un argumento válido contra la Segunda Venida de Cristo. Viéndolo desde cómo Dios experimenta el tiempo, puede ser que Cristo haya llegado a su diestra hace dos días».[3]

Otro autor dijo algo así: «En lugar de lanzar dudas sobre su promesa, lo que pareciera ser una tardanza de Dios en realidad es una forma de ¡cómo resalta su corazón! Su espera no es una fecha caducada porque sea débil, sino porque es misericordioso».[4]

La importancia de ello no debería perderse en nosotros. Si Jesús hubiera venido en el año 500 o en el 1500, o digamos que hubiera venido en 1875, ninguno de nosotros hubiera nacido todavía. No hubiéramos podido disfrutar de un diario caminar con Jesucristo. No hubiera podido deleitarse en las promesas de la palabra de Dios. No hubiera podido esperar con grandes deseos la vida eterna. Si Jesús hubiera venido en una era anterior, ninguno de nosotros hubiera estado aquí, ninguno hubiera tenido posibilidad de ser llevado en el Rapto y ninguno de nosotros hubiera podido ser resucitado.

Pero por la paciencia de Dios, las épocas se han ampliado para incluirnos dentro de su gracia redentora y gloriosa.

¡Gracias por tu paciencia, Jesús!

LA PREFERENCIA DEL SEÑOR

Finalmente, hemos alcanzado el deseo de Dios en cuanto al tiempo del Rapto. Jesús atrasó su venida porque «no queriendo que nadie perezca, sino que todos vengan al arrepentimiento» (2 Pedro. 3:9). Esto es lo que prefiere Dios.

En el libro de Ezequiel, el Señor dijo: «¿Acaso me complazco Yo en la muerte del impío, declara el Señor Dios, y no en que se aparte de sus caminos y viva?» (18:23).

Dios anhela que su pueblo se arrepienta. Quiere darle a cada uno la oportunidad de cambiar su mente y de regresar a Él y a sus caminos. «El arrepentimiento de los cristianos genuinos tiene que ver con una convicción sincera del pecado, sentir ese corazón contrito por la ofensa hacia Dios y rechazar esa vida pecaminosa para volverse a Dios, con una vida que lo honre».[5]

Recuerde la historia del hijo pródigo. Aunque había abandonado y lastimado a su padre con desdén y de una forma irrespetuosa, el padre esperó pacientemente para que su hijo caprichoso regresara y lo amó todo el tiempo que lo esperó. Desde la entrada de su casa veía el camino, con el anhelo de que regresara.

Eso es lo que prefiere Dios para todo el pueblo ahora, que podamos terminar con nuestra rebelión y que regresemos a Él.

Y al hablar de regresar, ¿ha escuchado de la maravillosa alianza entre la línea de buses Greyhound [Galgos] y el sistema de información National Runaway Safeline, que es una organización que sirve y apoya a los jóvenes que escapan de su hogar? Gracias a esta alianza, todo menor entre 12 y 21 años que escape de sus padres o tutores puede recibir un boleto gratis para regresar a casa.

Mucho mejor aún, las organizaciones dan más que solo el transporte. Se aliaron con los padres y los jóvenes para crear un plan para regresarlos seguros a casa y para que puedan trabajar todos los problemas que en primera instancia llevaron al menor a huir de casa. Enlazan a la familia con personas y recursos en su comunidad para recibir un apoyo a largo plazo.[6]

No es posible para ninguna persona alejarse físicamente de Dios. Nuestro padre celestial está presente en todo lugar y sabe todo en lo absoluto. Sin embargo, es posible alejarse de la bondad y amor de Dios para rebelarse contra su autoridad, para incluso rechazarlo y extraernos de su protección y de su bondad amorosa.

Si ese es su caso, ¿por qué no regresa hoy? Ni siquiera necesita un boleto, no debe recorrer distancias, ni viajar, ni pasar por trámites burocráticos, solo tiene que regresar.

Dios siempre lo espera y lo recibe con brazos abiertos.

CAPÍTULO 23

RESCATADOS ANTES DE LA DESTRUCCIÓN

La embajada de los Estados Unidos en Sudán se ubica en un área muy bien resguardada, a muy corta distancia del río Nilo Azul, en el área occidental de Khartoum. Es un complejo de edificios relativamente nuevo, pero está asentado en una ciudad violenta y difícil.

Cuando estaba escribiendo este capítulo, un equipo de las fuerzas operativas especiales llevaba a cabo una de las misiones más difíciles para evacuar la embajada. Esta ciudad se vio inundada por el caos y llegó el momento de rescatar por aire a los diplomáticos estadounidenses para su seguridad.

En la embajada había aproximadamente una centena de personas y les llevó menos de una hora extraer a todos. El Sexto Equipo SEAL de la marina participó en la misión, el cual ejecutó su operativo en total reserva y en la oscuridad. La evacuación fue «rápida y limpia» para la que usaron dos helicópteros Chinook MH-47.

Los oficiales estadounidenses dijeron que la situación estaba empeorando y necesitaban hacer la evacuación de emergencia porque se anticipaba una ola de violencia que se dirigía a la entrada de la embajada.[1]

Todos los que conocemos a Cristo somos sus embajadores, sus representantes en un mundo en deterioro. Justo antes de que la ola de violencia de la tribulación toque a la puerta de la iglesia, nuestro gran comandante, literalmente, nos levantará para resguardarnos y rescatarnos antes de la tormenta.

Hemos hablado acerca de ese rescate en estas páginas una y otra vez, se trata del Rapto. Lo que le sorprendería saber es que Dios ha permitido ese patrón muchas veces en la historia. Proverbios 11:8 dice: «El justo es liberado de tribulación, y el impío toma su lugar».

El salmo 144 dice: «Abre tus cielos, SEÑOR, y desciende [...], Extiende tu mano desde las alturas y sálvame» (vv. 5, 7, NVI). Aunque no es una imagen específica del Rapto, puedo ver la mano del Señor inclinándose a alcanzarnos para liberarnos justo en el último minuto.

El apóstol Pablo se refirió a este aspecto del carácter de Cristo cuando nos instó a «esperar de los cielos a Su Hijo, al cual resucitó de entre los muertos, *es decir*, a Jesús, quien nos libra de la ira venidera» (1 Tesalonicenses 1:10).

Y así vemos cómo se dio para dos familias del Antiguo Testamento y lo que significa para los creyentes de hoy. Al estudiar las formas en las que Dios actuó para rescatar a su pueblo en el pasado, podemos aprender y seguir entendiendo del futuro rescate de Dios de su pueblo con el Rapto.

EL RESCATE DE NOÉ

Cuando hablamos de su regreso en Lucas 17, Jesús usó dos ilustraciones del Antiguo Testamento: Noé y Lot. Dijo: «Tal como sucedió en tiempos de Noé, así también será cuando venga el Hijo del hombre. [...] Lo mismo sucedió en tiempos de Lot: comían y bebían, compraban y vendían, sembraban y edificaban. Pero el día en que Lot salió de Sodoma, llovió del cielo fuego y azufre y acabó con todos. Así será el día en que se manifieste el Hijo del hombre» (vv. 26-30, NVI).

Hay un hecho interesante acerca del diluvio en los días de Noé que con frecuencia pasa desapercibido. En las genealogías de Génesis 5 vemos que Enoc era el padre de Matusalén, quien era el padre de Lamec, padre de Noé (Génesis 5:21-28). Matusalén vivió más que cualquier persona en la historia: 969 años. Su padre (quien fue el abuelo de Noé), Enoc, era un predicador justo. Como lo vimos antes en este libro, predicó del regreso de Cristo y fue arrebatado antes del diluvio (Judas v. 14).

Bodie Hodge, un ingeniero y también estudioso del libro de Génesis, se dio cuenta de algo interesante sobre estos dos hombres: «Si hacemos una correlación de las edades de los patriarcas, Matusalén falleció el mismo año del diluvio… Matusalén recibió la crianza de un padre piadoso (Enoc) que caminó con Dios y le agradó, de modo que Dios se lo llevó sin experimentar la muerte. De hecho, Matusalén pudo haber ayudado a Noé en la construcción del arca, pero su muerte precedió el diluvio».[2]

Haga una pausa de un minuto para asimilar esta información.

Enoc fue arrebatado antes del diluvio; Matusalén falleció solo días antes del diluvio. Dios los liberó a ambos de la ira venidera y juntos representan a quienes serán arrebatados y resucitados cuando Jesús venga en el cielo por su pueblo.

No olvide a Noé ni a su familia. Dios también los llevó sobre las aguas del diluvio y los rescató de la tormenta del juicio que cayó sobre la tierra.

EL RESCATE DE LOT

El otro ejemplo que nos deja el Señor fue la familia de Lot. En Génesis 19, Dios envió a dos ángeles para evacuar a Lot y a su familia de la malvada ciudad de Sodoma antes de que los castigara con fuego, así como lo lee, por el juicio que dejaría caer sobre ese lugar. Al final de ese día funesto, los ángeles despertaron a Lot y a su familia y dijeron: «¡Apúrate! Llévate a tu esposa y a tus dos hijas que están aquí». Los ángeles tomaron físicamente las manos de la esposa y las hijas de Lot para arrastrarlos fuera del peligro «porque el Señor les tuvo compasión» (vv. 15-16, NVI).

En cuanto rescataron a esta pequeña familia de Sodoma, el Dios de justicia envió una lluvia de fuego que consumió la ciudad en juicio.

El doctor W. A. Criswell, quien era un asiduo estudiante de la profecía bíblica, habló en un sermón sobre este tema: «Estos dos hombres, Enoc y Lot, son los hombres de Dios que comúnmente se ven en la tierra hoy. Enoc era un hombre de gloria que caminaba con Dios y que no murió porque Dios se lo llevó, ya que lo raptó para sacarlo antes que llegara el juicio del diluvio. Por otro lado, Lot fue el que salió justo antes de que llegara el día del gran juicio de Dios. Todo el pueblo de Dios será arrebatado antes de que lleguen días terribles».[3]

Claro que no se trata de incidentes aislados. El rescate de Dios hacia Noé y Lot está en armonía con la manera en la que Él ha obrado a través de la historia. En Egipto, resguardó a los hebreos de las plagas de ira que dejó caer sobre el imperio del faraón. La última plaga (la muerte de los primogénitos) ni se acercó a los judíos que pintaron los dinteles de sus puertas con la sangre del cordero de la Pascua. Dios les dio una vía de escape.

El mismo Dios rescató a los espías israelitas para que abandonaran Jericó antes de que el juicio cayera sobre esa ciudad. Sacó a Daniel del pozo de los leones antes de que estos animales abrieran sus fauces y devoraran a su presa. Jesús se aseguró que sus discípulos salieran del Getsemaní, amedrentados, pero seguros, mientras lo llevaban a la cruz.

¡Adoramos a un Salvador que salva!

EL RESCATE DE LOS DEVOTOS

Así como la familia de Noé y la familia de Lot fueron evacuados antes de los ataques violentos del juicio, así mismo hará con la familia del Señor.

Al reflejar las palabras de Jesús, Pedro también habló con detalle de este pensamiento cuando escribió:

> «Tampoco perdonó al mundo antiguo cuando mandó un diluvio sobre los impíos, aunque protegió a ocho personas, incluyendo a Noé, predicador de la justicia. Además, condenó a las ciudades de Sodoma y Gomorra, y las redujo a cenizas, poniéndolas como escarmiento para los impíos. Por otra parte, liberó al justo Lot, que se encontraba abrumado por la vida desenfrenada de los perversos. [...] Todo esto demuestra que el Señor sabe librar de la tentación a los que viven con devoción a Dios, y sabe también guardar a los injustos para castigarlos en el día del juicio» (2 Pedro 2:5-9, NVI).

El Señor sabe cómo rescatarnos del juicio. ¡Claro que lo sabe! Pablo se lo dijo a Timoteo, su hijo en la fe, cuando escribió: «Porque por esto trabajamos y nos esforzamos, porque hemos puesto nuestra esperanza en el Dios vivo, que es el Salvador de todos los hombres, especialmente de los creyentes» (1 Timoteo 4:10).

Por esa razón es que Pablo, después de haber descrito el Rapto, les dijo a los tesalonicenses que: «Por tanto, confórtense unos a otros con estas palabras» (1 Tesalonicenses 4:18). Vivimos bajo el poder y la protección de Jesús, nuestro Salvador.

Creo que todo esto es parte de la gracia que Dios tiene para nosotros. Prometió: «No les ha sobrevenido ninguna tentación que no sea común a los hombres. Fiel es Dios, que no permitirá que ustedes sean tentados más allá de lo que pueden *soportar*, sino que con la tentación proveerá también la vía de escape, a fin de que puedan resistirla» (1 Corintios 10:13).

Nuestro Señor ha diseñado una vía de escape, un rescate, una evacuación para su pueblo al final de la era del evangelio de la gracia. Lo llamamos: el Rapto.

Por ello decimos que el Rapto es una extensión del carácter de Dios. Nos revela quién es Dios y lo que atesora. Como el salmista escribió:

«También me sacó a un lugar espacioso;

Me rescató, porque se complació en mí» (Salmos 18:19).

El Señor se deleita en su iglesia, en su familia, se deleita en usted. Sí, en este mundo sufrimos problemas y tribulaciones, pero Dios siempre hace un escape para nosotros porque se deleita en nosotros. Su liberación no solo está reservada para el Rapto, quiere liberarnos ahora mismo de la ansiedad del futuro y de las preocupaciones que incapacitan su vida.

Este tema circula en el salmo 34 como si fuera una fragancia de primavera: «Busqué al SEÑOR y él me respondió; me *libró* de todos mis temores. [...] El ángel del SEÑOR acampa en torno a los que le temen; a su lado está para *librarlos*. [...] Los justos claman, el SEÑOR los oye y los *libra* de todas sus angustias. [...] Muchas son las angustias del justo, pero el SEÑOR lo *librará* de todas ellas» (vv. 4, 7, 17, 19, NVI, énfasis añadido).

El mismo Dios, el Señor Jesucristo, que nos libra una y otra vez de los peligros de la vida, también librará a su iglesia al final de los tiempos. Nos evacuará y nos levantará para mantenernos seguros antes de que lleguen los ataques violentos de la justicia de la tribulación.

En su libro *Beyond the Storm [Más allá de la tormenta]*, Debra B. Morton describe lo que le sucedió a su familia durante el huracán Katrina. Relató que su padre de 77 años y su madrastra habían evacuado antes de la tormenta. Sin embargo, regresaron después al pensar que estarían seguros. Cuando el dique cercano no pudo resistir más, el nivel del agua empezó a subir en la casa. «Mi padre, mi madrastra (quien estaba en tratamiento de diálisis), mi hermana, el esposo de ella y sus hijos tuvieron que subir al ático por tres días para evitar ahogarse, ático que llegaba a más de 37 °C, no había escapatoria».

¿Cómo podían avisarle a alguien que estaban atrapados en el ático? La pequeña familia estaba asustada y podían escuchar el revoloteo de los helicópteros que los sobrevolaban, pero no tenían forma de comunicarse con los rescatistas.

De acuerdo con Debra, uno de los miembros de la familia finalmente logró abrir un pequeño agujero en el techo, era lo suficientemente grande para pasar por ahí un pequeño espejo quebrado. «Mi padre me dijo que sintió en su corazón cuando los rescatistas lograron ver el reflejo del pequeño espejo al tercer día». Tenía razón, lo habían visto y gracias a ello, rescataron a la familia el tercer día.

«El tercer día tenía algo especial», dice Debra «fue como la historia de la resurrección».[4]

Ahora, nuestro Señor no necesitará que abramos un agujero en el techo para pasar un espejo que lo refleje. Sabe dónde estamos, dónde está cada uno de nosotros en cada momento. Se levantó el tercer día para librarnos y poder llevarnos a su reino eterno y vendrá a rescatarnos antes de que ceda ese dique e inunde con el juicio que lavará la tierra.

¡En nuestro corazón sentimos que ese día se acerca!

CAPÍTULO 24

PROTEGIDOS DE LA HORA

John Cena sabe cómo entretener a las multitudes, ya sea que lo haga como actor o como luchador profesional. También sabe cómo mantener una promesa.

Durante más de veinte años, Cena ha sido un embajador para la fundación *Make-A-Wish*, una organización que atiende a niños que sufren de enfermedades que afectan su vida y los pone en contacto con celebridades para que tengan una experiencia única. Estas experiencias pueden ser conocer a un héroe, visitar el set de una película, servir como un bombero honorario por un día, entre otras vivencias.

De acuerdo con la fundación *Make-A-Wish*, John Cena ha ayudado a cumplir 650 deseos durante 20 años, algo que es increíble. Ninguna otra celebridad ha participado en más de 200 deseos. En el caso de Cena, sigue adelante con el voluntariado. Cuando se entera de que hay oportunidad para bendecir la vida de un niño, está dispuesto a ayudar.

Al hablar acerca del valor que le da a la fundación, Cena dijo: «Si alguna vez me llegan a necesitar, no importa lo que esté haciendo. Simplemente lo dejaré para participar en lo que creo que es lo mejor. Simplemente dejaré todo».[1]

El Rapto es una promesa bíblica que nos dice que un día Jesús dejará todo para venir a traer a su pueblo, él mismo, y hará nuestros sueños realidad para darnos la bienvenida a la casa de su padre por la eternidad.

Creo firmemente que esta promesa se cumplirá antes del ocaso de ese terrible tiempo al que llamamos tribulación, idea que me convierte en un pretribulacionista. Sin embargo, sería negligente si no reconociera que no todos los eruditos bíblicos concuerdan conmigo en cuanto al tiempo del Rapto o su ubicación en el calendario escatológico de Dios. La gran mayoría de los maestros bíblicos creen en el Rapto, pero sinceramente, no todos están de acuerdo sobre *cuándo* sucederá este gran evento.

Algunos estudiosos creen que el Rapto se dará al final de la tribulación, casi al mismo tiempo que cuando venga Cristo por segunda vez. Las personas que sostienen esta misma visión se conocen como postribulacionistas. Otras personas enseñan que el Rapto se dará en medio de la tribulación, precisamente cuando esta empieza. Ellos se conocen como midtribulacionistas. También existe una perspectiva relativamente nueva que sugiere que el Rapto sucederá después de la mitad de la tribulación, pero antes de que se hayan derramado las siete copas de la ira de Dios sobre la tierra. Esta es una perspectiva previa de la ira.

Es importante reconocer las diferencias en estas líneas de pensamiento, aunque yo piense en la preponderancia de la evidencia bíblica que deja claro que el Rapto de la iglesia se dará *antes* de que suceda la tribulación para protegernos del horroroso tiempo de siete años que describe Apocalipsis 6–18.

En este capítulo vamos a examinar de cerca un versículo de la escritura que nos habla del Rapto previo a la tribulación. Es uno de los versículos más importantes en el Nuevo Testamento en este tema y que es digno de investigación.

Al principio del libro de Apocalipsis, el Señor Jesús prometió a la iglesia de Filadelfia:

> Dado que has obedecido mi mandato de perseverar, yo te protegeré del gran tiempo de prueba que vendrá sobre el mundo entero para probar a los que pertenecen a este mundo. (3:10, NTV)

Andrew M. Woods escribió: «los comentaristas de todas las líneas reconocen sin reparos que este versículo se establece como el más significativo en el debate que se tiene sobre el momento del Rapto».[2]

Descubramos la razón.

EL ALCANCE DE ESTA PROMESA

Primero, demos un poco de contexto para Apocalipsis 3:10. El versículo expresa el mensaje de Cristo a una de las siete iglesias a quien se dirige el libro de Apocalipsis, que era la iglesia de la antigua ciudad de Filadelfia. Sin embargo, su significado no se limita a esa congregación. No solo se trataba de una promesa que estaba relacionada con la persecución regional. Jesús no le decía a la iglesia de Filadelfia: «los voy a proteger de la persecución que vendrá sobre tus alrededores».

En lugar de eso, les dijo: «te protegeré de la hora de prueba, la persecución que vendrá sobre el mundo entero».

La promesa de Jesús es para todas las iglesias, en todo el mundo, en toda la historia. Ese es el alcance de Apocalipsis 3:10 y en realidad, de todo el Apocalipsis. Los mensajes a las siete iglesias corresponden a todas las iglesias en el mundo. Por esta razón seguimos leyendo Apocalipsis 2 y 3: «El que tiene oído, oiga lo que el Espíritu dice a las iglesias» (2:7, 11, 17, 29; 3:6, 13, 22).

«Por ello, la promesa de ser protegidos de la prueba no está limitada a la iglesia de Filadelfia», escribió Michael A. Rydelnik, «pues también era una promesa para la iglesia universal».[3]

Vendrá la hora de la prueba, no solo para Asia Menor, sino también para todo el mundo. Esta hora sepultará a todo el planeta y a todos aquellos «que habitan sobre la tierra». John declaró después que las pruebas durante el tiempo de la tribulación afectarán a «todas las naciones» (Apocalipsis 12:5) y nuevamente, «de todo el mundo» (16:14).

De acuerdo con Charles Ryrie, quien fue uno de mis profesores en el seminario teológico de Dallas:

> Que esta promesa es de interés de la iglesia con relación al tiempo de la tribulación es algo que casi nunca entra en debate. La razón es porque el versículo habla por sí mismo. Este tiempo de prueba «está por venir sobre todo el mundo». Es a nivel mundial y sobre toda la tierra habitada, lo que quiere decir que es para la gente que vive en ella. No sucedió en ese tiempo, sino que será algo que venga en el futuro «que está por venir». No es una promesa que se limite solo a la iglesia de Filadelfia del primer siglo, sino funciona como las promesas favoritas de Filipenses 4:13, 4:19 o 1 Corintios 10:13 que no se limitaron a las iglesias de ese primer siglo. De esta manera, el Señor ascendido también dijo en todas las cartas de Apocalipsis 2 y 3 que todas las iglesias debían prestar atención a lo que decía.[4]

LA PROTECCIÓN DE ESTA PROMESA

La promesa de Jesús en Apocalipsis 3:10 da gran seguridad a sus seguidores. ¿Por qué? Porque no nos guardará *durante* la tribulación, sino *de* la tribulación.

Algunos estudiosos enseñan que la iglesia pasará por las llamas de la persecución, tal como sucedió con Sadrac, Mesac y Abed-nego que tuvieron que soportar las llamas del horno encendido. Estos estudiosos creen que Cristo estará con nosotros y nos mantendrá a salvo en medio del suceso, que Él estará presente con nosotros mientras soportamos la tribulación.

Pero la promesa no dice eso. Jesús dijo: «yo te protegeré del gran tiempo de prueba que vendrá sobre el mundo entero» (3:10, NTV).

No *durante* la prueba o *en* la prueba, sino *de* la prueba. Esto requiere que se rescate algo antes de que suceda la prueba. El doctor Ryrie da una ilustración vívida de la distinción del punto de vista del maestro:

> Como maestro, tengo que pasar exámenes con regularidad. Imaginémonos que anuncio que tendremos un examen en un día determinado durante un período de clase. Luego imagínense que digo: «Quiero hacer una promesa a los estudiantes que hayan tenido calificaciones excelentes durante el semestre. La promesa es: los protegeré del examen».
>
> Podría cumplir mi promesa a los estudiantes de calificaciones excelentes de esta manera: les puedo decir que lleguen al examen, pasar el examen a todos y a los estudiantes con calificaciones excelentes darles una hoja con todas las respuestas. Con ello podrían tomar el examen, pero de esta manera estarían protegidos del examen. Vivirían el examen, pero no sufrirían la prueba. De eso se trata la línea del postribulacionismo, de protección durante el tiempo de la prueba.
>
> Pero si le digo a la clase: «Les voy a pasar un examen la próxima semana. Quiero prometer a todos los estudiantes con calificaciones excelentes que los protegeré de la prueba». Puede que ellos entiendan con claridad que «protegerlos de la prueba» los exonera de estar presentes durante esa hora. A eso se refiere el pretribulacionismo y es lo que significa la promesa de Apocalipsis 3:10. La promesa vino del Salvador que ascendió y quien será el libertador de la ira que ha de venir (1 Tesalonicenses 1:10).[5]

Si Apocalipsis 3:10 solo significa que la iglesia se mantendrá segura durante la tribulación, entonces tenemos un problema cuando leemos el resto del Apocalipsis. Durante la tribulación, en especial durante la primera mitad, multitudes huirán a Cristo para recibir salvación, pero ¡no serán salvos! El implacable gobierno del anticristo los buscará y los aplastará en formas terribles (6:9-11; 11:7; 12:11; 13:7, 15; 14:13; 17:6; 18:24).

Un comentarista dice: «Si estos son santos y santos de la tribulación, *no* estarían siendo mantenidos a salvo y Apocalipsis 3:10 no tendría sentido».[6]

Por otro lado, si los creyentes serán arrebatados antes de la tribulación, entonces, qué seguridad encontramos en Apocalipsis 3:10. La promesa de Jesús nos ayuda a dormir mejor y a vivir con gran confianza. Nos permite anticipar la venida de nuestro Señor por nosotros en cualquier momento.

LA SIMPLICIDAD DE ESTA PROMESA

Es sorprendente, esta perspectiva de Apocalipsis 3:10, se enfoca en una pequeña palabra. En griego se trata de dos letras: *ek*, que se traducen en «de» en Apocalipsis 3:10.

La preposición se encuentra más de ochocientas veces en el Nuevo Testamento y se traduce como «fuera de» o «de» (o una frase equivalente) en casi cada oportunidad. Aquí tenemos algo de contexto:

> *Ek* se presenta como *fuera de* cientos de veces. Por ejemplo: «*De* Egipto llamé a mi hijo» (Mateo 2:15); «*Saca* primero la viga de tu ojo, y entonces verás con claridad» (Mateo 7:5); «porque *del* corazón provienen malos pensamientos» (Mateo 15:19); «y los sepulcros *se abrieron*, y los cuerpos de muchos santos que habían dormido resucitaron» (Mateo 27:53); «te *vomitaré* de mi boca» (Apocalipsis 3:16).[7]

La promesa es clara y simple: «yo te protegeré *del* gran tiempo de prueba». No solo de cualquier persecución, sino del tiempo venidero que afectará a toda la tierra (la única forma de escapar al tiempo cuando esto suceda no será permanecer en un lugar donde el tiempo pasa segundo a segundo. El único lugar que cumple con estos requerimientos es el cielo).[8]

En ocasiones hacemos que el estudio de las escrituras sea más complicado de lo que necesitamos que sea. La promesa de Dios es simple: nos guardará «de» (*ek*) la hora de la prueba que viene sobre todo el mundo.

LA IMPORTANCIA DE ESTA PROMESA

Sin embargo, después de haber mencionado todo lo anterior, hay una verdad importante que debemos aceptar: solo porque los cristianos serán protegidos del tormento que se describe en Apocalipsis 3:10, no significa que se nos exima de las pruebas y sufrimiento anticipado. De hecho, la Biblia promete lo opuesto.

Jesús dijo: «Si el mundo los odia, sepan que me ha odiado a Mí antes que a ustedes» (Juan 15:18). Además, dijo: «Estas cosas les he hablado para que en Mí tengan paz. En el mundo tienen tribulación; pero confíen, Yo he vencido al mundo» (16:33).

El apóstol Pablo escribió: «Y en verdad, todos los que quieren vivir piadosamente en Cristo Jesús, serán perseguidos» (2 Timoteo 3:12).

Santiago nos dijo: «Tengan por sumo gozo, hermanos míos, cuando *se* hallen en diversas pruebas» (1:2). Y Pedro dijo: «Amados, no se sorprendan del fuego de prueba que en medio de ustedes ha venido para probarlos, como si alguna cosa extraña les estuviera aconteciendo» (1 Pedro 4:12).

La promesa de Jesús de raptar a los cristianos antes de la tribulación es una declaración específica que corresponde a un momento específico. Nos protegerá del reino del anticristo, pero mientras tanto, seguiremos soportando la persecución que han resistido todos los santos de Dios a través de la historia.

En su libro *Kept from the Hour* [Protegidos de la prueba] del Dr. Gerald B. Stanton, nos ayuda a entender por qué los cristianos sufren ahora, pero por qué no sufrirán en ese tiempo: «Hoy en día, el sufrimiento es a menudo la porción del cristiano, pero no la ira. La ira está reservada para los incrédulos».[9]

La tribulación representa el derramamiento de la ira de Dios sobre la maldad de este mundo. La Biblia dice: «Porque no nos ha destinado Dios para ira, sino para obtener salvación por medio de nuestro Señor Jesucristo» (1 Tesalonicenses 5:9).

Pablo escribió: «Entonces mucho más, habiendo sido ahora justificados por Su sangre, seremos salvos de la ira *de Dios* por medio de Él» (Romanos 5:9).

Mientras estudiaba el tema, subrayé estas palabras del Dr. John F. Walvoord: «Pablo está diciendo expresamente que nuestro destino es ser llevados con Cristo, el destino del mundo es para el día del Señor, el día de la ira. Nadie puede llevar los dos destinos».[10]

¿No está bien dicho? Los que no sean salvos están destinados para el día de la ira, la tribulación. Los que sean salvos estarán destinados con Cristo cuando nos lleve de esta tierra en el Rapto, antes de la tribulación.

¿Ha escuchado del «gran rescate»? Sucedió al final de la Segunda Guerra Mundial en 1945, después de que el general Douglas MacArthur y el ejército estadounidense aterrizara en Filipinas. El ejército japonés había ordenado matar a todos los prisioneros de guerra al borde de su rescate. En ese tiempo, que eran semanas e incluso días antes de la posible libertad, muchos soldados murieron a tiros o quemados vivos.

Un campamento llamado Cabanatuan fue uno de los centros más grandes para los prisioneros de guerra, y uno de los más conocidos. Al reconocer que los japoneses podrían matar a los prisioneros de guerra si el ejército estadounidense se acercaba demasiado, MacArthur decidió enviar una operación secreta de rescate para liberar a estos prisioneros antes de que su ejército avanzara.

El 30 de enero dio lugar la acción de rescate en la que participaron más de 100 personas del regimiento Ranger y exploradores filipinos, los cuales caminaron 56 kilómetros detrás de las líneas enemigas hasta que ubicaron el campamento, asediaron a los guardias y liberaron a los prisioneros. La mayoría estaba demasiado débil para caminar, por lo que usaron más de un centenar de carretillas de madera para llevarlos con mayor rapidez hacia la libertad.

Finalmente, 513 prisioneros de guerra fueron rescatados ese día de una muerte segura. Las fuerzas de rescate solo sufrieron dos bajas, lo que permitió que el gran rescate fuera una de las misiones de rescate más exitosas que se hayan dado.[11]

El Rapto también será una misión de rescate. El juicio justo de la ira de Dios está en camino. Colisionará contra el pecado y la injusticia de nuestro mundo y será como las olas que golpean la arena.

Pero los que invoquen el nombre del Señor recibirán la salvación, no en medio de las olas, sino fuera de ellas. Nos resguardará en seguridad de la hora de la ira de Dios.

CAPÍTULO 25

EL SILENCIO ROTUNDO

Sherlock Holmes es el detective favorito de la historia. Como todos sabemos, resuelve los casos al darse cuenta de lo que otros omitían.

¿Conoce la historia del perro que no ladraba? Empezó cuando un famoso caballo de carreras llamado *Silver Blaze* desapareció la víspera de la competencia. Después sucedió que asesinaron al entrenador del caballo. Holmes investigó y cuando el inspector de Scotland Yard le preguntó qué había llamado su atención, él respondió: «El curioso incidente del perro durante la noche».

«El perro no hizo nada durante la noche», dijo el inspector.

«Ese es el incidente curioso», contestó Sherlock.

Debido a que el perro no ladraba, Holmes dedujo que el culpable no era un extraño para el perro, sino alguien a quien reconocía. Lo llamó el «hecho negativo» y después dijo que resolvió el caso cuando «comprendió la importancia del silencio del perro».[1]

Hay muchas ocasiones en las que el silencio es un testigo poderoso de los hechos y se hace evidente cuando hablamos del Rapto de la iglesia y los sucesos de la tribulación, a medida que los encontramos en el libro de Apocalipsis. En estas páginas, hasta el momento hemos establecido nuestra convicción de que el Rapto ocurrirá antes de la tribulación. El «incidente curioso» del silencio rotundo con relación a la iglesia en los capítulos centrales de Apocalipsis viene junto con esa conclusión que nos ayuda a corroborarla.

EL SILENCIO ROTUNDO ACERCA DE LA PRESENCIA DE LA IGLESIA

Muchos de los que estudiamos el libro de Apocalipsis nos hemos dado cuenta de que es uno de los libros más organizados en la Biblia. Un versículo en particular en el primer capítulo nos da la descripción general de todo el libro. El prólogo lo encontramos en los primeros versículos del primer capítulo y la última parte de Apocalipsis 1 es la visión inicial de Juan del Jesús glorificado que mencionó en el versículo 19: «Escribe, pues, las cosas que has visto, y las que son, y las que han de suceder después de estas».

Este el marco del mismísimo Dios en el libro de Apocalipsis.

Las cosas que has visto. Ese es el primer capítulo y la increíble visión que Juan tuvo de Jesús y que establece el inicio. Juan estaba en la isla de Patmos en el exilio. Escuchó el toque de una trompeta y lo que vio fue la figura gloriosa de Cristo en su trono, a quien describió con detalles magníficos. Cristo habló y explicó el significado de los símbolos que lo rodeaban. El Señor le dijo a Juan que escribiera esta visión que había apreciado.

Las cosas que son. Se refiere a los siguientes dos capítulos, Apocalipsis 2–3, que contienen siete mensajes cortos a las siete iglesias de Asia Menos. Juan supervisa estas iglesias como un anciano en el exilio. Cada mensaje describe la salud espiritual de cada una y va acompañado de reconocimientos, reprensiones, advertencias y reprimendas. Estos mensajes siguen vigentes en todas las épocas de la iglesia y siguen siendo importantes para nosotros en la actualidad.

Las cosas que han de suceder después de estas. Se refiere a los capítulos centrales de Apocalipsis que empiezan en el capítulo 4 y siguen hasta el final del libro. Estos capítulos dan detalles de los sucesos que se darán en el futuro. Casi todo en Apocalipsis 4–18 tiene que ver con el período de los siete años de la tribulación, en donde describe minuciosamente el derramamiento de la ira de Dios sobre la tierra. El capítulo 19 se dedica a la Segunda Venida de Cristo al final de la tribulación.

¿Sabe lo que falta notablemente en estos capítulos de la tribulación? *La iglesia.* La palabra *iglesia* aparece 19 veces en los primeros tres capítulos de Apocalipsis, pero ni una sola entre los capítulos 4 al 18.

¿Por qué el silencio? Porque la iglesia ya no estará en la tierra. Los creyentes serán tomados antes del tiempo de la tribulación y llevados al cielo por medio del Rapto. No podrá encontrar a la iglesia en ninguna porción entre Apocalipsis 4 al 18, que son los capítulos que describen los siete años de la tribulación que llegará a la tierra.

Quiero que vea cómo la narración de la tribulación empieza a desplegarse en Apocalipsis 4. El versículo 1 dice: «Después de esto miré, y vi una puerta abierta en el cielo. Y la primera voz que yo había oído, como *sonido* de trompeta que hablaba conmigo, decía: "Sube acá y te mostraré las cosas que deben suceder después de estas"».

No deberíamos basar nuestras convicciones del Rapto de la iglesia en un solo versículo, pero debido a que hemos estudiado los pasajes principales del Rapto en este libro, no es difícil ver algunas similitudes. Tenemos lo que Sherlock Holmes podría decir que es una pista significativa. En realidad, tenemos algunas pistas relevantes.

Para empezar, vemos que el cielo se presenta a Juan mediante una puerta abierta. Aquí existe la posibilidad de que Juan fuera llevado al cielo, que haya experimentado un previo del Rapto en la misma forma en la que pasó con Enoc, Elías y Pablo.

¿Cuándo sucedió? Después de «estas cosas», que se refiere al mensaje que Juan recibió para las iglesias en los capítulos 2 y 3.

Después, Juan no solo vio una puerta abierta, sino que también escuchó una voz como trompeta. ¿Dónde habíamos oído eso antes?

Los dos pasajes del gran Rapto en 1 Tesalonicenses y 1 Corintios se refieren al sonar de una trompeta. Además, Juan escuchó la orden «Sube acá», el cual seguramente fue muy similar, si no es que idéntico, al llamado que Jesús dará cuando venga por nosotros en el Rapto.

En resumen, las pistas que nos da en el primer versículo de Apocalipsis 4 señala con firmeza a la conclusión de que las experiencias de Juan fueron primicias del Rapto. John Strombeck afirmó esa idea sin exagerar desproporcionadamente cuando escribió: «Ningún suceso registrado en Apocalipsis puede representar mejor el Rapto de la iglesia» que la descripción de que Juan fue llevado al cielo en Apocalipsis 4:1.[2]

Mientras estamos en ello, encontramos otra coincidencia sorprendente: una frase se repite siete veces en Apocalipsis 2 y 3 en la conclusión de cada uno de los mensajes de Cristo a sus siete iglesias. Esa frase es una orden condenatoria: «El que tiene oído, oiga lo que el Espíritu dice a las iglesias» (2:7, 11, 17, 29; 3:6, 13, 22).

Ninguna otra frase similar se da nuevamente en Apocalipsis hasta que llegamos al capítulo 13. Este es el punto medio en la tribulación cuando el anticristo se levanta con todo su poder demoníaco para aterrorizar al mundo. En ese punto, leemos en Apocalipsis 13:9: «Si alguno tiene oído, que oiga».

¿Qué falta? El escritor ya no vuelve a decir «oiga lo que el Espíritu dice a las iglesias».[3]

El doctor Richard Mayhue escribió: «Es notable y totalmente inesperado que Juan cambie de instrucciones tan detalladas para la iglesia a un silencio absoluto al respecto de ella [...], si fuera el hecho de que la iglesia siguiera en la tribulación. Si la iglesia experimentara la tribulación, seguramente se diera un estudio sumamente detallado de los sucesos de la tribulación que incluirían una narración del papel de la iglesia. ¡Pero no es el caso!».[4]

Para resumir, la iglesia está en la tierra en Apocalipsis 1 al 3, luego no existe registro de que la iglesia ejecute alguna acción entre los capítulos 4 al 18. El evangelismo está a cargo de 144.000 evangelistas judíos. La acción se centra alrededor de la nación de Israel. El Espíritu no dice nada para la iglesia durante estos terribles años, pues la iglesia está en el cielo. Solo cuando llegamos a la narración de la Segunda Venida de Cristo en el capítulo 19 es cuando vemos que viene por su pueblo, «Los ejércitos que están en los cielos» (Apocalipsis 19:14).

Sherlock, ¿estás armando todas las piezas sueltas?

EL SILENCIO ROTUNDO ACERCA DE LA PREPARACIÓN DE LA IGLESIA

Tenemos otro punto en el cual debemos pensar: el Nuevo Testamento está lleno de instrucciones para la iglesia. De hecho, desde el primer capítulo de Romanos hasta el cuarto capítulo de Apocalipsis, el énfasis principal de los escritores del Nuevo Testamento menciona cómo nosotros, como cristianos en la tierra, debemos conducirnos. Se nos habla de nuestra moral, teología, fe, conducta y misión. Se nos habla de cómo debemos reaccionar ante las tribulaciones que debemos soportar en la vida. Sin embargo, estas instrucciones de repente se detienen cuando llegamos a Apocalipsis 4.

No se dan instrucciones específicas para la iglesia entre los capítulos 4 al 18 de Apocalipsis.

Lo que es más, ni un solo pasaje en el Nuevo Testamento que dice algo como: «Durante la gran tribulación, esto es lo que deben hacer; así es como deberían comportarse». Si se tratara de que tuviéramos que padecer la ira que devastará la tierra durante esos siete años, ¿no sería raro que Dios nunca nos hubiera dado ni siquiera un poco de información, ánimo, advertencia o instrucción para que nos preparáramos para ese suceso? Los escritores apostólicos se quedan extrañamente en silencio al dar consejo a la iglesia con relación a la conducta que debiéramos tener durante la tribulación.

La razón para tal omisión es clara. La iglesia no estará presente en lo absoluto cuando llegue la tribulación.

John MacArthur está de acuerdo: «No sería congruente con las escrituras mantenerse en silencio sobre un cambio tan traumático para la iglesia. Si cualquier otro tiempo del Rapto, aparte del período pretribulacionista fuera cierto, entonces esperaríamos que las epístolas nos enseñaran el hecho de que la iglesia estará en la tribulación, el propósito de mantenerla en la tribulación, la conducta que debería llevar durante la tribulación. No obstante, no existe una enseñanza similar en ningún lado. Solo la idea del Rapto pretribulacionista explica satisfactoriamente tal silencio obvio».[5]

EL SILENCIO ROTUNDO ACERCA DEL PROPÓSITO DE LA IGLESIA

De la misma manera, no hay relato del propósito de la iglesia durante la tribulación porque la iglesia no tiene ningún propósito en la tribulación. El período de la tribulación marca el derramamiento final de la ira de Dios sobre las transgresiones de Israel, tal como lo leemos en Ezequiel 20:37-38. La ira de Dios está reservada para el Israel apóstata, para aquellos que alimentó y cuidó, pero que siguieron separándose de Él. El período de la tribulación es un tema familiar en esencia entre Israel y Dios.

También es el tiempo en el que Dios traerá su juicio sobre toda la maldad que se ha estado perpetuando en y sobre la tierra. De acuerdo con Mark Hitchcock: «¿Qué pasa con la tribulación que necesita nuestra ausencia durante este tiempo? La tribulación es el producto de la ira de Dios sobre la maldad. El libro de Apocalipsis se refiere con claridad a la ira de Dios, al menos siete veces (6:17-18; 14:8-10, 19; 15:7; 16:1, 19; 19:15)».[6]

El propósito de la tribulación es ejecutar la ira de Dios sobre quienes lo rechazan y ayudarnos a entender por qué Él quisiera llevarse a la iglesia y colocarla en un lugar seguro, a un refugio celestial en donde estaremos protegidos de esa ira. Entonces, por simple lógica, podemos ver por qué los creyentes serán resguardados en la tribulación. ¿Cuál sería el objetivo de tener que soportarla? Cuando buscamos a Dios en busca de salvación, nuestra rebelión es perdonada y ya no hay necesidad de que nos purifique ni que nos castigue por esa rebelión.

De hecho, la Biblia claramente nos dice que nuestra salvación es precisamente *de* la ira de Dios. El apóstol Pablo escribió en el libro enriquecido con el Rapto, 1 Tesalonicenses, que estamos en espera «de los cielos a Su Hijo, al cual resucitó de entre los muertos, *es decir*, a Jesús, quien nos libra de la ira venidera [...] Porque no nos ha destinado Dios para ira, sino para obtener salvación por medio de nuestro Señor Jesucristo» (1:10; 5:9).

Romanos 5:9 nos da el mismo objetivo: «Entonces mucho más, habiendo sido ahora justificados por Su sangre, seremos salvos de la ira *de Dios* por medio de Él».

¡Oh, nuestro misericordioso Cristo!

Cuando Dios puso a Jesús en la cruz, cobró de Él todo el castigo exacto que se debía por nuestro pecado. No ha quedado nada para que paguemos. De esa misma manera, si nosotros, los que hemos sido purificados por la sangre de Jesús tuviéramos que ser expuestos a la tribulación, el cual es un tiempo de juicio y castigo de Dios, significaría que el precio que Cristo pagó en la cruz no fue suficiente y significaría que todavía necesitamos más sanciones de la ira del juicio de Dios. Esta idea menoscaba la suficiencia del sacrificio de Cristo por nuestros pecados.

Permítame citar a John Strombeck nuevamente: «Nos sentimos obligados a preguntar, ¿cómo es posible que el cordero de Dios haya muerto y resucitado para salvar a la iglesia de la ira para después hacer que se someta a la ira que derramará sobre aquellos que lo rechazaron? Tal incongruencia sería posible en el pensamiento de los hombres, pero no en las acciones del hijo de Dios».[7]

El doctor Tim LaHaye coincide con ello:

> Simplemente no puedo imaginar al novio celestial susurrar a su escogida: «Sí, mi amada, mi preciosa iglesia, te amo tanto que di mi vida por ti. Quiero alimentarte, cuidarte, quiero llevarte a casa conmigo y celebrar nuestro enlace con gozo, cánticos y alegría. Quiero estar contigo por siempre, pero antes de llevarte a casa, quiero que por siete años experimentes la furia del infierno, siete años de la terrible ira de mi padre. Pero no te preocupes, regresaré cuando todo termine».[8]

Al principio mencioné que el silencio puede señalar una verdad fáctica. Nuestro sistema legal lo entiende. La mayoría de las personas están familiarizadas con los derechos Miranda en los Estados Unidos y su famosa frase: «Tiene derecho a guardar silencio», aunque hay ocasiones en las que el silencio continuo de un sospechoso puede usarse como evidencia en un tribunal.

El concepto legal se llama «admisión por silencio» y es válida cuando un sospechoso ha sido abordado o entrevistado por las fuerzas policiales antes de ser informado de sus derechos Miranda. En esos casos, la renuencia del sospechoso a negar un delito puede ser la base para una admisión de culpa.

Por ejemplo, tenemos el caso de Richard Tom, quien fue condenado de homicidio culposo por un fuerte accidente vehicular en donde colisionó su vehículo contra el lateral del vehículo de una mujer. En este accidente fallecieron las hijas de la señora y otra quedó gravemente herida. Durante las horas en que Tom pasó con los oficiales antes de su detención, nunca preguntó por el bienestar de las personas a quienes había herido. Nunca las mencionó. Los fiscales usaron su silencio como evidencia de que se había comportado «sin considerar el bienestar de los demás».[9]

El silencio de la iglesia en Apocalipsis 4 al 18 no es evidencia de un delito, sino de un arrebato. Demuestra que la iglesia será arrancada de la tierra y estará ausente durante el tiempo de la tribulación.

¡Estaremos con Cristo!

CAPÍTULO 26

RAPTO Y REGRESO

¿Sabía que en una ocasión una confusión en el uso de términos le costó al gobierno de los Estados Unidos más de 150 millones de dólares? En 1999, la NASA lanzó el novedoso satélite Mars al planeta rojo. Después de una travesía de 286 días, el satélite se adecuó en su trayectoria gracias a la combustión de un motor que le permitiría definir una órbita estable alrededor de Marte. Los motores encendieron, pero no correctamente. El satélite se acercó demasiado al planeta y la gravedad lo arrojó al especio, en donde se perdió.

¿Qué sucedió? Después de una revisión extensa, los ingenieros de la NASA determinaron que algunos de los comandos de navegación del satélite estaban programados por el fabricante mediante el sistema anglosajón de medidas (pulgadas, pies, millas). Eso causó el problema, pues todos los programas e instrucciones de la NASA tenían como base el sistema métrico decimal.

Lorell Young, presidente de ese tiempo de la Asociación Métrica de los Estados Unidos resumió el incidente de manera muy escueta: «Desde este día y época, cuando el sistema métrico decimal es el lenguaje de medidas de toda la ciencia sofisticada, deben dejar de usarse dos sistemas de medición».[1]

Las confusiones en terminología pueden ser nocivos para cualquier campo, inclusive para nuestro estudio de la profecía bíblica de los últimos tiempos. Durante los años me he dado cuenta de un malentendido específico que sucede con frecuencia y que también obstaculiza la forma en que las personas asimilan el plan profético de Dios: la confusión entre el Rapto y la Segunda Venida. Muchos que leen las escrituras agrupan estos dos sucesos en el mismo momento, piensan que los cristianos serán tomados en el Rapto, incluso cuando Cristo descienda del cielo para traer juicio a la tierra. En realidad, estos son dos términos separados que describen dos eventos diferentes.

Versículos del Rapto	Versículos de la Segunda Venida
Juan 14:1-3 Romanos 8:19 1 Corintios 1:7-8; 15:51-53; 16:22 Filipenses 3:20-21 Colosenses 3:4 1 Tesalonicenses 1:10; 2:19; 4:13-18; 5:9, 23 2 Tesalonicenses 2:1 1 Timoteo 6:14 2 Timoteo 4:1 Tito 4:1 Hebreos 9:28 Santiago 5:7-9 1 Pedro 1:7, 13 1 Juan 2:28–3:2 Judas 21 Apocalipsis 2:25; 3:10	Daniel 2:44-45; 7:9-14; 12:1-3 Zacarías 14:1-15 Mateo 13:41; 24:15-31; 26:64 Marcos 13:14-27; 14:62 Lucas 21:25-28 Hechos 1:9-11; 3:19-21 1 Tesalonicenses 3:13 2 Tesalonicenses 1:6-10; 2:8 2 Pedro 3:1-14 Judas 14–15 Apocalipsis 1:7; 19:11–20:6; 22:7, 12, 20

Fuente: Thomas Ice, «Por qué el Rapto y la segunda venida son sucesos diferentes», en *Respuestas pretribulacionistas a las preguntas postribulacionistas* (agosto-septiembre de 1994).[2]

Sigamos profundizando y exploremos cuatro diferencias relevantes que nos ayudarán a separar estas dos apariciones de Cristo.

ESCENARIOS DIFERENTES

Primero, el Rapto y la Segunda Venida se llevarán a cabo en diferentes momentos en el tiempo y en lugares geográficos distintos, quiere decir que son entornos diferentes.

Como hemos visto en todas estas páginas, el Rapto es el primer suceso en el contenido profético del libro de Apocalipsis y es el siguiente suceso en el calendario escatológico de Dios. Es el estallido de apertura de los tiempos finales. No sabemos cuándo sucederá el Rapto, ninguna persona conoce el día ni la hora. A pesar de ello, las señales de los tiempos parecen indicar que vendrá pronto.

Por otro lado, sabemos que la Segunda Venida se dará siete años después del Rapto. Solo en ese momento descenderá Cristo de su trono para habitar nuestro mundo nuevamente en un cuerpo físico.

Aquí viene otra pregunta que en ocasiones desconcierta a los estudiosos de la escatología bíblica: dado que Cristo regresará para llamar a sus santos en el Rapto y que el Rapto precede a la Segunda Venida, ¿por qué se llama Segunda Venida? ¿No debería ser la Tercera Venida?

La respuesta tiene que ver con las ubicaciones físicas de estos dos sucesos. Cuando Cristo vuelva a entrar a nuestro mundo en la Segunda Venida, Él iniciará ese proceso desde la atmósfera, tal como Juan escribió en Apocalipsis:

> HE AQUÍ, VIENE CON LAS NUBES y todo ojo le verá, aun los que le traspasaron; y todas las tribus de la tierra harán lamentación por Él; sí. Amén. (1:7, LBLA)

Cuando haya dado aviso al mundo de su presencia, Cristo seguirá su descenso y se posará en coordinadas geográficas muy específicas: el monte de los Olivos. Recuerde las palabras del ángel después de que Jesús ascendió al cielo: «Ellos se quedaron mirando fijamente al cielo mientras él se alejaba. De repente, se les acercaron dos hombres vestidos de blanco que les dijeron: —Galileos, ¿qué hacen aquí mirando el cielo? Este mismo

Jesús, que ha sido llevado de entre ustedes al cielo, vendrá otra vez de la misma manera que lo han visto irse» (Hechos 1:10-11, NVI).

El profeta Zacarías se atrevió a ser específico en sus promesas del tiempo futuro: «En aquel día sus pies estarán en el monte de los Olivos que se encuentra al este de Jerusalén. El monte de los Olivos se partirá en dos de este a oeste, formará un gran valle, con una mitad del monte desplazándose al norte y la otra mitad al sur» (14:4, NVI).

El regreso de Cristo en el Rapto también iniciará desde la atmósfera, pero no llegará a la tierra. Como ya hemos visto en 1 Tesalonicenses 4, los muertos en Cristo resucitarán primero en ese momento y «Luego los que estemos vivos, los que hayamos quedado, seremos arrebatados junto con ellos en las nubes para encontrarnos con el Señor en el aire. Y así estaremos con el Señor para siempre» (v. 17, NVI).

SEÑALES DIFERENTES

Como ya lo he dejado ver en estas páginas, no tendremos señales específicas que indiquen que se acerca el Rapto. Las escrituras son claras y ese momento llegará como «ladrón en la noche» (1 Tesalonicenses 5:2, NVI).

Jesús nos dijo: «Entonces estarán dos en el campo; uno será llevado y el otro será dejado. Dos *mujeres estarán* moliendo en el molino; una será llevada y la otra será dejada. Por tanto, velen, porque no saben en qué día viene su Señor» (Mateo 24:40-42).

La Segunda Venida es diferente. Ese suceso irá precedido por varias señales que están bien definidas y será imposible pasarlas por alto.

Por supuesto, la primera señal concreta para la Segunda Venida ¡será el mismo Rapto! El regreso de Cristo para reunir a su iglesia, primero a aquellos que murieron y luego a los que estemos vivos en ese momento, será el acelerador que inicie la tribulación. Durante tres años y medio, el anticristo consolidará su poder y atraerá a las naciones del mundo para que todas juntas estén en un solo sistema, será un solo gobierno bajo el control directo de Satanás.

Después de eso y con ayuda de una frase prestada muy común, se desatará el infierno. Los últimos tres años y medio del período de la tribulación se conoce como la gran tribulación. Será una época de guerras y rumores de guerra, de pestilencias y pestes, de apostasía y persecución, todo en una escala inimaginable en la historia humana.

Al final de la gran tribulación, los ejércitos de las naciones se formarán en los campos en las afueras de Meguido en Israel. El propósito de estos ejércitos será dirigir una confrontación, no solo con Israel como nación, sino contra Dios mismo. Casi toda la humanidad se alineará con Satanás y el anticristo en una rebelión absoluta contra el Dios viviente.

Y el Dios viviente responderá. Las puertas del cielo se abrirán y Cristo aparecerá con toda su gloria:

> Luego vi el cielo abierto y apareció un caballo blanco. Su jinete se llama Fiel y Verdadero. Con justicia dicta sentencia y hace la guerra. Sus ojos resplandecen como llamas de fuego y muchas diademas ciñen su cabeza. Lleva escrito un nombre que nadie conoce sino solo él. Está vestido de un manto teñido en sangre y su nombre es «el Verbo de Dios». Lo siguen los ejércitos del cielo, montados en caballos blancos y vestidos de tela de lino fino, blanco y limpio. De su boca sale una espada afilada, con la que herirá a las naciones. «Las gobernará con cetro de hierro». Él mismo exprime uvas en el lagar para sacar el vino del furor del castigo que viene de Dios Todopoderoso. (Apocalipsis 19:11-15, NVI)

INSTRUCCIONES DIFERENTES

Por medio de las enseñanzas en la Biblia nos damos cuenta de que Jesús no cambia. Él es «el mismo ayer y hoy y por los siglos» (Hebreos 13:8). Aun así, parece haber una idea de que Jesús maneja diferentes personajes cuando interactúa con nuestro mundo en momentos específicos. Él resalta diferentes elementos de su carácter dependiendo de la misión o el guion del momento.

Los evangelios representan a Jesús principalmente como el cordero de Dios sacrificado para cubrir los pecados del mundo. Es un siervo sufriente, la personificación viviente de las profecías que Dios dejó en Isaías 53. Claro que Jesús también es un rabino, un maestro que nos enseña la palabra y los hechos que necesitamos conocer al ser sus seguidores. Sin embargo, su tarea principal fue rescatar a su pueblo del pecado. Vino como nuestro salvador.

En la Segunda Venida, Jesús realizará una función muy diferente. Regresará como un rey conquistador. El león de Judá que cabalgue en su caballo blanco y vendrá vestido con un manto teñido de sangre, el único que conocemos como Cristo volverá a entrar a nuestro mundo como la personificación viviente del juicio de Dios y de la ira en contra del pecado.

Pero las escrituras establecen una tercera representación para Jesús: el esposo de la iglesia (Mateo 25:1-13). Este es el guion que Jesús va a ejecutar principalmente en el Rapto. En ese momento breve, Él regresará, no como un sacrificio, ni un conquistador, sino como el Amante de nuestra alma.

ESPECTADORES DIFERENTES

El Rapto y la Segunda Venida de Cristo son dos acontecimientos diferentes que se darán en diferentes entornos, los cuales irán precedidos por distintas señales y seguirán diferentes guiones. Aquí viene otra distinción: diferentes espectadores observarán los acontecimientos.

Durante el Rapto, solo aquellos que hayan aceptado la salvación de Jesucristo estarán conscientes de su presencia. Se aparecerá solo a su novia, la iglesia. Es obvio que el resto del mundo verá los *efectos* del Rapto, se darán cuenta de que una gran cantidad de gente desaparecerá, literalmente, en un instante, pero no entenderán la causa.

De esta manera, Jesús será un soldado de «operativos especiales» en el Rapto. Reunirá a los creyentes como parte de una misión secreta y rápida de rescate.

Ese no será el caso de la Segunda Venida. En lugar de tratarse de un operativo en sigilo, Cristo regresará en esplendor y todos lo verán. Recuerde la promesa de Apocalipsis 1:7:

> He aquí, viene con las nubes y todo ojo le verá, aun los que le traspasaron; y todas las tribus de la tierra harán lamentación por Él; sí. Amén. (1:7, LBLA)

Así también, la experiencia de los cristianos durante el Rapto será pasiva principalmente. Los creyentes, tanto los vivos como los muertos, seremos «arrebatados», pero toda la acción la realizará Cristo.

Nosotros participaremos más en la Segunda Venida que es parte de la descripción que Juan predijo cuando Jesús atraviese las puertas celestiales en su caballo blanco: «Lo siguen los ejércitos del cielo, montados en caballos blancos y vestidos de tela de lino fino, blanco y limpio» (Apocalipsis 19:14, NVI). Ahí aparecemos nosotros, usted y yo. Nos uniremos activamente a los ejércitos de Dios para retomar este mundo para su reino.

El Rapto	El regreso
El Señor se reunirá con los creyentes en el aire	El Señor regresará al monte de los Olivos
Solo los creyentes verán al Señor	Toda la humanidad verá al Señor
Los santos en el Rapto serán llevados al cielo	Los santos en el Rapto regresarán con el Señor para establecer su reino en la tierra
Puede suceder en cualquier momento.	Sucederá al final del período de la tribulación.
No hay señales que lo precedan	Se presenciarán muchas señales que lo precedan
No se menciona en el Antiguo Tesatamento	Se predica con frecuencia en el Antiguo Testamento
Será un tiempo de gozo para los creyentes	Será un tiempo de dolor para los que no creyeron
El Señor vendrá como el esposo de la novia	El Señor regresará como rey
Lo seguirá el tiempo de la tribulación	Lo seguirá el milenio

Un aspecto fascinante de estas verdades es que habrá una generación de seguidores de Jesús que llegarán a experimentar tanto el Rapto como la Segunda Venida. Estas mujeres y hombres estarán vivos al momento del Rapto, lo que significa que serán arrebatados con Cristo. Después de un período de siete años en la tierra, estos creyentes regresarán con Cristo como miembros de sus huestes celestiales.

¡Qué gran regalo experimentar esa doble bendición!

Además de que es un recordatorio de que el Rapto y la Segunda Venida son parte del arduo trabajo del evangelio. Siempre ha existido la tendencia histórica de pensar que los sucesos de los tiempos finales son malas noticias, pues se considera el fin de algo útil que deseamos que pueda continuar.

¡Este no es el caso! El Rapto y la Segunda Venida son pasos importantes que deben llevarse a cabo para iniciar con la nueva fase de nuestra vida: la eternidad. Ahora nos damos cuenta de que sí ayuda aceptar los términos cuando los vemos, ¿no es así?

¡Vendrá nuevamente en términos inciertos!

Vance Havner dijo: «Recuerdo que cuando estudié aritmética, las respuestas las encontraba en la parte final del libro. Sin importar cuántas vueltas les daba a los problemas, la solución correcta estaba en la última página».[2]

Nuestro mundo se queda en blanco ante los problemas de hoy, pero las respuestas que necesitamos están en la última página de la Biblia: «El que testifica de estas cosas dice: "Sí, vengo pronto". Amén. Ven, Señor Jesús» (Apocalipsis 22:20).

CAPÍTULO 27

SEÑALES DE LA SEGUNDA VENIDA

Un día soleado de mayo, los conductores de la ciudad de Greenville de Carolina del Sur se llevaron una gran sorpresa al acercarse a la intersección entre Wade Hampton Boulevard y la calle Taylors. En esa intersección se encontraba una señal de tráfico electrónica, la cual estaba rodeada de conos de tráfico y barreras de construcción.

Todo el entorno se veía como algo auténtico, pero el mensaje de la señal era difícil de creer: «ZOMBIS A 4 KM».

Resulta que la señal había sido *hackeada*. Alguien logró identificar la contraseña de la máquina y cambió su mensaje en secreto.[1]

El *hackeo* de señales de tránsito es una molestia que ha ido en aumento en todas las carreteras de los Estados Unidos, principalmente porque más y más de estas señales poseen módems a los que se puede tener acceso remoto. Aunque por lo pronto puede sonar hasta divertido, este fenómeno definitivamente resulta peligroso si pensamos a largo plazo. ¿Por qué? Porque las señales tienen una función importante en la vida moderna al volante. Nos anticipan lo que viene. Nos advierten de posibles problemas y nos ayudan a estar a salvo.

Es la misma idea con las «señales» que se van identificando en la palabra de Dios. ¡Lo bueno es que esas señales no pueden alterarse ni adulterarse!

LO FUNDAMENTAL DE LAS SEÑALES BÍBLICAS

¿Qué es una señal bíblica? La respuesta correcta es esta: es un suceso, un símbolo, un lugar o una persona cuya existencia indica algo importante en el plan de Dios para el futuro. Lo importante es que estas señales se identifican en las escrituras. No vienen de las opiniones de personas, ni son interpretaciones de galletas de la fortuna. En lugar de ello, son señales que están grabadas en los cimientos de la palabra de Dios.

Hay muchas formas en las que las señales puede presentarse, pero todas expresan un significado específico y señalan a lo que viene en el futuro. Jesús afirmó la existencia de dichas señales con las que declaró que habrá muchas de ellas: «Habrá señales en el sol, en la luna y en las estrellas, y sobre la tierra, angustia entre las naciones, perplejas a causa del rugido del mar y de las olas» (Lucas 21:25).

Jesús se refirió a sí mismo como una señal: «Entonces aparecerá en el cielo la señal del Hijo del Hombre; y todas las tribus de la tierra harán duelo, y verán al HIJO DEL HOMBRE QUE VIENE SOBRE LAS NUBES DEL CIELO con poder y gran gloria» (Mateo 24:30).

Nuestro señor reprendió a los fariseos y a los saduceos porque no les interesaban las señales de los tiempos:

> Entonces los fariseos y los saduceos se acercaron, y poniendo a prueba a Jesús, le pidieron que les mostrara una señal del cielo. Pero Él les dijo: «Al caer la tarde ustedes dicen: "*Hará* buen tiempo, porque el cielo está rojizo". Y por la mañana: "Hoy *habrá* tempestad, porque el cielo está rojizo y amenazador". ¿Saben ustedes discernir

el aspecto del cielo, pero no pueden *discernir* las señales de los tiempos?». (Mateo 16:1-3)

Los evangelios de Mateo, Marcos y Lucas contienen un sermón que generalmente se conoce como «el discurso de los Olivos» en donde Jesús presentó una lista de señales que describen el futuro del mundo. Esas señales iluminan el esquema amplio del futuro profético. De hecho, este pasaje también es sumamente inclusivo al que muchos le han llamado el «pequeño apocalipsis» es el preludio de Jesús al libro de Apocalipsis.

Este es un extracto de ese discurso que resulta particularmente importante a medida que estudiamos el Rapto y otros eventos futuros en el calendario escatológico de Dios:

> Estando Jesús sentado en el monte de los Olivos, se acercaron a Él los discípulos en privado, y le preguntaron: «Dinos, ¿cuándo sucederá esto, y cuál *será* la señal de Tu venida y de la consumación de *este* siglo?». Jesús les respondió: «Tengan cuidado de que nadie los engañe. Porque muchos vendrán en Mi nombre, diciendo: "Yo soy el Cristo", y engañarán a muchos. Ustedes van a oír de guerras y rumores de guerras. ¡Cuidado! No se alarmen, porque es necesario que *todo esto* suceda; pero todavía no es el fin. Porque se levantará nación contra nación, y reino contra reino, y en diferentes lugares habrá hambre y terremotos. Pero todo esto *es solo el* comienzo de dolores». (Mateo 24:3-8)

Estas son las seis señales fundamentales que se incluyen en el discurso del Monte de los Olivos de Jesús:

- Engaño de los falsos que dicen llamarse Cristo (vv. 4-5)
- Conflictos y guerras entre las naciones (vv. 6-7)
- Enfermedades y hambre en todo el mundo (vv. 7-8)
- Sometimiento de los creyentes a persecución (v. 9)

- Deserción de los falsos creyentes (vv. 10-13)
- Declaración del evangelio en todo el mundo (v. 14)

Estas seis señales cubren los primeros tres años y medio de la tribulación y coinciden con el libro del Apocalipsis. Estas señales no empezarán de la noche a la mañana, sino que se cumplirán en el período de los siete años de la tribulación, se irán acumulando con el tiempo.

Creo que ahora estamos viendo el preludio de estas señales, lo que significa entenderlas a un grado mucho mayor que también aumentará nuestra comprensión del Rapto.

EL PRINCIPIO DE LOS DOLORES DE PARTO

Jesús empleó una imagen gráfica en su discurso del monte de los Olivos, uno que podría tener un significado especial para muchas mujeres que leen este libro. Dijo: «Pero todo esto *es solo* el comienzo de dolores». El término griego que se tradujo como «dolores» en Mateo 24:8 es la palabra *odin*, que literalmente significa «dolores de parto», son las contracciones que empiezan y van en aumento durante el nacimiento de un bebé.

Estas contracciones suceden cuando los músculos del útero de una mujer se contraen y relajan, lo que prepara su cuerpo para dar a luz. Al principio los dolores no son tan intensos. Me han contado que estos inicios incluso se sienten más incómodos que dolorosos. Una mujer puede llegar a sentir un dolor tremendo, para después sentir una relajación por unos veinte minutos o más. No obstante, a medida que el nacimiento se acerca, el dolor se vuelve un poco más intenso y los lapsos se van acortando. Cuando se llega a la etapa en donde el dolor es muy intenso y se estancan con una frecuencia mayor, sabe que es mejor ir al hospital o dará a luz en el asiento del vehículo.

Pablo recordó a los tesalonicenses que el Rapto podría llegar como un ladrón en la noche, inesperado, silencioso y de repente. Usó la misma figura que Jesús usó en el discurso de los Olivos, pero con una idea diferente. El apóstol escribió: «Ahora bien, hermanos, con respecto a los tiempos y a las épocas, no tienen necesidad de que se les escriba *nada*. Pues ustedes mismos saben perfectamente que el día del Señor vendrá así como un ladrón en la noche; *que* cuando estén diciendo: "Paz y seguridad", entonces la destrucción vendrá sobre ellos repentinamente, como dolores de parto a una mujer que está encinta, y no escaparán» (1 Tesalonicenses 5:1-3).

En 1 Tesalonicenses 5, Pablo resaltó la llegada repentina de los dolores de parto para describir la llegada inesperada del Rapto. Sin embargo, Jesús usó la metáfora en una forma diferente. Resaltó la intensidad creciente de los dolores de parto para explicar el despliegue de la Segunda Venida.

Lo que Jesús quiere que sepamos es esto: las seis señales que sucederán en el futuro no serán experiencias del todo repentinas. Serán como dolores de parto con la frecuencia e intensidad de cada evento que va en aumento gradualmente. Cuando veamos que ese patrón se da en el mundo, habremos descubierto el secreto para entender las señales de los tiempos.

Ahora bien, es en este punto donde debemos ser sumamente cuidadosos: las señales que se resaltaron en Mateo 24 no están relacionadas con el Rapto, el cual es el regreso de Cristo por su iglesia. Estas son señales apocalípticas que indican la Segunda Venida de Cristo. Como ya vimos en el capítulo 26, esta Segunda Venida no será cuando Cristo venga por sus santos en el Rapto, sino serán Cristo *con* sus santos, siete años después del Rapto para establecer su reino en la tierra.

No existen señales que predigan el Rapto. Sin señales, no hay advertencia, por lo que Jesucristo regresará para unir a sus santos y llevarlos al cielo.

Quizás se está preguntando: Si todas estas señales no están relacionadas con el Rapto y si estaré en el cielo después del Rapto, ¿por qué debería interesarme por las señales después de todo?

La respuesta explicativa a esa pregunta es que, ¡los acontecimientos futuros proyectan sus sombras ante ellos mismos! Las señales que Jesús nos dejó en Mateo 24, las que advierten su Segunda Venida, se empezarán a intensificar antes del Rapto. Veremos el aumento excesivo de los engaños, las guerras, las enfermedades, la persecución, la apostasía y un mayor alcance del evangelio. Esas señales nos darán una clave de que el Rapto está cerca.

Tal vez esto nos ayude. Mark Hitchcock recuerda esta ilustración de las clases proféticas que recibió del expresidente del seminario teológico de Dallas:

> El doctor John Walvoord siempre compartía una ilustración idónea para mostrar cómo las señales de los tiempos se relacionan con el Rapto y la Segunda Venida. Decía que antes de navidad siempre se aprecia todo tipo de señales. Se ven luces en todos lados, decoraciones, árboles de navidad, música e incluso se observa a Santa en el centro comercial. Sin embargo, el día de acción de gracias se acerca sigilosamente. No hay señales previas a esta celebración. El doctor Walvoord hizo ver que la segunda venida de Cristo es como navidad. La anticiparán muchas señales muy específicas que resuman las escrituras. Sin embargo, el Rapto es como el día de Acción de gracias. No hay señales específicas para su llegada. A pesar de ello, si es otoño y ya empiezan a verse las señales de la navidad por doquier, pero el día de acción de gracias no ha llegado, entonces sabe que este último está cerca. Las señales de «navidad» empiezan a aparecer a nuestro alrededor en la actualidad. La venida de Cristo para raptar a su iglesia podría estar muy próxima.[2]

Muchos eruditos de la palabra describen el pasaje profético en Mateo 24 como la enseñanza más importante de la Biblia sobre el futuro de nuestro mundo. Y si lee el discurso con suma atención, descubrirá que no solo es para el mundo de mañana, ya habla de nosotros en la actualidad.

Mientras estudiamos estos versículos de Mateo 24, debemos ver que hay tres puntos muy evidentes.

JESÚS QUIERE ENSEÑARNOS ACERCA DEL FUTURO

Primero, Jesús quiere que estudiemos el futuro. Jesús tenía el hábito de preparar a sus discípulos para los acontecimientos futuros, incluso mientras estaba en la tierra. Como ya hemos visto, estaba determinado a contarles a sus más allegados algunos de los sucesos que podían anticipar en los días venideros. Por ello, no permita que nadie le diga que a Jesús no le importaba el futuro o que no se interesaba en las profecías. Los hechos dicen lo contrario.

Si el futuro era un tema importante para Jesús, ¡también debe ser importante para nosotros! Debería ser algo que siempre estemos estudiando o que estemos aprendiendo. Un teólogo escribió: «Aunque no podamos saber todo acerca del futuro, Dios sí sabe lo que vendrá en el futuro y en las escrituras nos habla de muchos acontecimientos relevantes que se darán en la historia del universo. Podemos tener confianza absoluta en los sucesos que se darán porque Dios nunca se equivoca y porque nunca miente».[3]

Solo cuando tengamos un fundamento firme en lo que enseña la Biblia acerca del futuro, su regreso, su reino glorioso y su hogar eterno, podremos manejar las tensiones de la vida diaria.

John Frame dijo: «Hasta donde puedo ver, cada pasaje bíblico acerca del regreso de Cristo se ha escrito con un propósito práctico, no para ayudarnos a desarrollar una teoría de la historia, sino para motivarnos a ser obedientes».[4]

JESÚS QUIERE TRANSFORMARNOS PARA EL FUTURO

Segundo, el ministerio profético de nuestro Señor nos transforma para que podamos reunirnos en el futuro. Jesús dijo: «Estas cosas [del futuro] les he dicho para que no tengan tropiezo» (Juan 16:1).

En otras palabras, diría: «si se sujetan a lo que les estoy diciendo del futuro, no van a caer con sus propios pasos. No caerán en la trampa de entrar en pánico y salir corriendo cuando no haya razón para atemorizarse».

En Juan 16:4 Jesús dijo: «Pero les he dicho estas cosas para que cuando llegue la hora, se acuerden de que ya les había hablado de ellas».

Los días se acercan cuando la mano de Dios se mueva en todo el planeta de manera sorprendente. Si conocemos la palabra de Dios, nada de esto nos tomará por sorpresa. No nos sentiremos aterrorizados ni sometidos ante el temor repentino.

De hecho, Jesús dijo: «Les he contado todo esto para que cuando suceda, no se pierdan. Tendrán una idea de cuál es el plan de Dios».

Si lo que está buscando es un manual para el futuro, pero que no le demande nada del presente, es decir, una guía para los días venideros, pero que no tenga que ver con los días actuales, se ha equivocado de lugar. No me emociona ningún libro que inspire temor sobre los acontecimientos futuros, pero que ignore lo que Dios quiere que hagamos hoy. Al estudiar la profecía me convenzo de que Dios busca que tenga conocimiento de los sucesos futuros para ayudarnos a «vivir hoy» con una idea de urgencia, hasta que el Señor regrese.

Paul Benware escribió: «un creyente que se levanta de la cama en las mañanas y piensa "*Mi Señor Jesús podría regresar hoy*" probablemente no dejaría que el pecado se siembre en su vida. Sin embargo, los cristianos que muy rara vez, o que nunca, reflexionan en las realidades de la vida futura, de la venida del Señor y del tribunal de Cristo son mucho más vulnerables a la tentación y al pecado. Posiblemente esta idea explique un poco del pecado y la apatía que se percibe bastante en la iglesia de la actualidad».[5]

JESÚS QUIERE QUE LE CONFIEMOS NUESTRO FUTURO

Tercero, las señales de los tiempos finales nos ayudarán a confiar en nuestro salvador, suponiendo que ponemos atención. Si ha puesto su fe en Cristo y ha pasado un tiempo importante estudiando la palabra de Dios, los tiempos difíciles puede ser como imanes que lo atraen al Señor. Nunca sucederá absolutamente nada que tome a Jesucristo por sorpresa. Él tiene la capacidad de ayudar a sus hijos en cualquier situación y nada que vaya a suceder en el futuro podrá cambiar esa verdad.

La suficiencia de Jesús no es tan visible como cuando les hablaba a sus discípulos mientras se preparaba para dejarlos y regresar al cielo. Jesús cuidaba a estos hombres y su preocupación se escucha en sus palabras: «Estas cosas les he hablado para que en Mí tengan paz. En el mundo tienen tribulación; pero confíen, Yo he vencido al mundo» (Juan 16:33).

Estas son palabras conocidas para la mayoría de nosotros, pero quiero que ahora las vea a través de una mirada fresca. Vea que la promesa de Jesús para sus discípulos era la promesa de sí mismo. ¡Podían encontrara su paz en Él! «En Mí tengan paz».

Jesús les dijo a sus discípulos que en el mundo podrán tener aflicción. Lo que con frecuencia omitimos es lo que Él *no* dijo.

Jesús no dijo: «en el mundo tendrán aflicciones, pero yo venceré la aflicción». No, Jesús dijo: «En este mundo afrontarán aflicciones, pero yo he vencido al mundo». Jesús no solo venció el acontecimiento, venció el entorno en donde se da el acontecimiento. Por lo tanto, podemos confiar en Él.

Durante los ataques en Londres en la Segunda Guerra Mundial, cuando las bombas alemanas llovían sobre la ciudad, las personas vivían con un temor constante. Para nosotros es difícil imaginar esa ansiedad profunda y penetrante, la cual pudo haber llegado al terror, a causa de los continuos bombardeos.

Fue en esos días oscuros en que la voz impávida de un hombre podía escucharse con frecuencia en las radios de todo el país para inspirar nueva esperanza y convicción. La causa era justa, el gobierno estaba resoluto y sus ejércitos no les fallarían. La gente lo escuchaba de corazón.

Lo que Winston Churchill hizo por Inglaterra durante la Segunda Guerra Mundial, Jesucristo lo hizo por nosotros. Se nos acercó en medio de las dificultades, cuando la batalla era casi insoportable y las circunstancias se veían imposibles. Con una voz de seguridad absoluta, con poder y fuerza más allá de lo imaginable, nos habla de paz y nos da el ánimo que necesitamos. Levanta nuestra confianza y nos llena de fortaleza.

Nos dice: «La paz les dejo, Mi paz les doy; no se la doy a ustedes como el mundo la da. No se turbe su corazón ni tenga miedo» (Juan 14:27).

CAPÍTULO 28

LA SEGUNDA VENIDA

Jenna Rose Alpern y su esposo acababan de darle la bienvenida al mundo a su primer hijo, lo cual es un momento emocionante para cualquier pareja joven. Una época de transición y cambio; una época de crecimiento. Y en su caso, el momento para mudarse a un apartamento nuevo.

Como residentes de Jerusalén, Jenna y su esposo estaban acostumbrados a lugares estrechos. Sin embargo, con un bebé en la escena, su estudio actual se sentía un poco demasiado estrecho. Ellos necesitaban algo más grande.

Después de una búsqueda rápida en línea, los jóvenes padres encontraron un apartamento magnífico en una localidad fantástica. El espacio contaba con dos habitaciones, cielos altos y luz natural que se filtraba a través de las ventanas desde tres lados del edificio. Era todo lo que ellos querían y estaban dispuestos a firmar en la línea punteada.

Allí fue cuando el esposo de Jenna se dio cuenta de la cláusula Mesías en su contrato de renta.

Sí, una cláusula llamada Mesías. Casi al final del contrato de arrendamiento, leyeron esas palabras impresas con resaltado en negro:

«Cuando llegue el Mesías, los arrendatarios aceptan desalojar el apartamento en un lapso de 15 días».

Esa oración no la encontrará en ningún documento legal de los Estados Unidos, aunque estos requerimientos son relativamente comunes en Jerusalén. Cuando los propietarios judíos dan en alquiler su propiedad en esa ciudad, frecuentemente incluyen una cláusula que garantice que podrán regresar y reinar con el Mesías si llega a venir mientras estén con vida.

Para Jenna Rose Alpern y su esposo, quienes también son judíos, la posibilidad de aceptar ese término dio lugar a algunas conversaciones espirituales inesperadas. En las palabras de Jenna: «Hemos estado orando por eso, ¿no es así? Un principio básico del judaísmo es que estamos esperando con ansias y tratando de traer al ungido "pronto, en nuestros días". Sinceramente, siempre ha sido un concepto demasiado grande como para asimilarlo en mi mente y me avergüenza aceptarlo».[1]

La señora Alpern no está sola al sentir la tensión en cuanto a las prioridades opuestas que se relacionan con la llegada del Mesías. Los judíos no son los únicos que ven la dificultad de asimilar estos conceptos en su mente.

La diferencia más grande entre el pensamiento cristiano y judío acerca del Mesías tiene que ver con la cantidad de sus apariciones futuras. Los judíos creen que la próxima vez que el Mesías ponga un pie en Jerusalén, esa será la primera vez. Los cristianos comprenden que *el ungido*, el término hebreo para Mesías, ya conoce las calles de esa ciudad. Las caminó con frecuencia. Ahí murió, ahí fue sepultado y desde la colina más alta ascendió al cielo después de haber resucitado.

Hemos estudiado las señales más importantes que precederán la Segunda Venida. Ahora es tiempo de profundizar en los increíbles acontecimientos que sucederán siete años después del Rapto.

Como cristianos, estamos muy familiarizados con la Primera Venida de nuestro Señor a la tierra porque aceptamos lo que indican los cuatro evangelios. La Biblia nos dice con claridad que Él volverá a la tierra de nuevo. Aunque la expresión exacta de la «Segunda Venida de Cristo» no se encuentra en la Biblia, las escrituras hacen la afirmación en muchas partes. Por ejemplo, el escritor de Hebreos dijo: «Y así como está decretado que los hombres mueran una *sola vez*, y después de esto, el juicio, así también Cristo, habiendo sido ofrecido una vez para llevar los pecados de muchos, aparecerá por segunda vez, sin *relación* con el pecado, para salvación de los que ansiosamente le esperan» (9:27-28).

Una de las razones por las que algunas personas se confunden con las profecías de la Segunda Venida de Cristo es por el hecho de que los profetas del Antiguo Testamento no entendían que la Primera y la Segunda Venida de Cristo eran eventos separados.

La percepción que tienen sobre estas profecías era como ver una cordillera a la distancia. A sus ojos les pareció ver una sola montaña y no lograron ver que habían otras igual de altas detrás de la primera. Los profetas vieron los dos regresos de Cristo como un solo suceso o como que tenían una relación muy cercana en el tiempo.

Un estudioso de la Biblia escribió: «Las palabras que se dicen en un solo aliento y las que se escriben en una sola oración podrían llevar acontecimientos proféticos con una separación de miles de años para su cumplimiento».[2]

Es evidente que los seguidores de Jesús esperaban que Él cumpliera las promesas gloriosas relacionadas con su Segunda Venida cuando vino la primera vez. Solo después de que ascendió al cielo se dieron cuenta de que estaban viviendo en el tiempo entre sus dos apariciones, algo similar a cuando un avión cruza en medio de dos montañas.

El teólogo John F. Walvoord explicó:

> Desde el punto de vista actual, dado que la primera venida ha quedado en el pasado y la segunda es una profecía, es muy fácil hacer una comparación al regresar al Antiguo Testamento y separar la doctrina de las dos venidas de Jesús. En la primera venida se hizo hombre, vivió entre la gente, realizó milagros, ministró como profeta, tal como lo había establecido la profecía del Antiguo Testamento y

falleció en la cruz y resucitó de nuevo. Todos estos acontecimientos se relacionan claramente con su primera venida. Por otro lado, los pasajes que hablan de su venida para reinar, juzgar la tierra, rescatar a los justos de la maldad e instituir su reino en la tierra se relacionan con la Segunda Venida. Estas son profecías, no son parte del pasado.[3]

La Primera Venida de Cristo	La Segunda Venida de Cristo
Jesús nació en la oscuridad	Todo ojo verá a Jesús
Jesús fue envuelto en pañales	Jesús será vestido en majestad con un manto teñido en sangre
Jesús estuvo rodeado de ganado y gente común	Jesús estará acompañado de los ejércitos celestiales
Le cerraron las puertas de las posadas	La puerta de los cielos se abrirá para Él
La voz de Jesús era el tierno llanto de un bebé	La voz de Jesús será como trueno y como el sonido de muchas aguas
Jesús fue el cordero de Dios que vino a traer salvación	Jesús será el león de la tribu de Judá que venga a juzgar

LA PRIORIDAD DE LA SEGUNDA VENIDA

Aunque es cierto que los cristianos están más familiarizados con la Primera Venida de Cristo, la Segunda Venida es la que se resalta más en la Biblia. Las referencias de la Segunda Venida sobrepasan en número a las referencias de la Primera Venida en una proporción de ocho a uno. Los eruditos han identificado 1.845 referencias bíblicas de la Segunda Venida, inclusive 318 referencias en el Nuevo Testamento. En el Antiguo Testamento, el regreso de Cristo está enfatizado en no menos que en 17 libros y los autores del Nuevo Testamento hablan de ello en 23 de los 27 libros.

Es increíble, pero siete de cada diez capítulos en el Nuevo Testamento mencionan la Segunda Venida. Y uno de 31 versículos del Nuevo Testamento nos enseñan del regreso de Cristo a esta tierra.

En dos de los primeros libros que se escribieron para la iglesia primitiva (1 y 2 de Tesalonicenses), el regreso de Cristo fue una enseñanza en cada uno de los capítulos. El Señor mismo habló de su regreso 22 veces. La Segunda Venida es segunda solo en cuanto a la salvación, pero es el tema que domina en el Nuevo Testamento. El hecho de que la Segunda Venida de Cristo se presenta tan prominentemente en las escrituras es un indicador de que este acontecimiento es importante para Dios, y que también debería serlo para nosotros.

En las palabras del Dr. LaHaye: «Si Jesucristo no regresa física y literalmente a esta tierra para establecer su reino, el cristianismo se convertirá en la farsa más grande de la historia. Su regreso está atado tan íntimamente a las doctrinas más fundamentales de la Biblia y a la iglesia, que la validez del cristianismo depende totalmente de ello».[4]

LAS PROFECÍAS DE LA SEGUNDA VENIDA

Aquí hay siete pasajes clave que predicen el regreso de nuestro Señor a esta tierra. Estos pasajes casi representan cada sección de la Biblia, lo que abarca las épocas desde Enoc en el libro de Génesis hasta Juan apóstol en el libro de Apocalipsis.

ENOC

De acuerdo con Judas, Enoc fue el primero en predicar la Segunda Venida de Cristo: «De estos también profetizó Enoc, *en* la séptima *generación* desde Adán, diciendo: "El Señor vino con muchos millares de Sus santos, para ejecutar juicio sobre todos, y para condenar a todos los impíos de todas sus obras de impiedad, que han hecho impíamente, y de todas las cosas ofensivas que pecadores impíos dijeron contra Él"» (vv. 14-15).

DANIEL

Daniel era conocido por sus sueños proféticos, tanto de sucesos en su vida como de situaciones que podían suceder en los tiempos finales. Aquí describió el regreso del Hijo del Hombre (Cristo):

«Seguí mirando en las visiones nocturnas,
Y en las nubes del cielo
Venía uno como un Hijo de Hombre,
Que se dirigió al Anciano de Días
Y fue presentado ante Él.
Y le fue dado dominio,
Gloria y reino,
Para que todos los pueblos, naciones y lenguas
Le sirvieran.
Su dominio es un dominio eterno
Que nunca pasará,
Y Su reino uno
Que no será destruido» (Daniel 7:13-14).

ZACARÍAS

Aunque muchos de los profetas del Antiguo Testamento escribieron acerca de la Segunda Venida de Jesucristo, Zacarías nos entregó la información escatológica más clara y precisa: «Entonces saldrá el Señor y peleará contra aquellas naciones, como cuando Él peleó el día de la batalla. Sus pies se posarán aquel día en el monte de los Olivos, que está frente a Jerusalén, al oriente; y el monte de los Olivos se hendirá por el medio, de oriente a occidente, *formando* un enorme valle, y una mitad del monte se apartará hacia el norte y la otra mitad hacia el sur» (Zacarías 14:3-4).

Vea con atención la forma en la que Zacarías da sus especificaciones, es tan preciso, incluso en la ubicación geográfica en donde regresará Cristo: «Sus pies se posarán aquel día en el monte de los Olivos» (14:4). El monte de los Olivos es un lugar que se identifica explícitamente y que preserva el mismo nombre desde tiempos antiguos hasta hoy.

JESÚS

Mientras hablamos del monte de los Olivos, vemos que Jesús afirmó a sus discípulos la Segunda Venida en términos dramáticos y catastróficos:

> Porque así como el relámpago sale del oriente y resplandece hasta el occidente, así será la venida del Hijo del Hombre. [...] Pero inmediatamente después de la tribulación de esos días, EL SOL SE OSCURECERÁ, LA LUNA NO DARÁ SU LUZ, LAS ESTRELLAS CAERÁN del cielo y las potencias de los cielos serán sacudidas. Entonces aparecerá en el cielo la señal del Hijo del Hombre; y entonces todas las tribus de la tierra harán duelo, y verán al HIJO DEL HOMBRE QUE VIENE SOBRE LAS NUBES DEL CIELO con poder y gran gloria. (Mateo 24:27, 29-30)

LOS DOS ÁNGELES

Inmediatamente después del ascenso de Cristo al cielo, dos ángeles se les aparecieron a estos aturdidos discípulos y les dieron palabras de consuelo: «Varones galileos, ¿por qué estáis mirando al cielo? Este *mismo* Jesús, que ha sido tomado de ustedes al cielo, vendrá de la misma manera, tal como lo han visto ir al cielo» (Hechos 1:11).

El siguiente versículo nos dice: «Entonces los discípulos regresaron a Jerusalén desde el monte llamado de los Olivos» (v. 12). ¿Se da cuenta de lo que sucede aquí? Jesús ascendió al cielo desde el monte de los Olivos. De acuerdo con los ángeles, Jesús regresará en el mismo lugar: el monte de los Olivos. Las palabras de los ángeles trasmitieron consolación para ese sentir de pérdida que tenían los discípulos y también confirmaron el regreso futuro de Jesús.

PABLO

En su segunda carta a los Tesalonicenses, Pablo describió lo que será el día del juicio: «cuando el Señor Jesús sea revelado desde el cielo con Sus poderosos ángeles en llama de fuego, dando castigo a los que no conocen a Dios, y a los que no obedecen al evangelio de nuestro

Señor Jesús. Estos sufrirán el castigo de eterna destrucción, excluidos de la presencia del Señor y de la gloria de Su poder, cuando Él venga para ser glorificado en Sus santos en aquel día y para ser admirado entre todos los que han creído; porque nuestro testimonio ha sido creído por ustedes» (2 Tesalonicenses 1:7-10).

JUAN

Las profecías del regreso de Cristo son como sujetalibros para el libro de Apocalipsis. En el primer capítulo escribió: «ÉL VIENE CON LAS NUBES, y todo ojo lo verá, aun los que lo traspasaron; y todas las tribus[a] de la tierra harán lamentación por Él. Sí. Amén» (v. 7).

Y en las últimas páginas del último capítulo, prácticamente son las últimas palabras del Nuevo Testamento, nuestro Señor confirmó firmemente su Segunda Venida: «El que testifica de estas cosas dice: "Sí, vengo pronto". Amén. Ven, Señor Jesús» (22:20).

Obviamente, tenemos excelentes razones para anticipar la Segunda Venida de Cristo. La Biblia lo confirma con certeza y describe en términos específicos con una corroboración amplia.

Hace muchos años, en la ciudad de Tokio, un hombre llamado Eizaburo Ueno adoptó un cachorro Akita. Era su raza favorita de perros y por muchos años había soñado tener uno de esos. Lo nombró Hachiko, o «Hachi» en su forma abreviada. En ese momento, el hombre y su mejor amigo se volvieron inseparables. Compartieron una conexión profunda.

Después de algunas semanas, el señor Ueno empezó a caminar con su perro a la estación local de trenes cuando salía a trabajar cada mañana. Hachi pasaba la mayor parte del día en casa, pero regresaba a la misma estación de trenes cada tarde para saludar a su amo. Luego, los dos caminaban juntos de regreso a casa.

Por varios años, este fue el patrón de vida de ambos. Cada día, el señor Ueno y Hachi caminaban a la estación de tren y todos los días, Hachi lo estaba esperando cuando el señor Ueno regresaba del trabajo.

Tristemente, un día el señor Ueno no regresó. Tuvo una hemorragia cerebral y murió repentinamente en su oficina.

El jardinero de la familia adoptó a Hachi al poco tiempo y vivió otros diez años. Sin embargo, durante toda su vida guardó el mismo hábito diario de espera. Cada mañana y cada tarde regresaba a la misma estación de tren. Ahí pasaba horas cada día esperando a que regresara su amo.

Finalmente, el perro se volvió una especie de héroe popular porque su historia se difundió en todo Japón. La gente lo llamaba Chuken Hachiko, «el perro fiel». Se han filmado varias películas con base en esta historia. Actualmente se puede apreciar una estatua de bronce de Hachi en las afueras de la misma estación de tren. Es un punto popular para que los jóvenes lleguen a tomarse *selfies*.[5]

Como Hachi, los seguidores de Jesús del mundo actual esperan el regreso de su maestro y como Hachi, no sabemos cuándo será ese regreso, pero sí sabemos dónde será.

CAPÍTULO 29

CONMOCIÓN Y ASOMBRO

¿Le suena el término «conmoción y asombro»? Es una estrategia militar que ha sido parte del enfoque táctico del ejército de los Estados Unidos desde la década de los años 90. Sin embargo, la frase se acuñó como un término en las conversaciones nacionales durante la invasión a Irak en 2003.

La premisa de «conmoción y asombro» es un despliegue repentino y abrumador de fuerzas militares que pueden paralizar la percepción del enemigo del campo de batalla y eliminar su deseo de combatir. La idea es lanzar una gran cantidad de armamento ofensivo contra el enemigo con la intención de abrumarlos y de dejarlos pasmados en su capacidad de reaccionar.

Esa fue una estrategia estadounidense durante los primeros días de la operación «Liberad para Irak». En un estallido de poder, Estados Unidos lanzó una combinación coordinada de ataques con misiles y bombas dirigidas con láser. La meta inmediata no solo era destruir las armas defensivas de Irak, sino también convencer a los civiles iraquíes que los Estados Unidos y sus aliados tomaban la situación en serio, que Saddam Hussein y su régimen terminaría pronto y quedarían sin poder.

Menos de cinco semanas después, las fuerzas de coalición ingresaron a Bagdad, la capital de Irak y aseguraron la ciudad.

Hemos explorado el Rapto, la tribulación y la Segunda Venida como los próximos eventos en el calendario escatológico de Dios. Ahora exploraremos brevemente el momento explosivo que sucederá junto con la Segunda Venida: la batalla llamada Armagedón.

Cuando Jesús lidere a su ofensiva celestial contra Satanás y el anticristo en esa batalla, seguirá una estrategia similar a la del ejército estadounidense en Irak, aunque no contará con municiones convencionales. Su arma será la gloria. El esplendor que trasciende en Cristo y su poder tendrán como objetivo el mal que ha contaminado a la humanidad por tanto tiempo.

En ese enfrentamiento final, la rebelión del período de la tribulación llegará a un punto culminante. El anticristo, los reyes de la tierra y las huestes que les siguen se unirán por última vez para tratar de derrotar a Jesucristo. Sus ejércitos estarán conformados por soldados de las diez naciones del reunificado Imperio romano. El anticristo, con el falso profeta a su lado, dirigirá esos ejércitos masivos para desafiar la autoridad y el derecho de gobernar de Cristo, el cual será el último levantamiento contra Dios.

Cuando se acerque el regreso de Cristo, harán todo lo que puedan para prepararse para la batalla de los tiempos, en la que fracasarán espectacularmente.

LA VENIDA DE CRISTO

El apóstol Juan describió el momento de «conmoción y asombro» que viene: «ÉL VIENE CON LAS NUBES, y todo ojo lo verá, aun los que lo traspasaron; y todas las tribus de la tierra harán lamentación por Él. Sí. Amén» (Apocalipsis 1:7).

La primera vez que Jesús vino a la tierra, llegó en la oscuridad. No obstante, en la Segunda Venida «todo ojo le verá». El mundo entero será testigo de su regreso.

Cuando Jesús llegue a la tierra por segunda vez, su llegada proclamará aparatosamente el propósito de su venida. El momento en que sus pies toquen el monte de los Olivos, esa montaña se partirá y creará un pasadizo amplio desde Jerusalén a Jericó. Como podrá imaginarse, será un cataclismo geológico sin precedentes.

Al describirlo, el doctor Tim LaHaye escribió: «Será un acontecimiento estelar, celestial, cómico, mucho más grande que la tierra. Será mucho más grande que los cielos. Succionará el aire de los pulmones de la humanidad y pondrá a todos los hombres, mujeres, reyes, presidentes y tiranos de rodillas. No necesitará reflectores, máquinas de humo, música amplificada, sintetizadores ni efectos especiales. Será real».[1]

Vemos que el regreso de Cristo será tan grande que las películas de desastres de Hollywood serán como una mañana de sábado en un festival infantil. El mundo verá y reconocerá su señor y rey justo.

Por cuanto Jesús vino la primera vez en humildad y sencillez, esta vez su gloria y majestad será un despliegue espectacular que todos verán. En su venida, Cristo se verá como ningún otro guerrero en la historia del mundo. De acuerdo con Juan: «Sus ojos *son* una llama de fuego, y sobre su cabeza *hay* muchas diademas. Tiene un nombre escrito que nadie conoce sino Él. *Está* vestido de un manto empapado en sangre, y Su nombre es: El Verbo de Dios» (Apocalipsis 19:12-13).

Veamos con atención esta descripción. Primero, los ojos de Jesús son como una llama de fuego que quema todo lo que ve falso en el corazón y la mente de cada ser humano. Esto nos indica que el Señor tiene capacidad de ver profundamente en el corazón de los hombres y lidiar con toda injusticia (1:14; 2:18; 19:12). Sus ojos perforarán los propósitos de las naciones y de las personas, y los juzgará por lo que realmente son.

Segundo, la cabeza de Cristo al regresar viene coronada con muchas coronas. Cuando vino la primera vez se burlaron de Él y le colocaron una corona de espinas en la cabeza. Cuando venga en este tiempo, sus muchas coronas simbolizan la realidad que ningún gobierno, poder o autoridad podrá enfrentar nuevamente. Él es supremo.

Tercero, el manto de Jesús empapado en sangre habla de la redención que nos aseguró en la cruz como el cordero que fue al matadero. Por toda la eternidad celebraremos la sangre que nos cubre y que trajo nuestra redención sobre el pago del pecado. Anteriormente en el mismo Apocalipsis, Dios describía a Cristo como «el cordero inmolado» (13:8). De hecho, Jesús será presentado ante nosotros como el cordero de Dios durante toda la eternidad.

En Apocalipsis 19, el Señor recibe el nombre «Fiel y Verdadero» (v. 11) y más adelante «El Verbo de Dios» (v. 13). Pero a medida que Cristo dirige a su ejército en victoria, Juan vio un nombre escrito en su muslo: «REY DE REYES Y SEÑOR DE SEÑORES» (v. 16). Estamos familiarizados con este doble nombre, pero ahora adquiere el significado real. De todos los reyes de la tierra, Jesús es *el* rey. De todos los señores en la tierra (gobernantes, aquellos que están en autoridad), Él es *el* Señor. Cada rodilla se doblará ante Él cuando venga a la tierra (Isaías 45:23; Romanos 14:11; Filipenses 2:10-11).

LOS EJÉRCITOS DE CRISTO

Apocalipsis 19:14 dice: «Los ejércitos que están en los cielos, vestidos de lino fino, blanco y limpio, le seguían sobre caballos blancos».

Cuando Cristo regrese, Él traerá a sus ejércitos como parte de su estrategia de conmoción y asombro. Vea que la palabra que usa el versículo 14 es «ejércitos», en plural. No es un «ejército» del cielo, sino los «ejércitos». Estos ejércitos son los creyentes de todos los tiempos: los santos del Antiguo Testamento, los santos del Nuevo Testamento y los santos de la tribulación, todas las distintas legiones del Señor combinadas en un ejército masivo.

Zacarías escribió: «vendrá el Señor mi Dios, y todos los santos con Él» (14:5).

En las epístolas a los tesalonicenses, Pablo habló de los santos que podrían acompañar al Señor cuando regrese: «a fin de que Él afirme sus corazones irreprensibles en santidad delante de nuestro Dios y Padre, en la venida de nuestro Señor Jesús con todos Sus santos» (1 Tesalonicenses 3:13).

Judas repitió la misma idea: «¡Escuchen! El Señor viene con incontables millares de sus santos» (v. 14, NTV).

Todos los que murieron en el Señor, junto con quienes fueron arrebatados antes de los años de la tribulación, se unirán a Jesús y participarán en la batalla para reclamar el mundo para que Cristo gobierne.

Más importante de quiénes son es cómo estarán ataviados. El lino blanco, limpio y fino, representa la justicia de quienes lo visten. Jesús usa un manto de sangre para que nosotros podamos usar el lino blanco de su justicia.

Pero los santos no son los únicos ejércitos de nuestro Señor. Tanto Mateo como Pablo nos dijeron que los ángeles también descenderán con Cristo: «Pero cuando el Hijo del Hombre venga en Su gloria, y todos los ángeles con Él, entonces Él se sentará en el trono de Su gloria» (Mateo 25:31).

Pablo describió el momento así: «cuando el Señor Jesús sea revelado desde el cielo con Sus poderosos ángeles» (2 Tesalonicenses 1:7).

LA VENGANZA DE CRISTO

En la primera línea descriptiva del versículo 11, se nos entrega el propósito central del regreso de Cristo a la tierra: «Con justicia juzga y hace la guerra» (Apocalipsis 19:11).

Sí, Jesús vendrá a juzgar. Vendrá *como* el juez de todo, incluso de cada persona.

En la pequeña epístola que precede al libro de Apocalipsis, Judas describe el tipo de mundo que Cristo encontrará cuando regrese a la tierra: «De estos también profetizó Enoc, *en* la séptima *generación* desde Adán, diciendo: "El Señor vino con muchos millares de Sus santos, para ejecutar juicio sobre todos, y para condenar a todos los impíos de todas sus obras de impiedad, que han hecho impíamente, y de todas las cosas ofensivas que pecadores impíos dijeron contra Él"» (vv. 14-15).

En dos versículos cortos, Judas usa palabras relacionadas con *impiedad* cuatro veces. Esta repetición no es accidental. Judas estaba enfatizando el hecho de que cuando Cristo regrese a la tierra, su paciencia indulgente habrá llegado a su fin. Vendrá para imponer juicio sobre aquellos que lo desafiaron.

Jesús también rendirá juicio contra los líderes de las fuerzas que se opusieron a Él durante la tribulación, los llamados anticristo y el falso profeta: «Y la bestia fue apresada, junto con el falso profeta [...]. Los dos fueron arrojados vivos al lado de fuego que arde con azufre» (Apocalipsis 19:20).

Cuando Juan usó la palabra *apresada* para describir lo que sucedía con la bestia y el falso profeta, estaba siendo muy intencional. Esa palabra en griego significa «sujetar» o «arrancar». Cuando el tiempo haya llegado, cuando la copa de iniquidad se haya llenado, el Señor arrancará a la bestia y al falso profeta de la tierra, y estas dos criaturas del mal tendrán el indeseado honor de ir al infierno antes de Satanás, cuyo confinamiento se da después.

Tal vez es sorprendente ver que Satanás no se unirá a la bestia y al falso profeta en el infierno hasta el final del milenio, que son mil años después de la Segunda Venida: «Y el diablo que los engañaba fue arrojado al lago de fuego y azufre, donde también están la bestia y el falso profeta. Y serán atormentados día y noche por los siglos de los siglos» (20:10).

¿Por qué tanto juicio, ira y enojo? ¿Por qué esto debería ser parte del plan de Dios para el futuro? Si usted es parte de aquellos que siguen luchando con la idea de la ira y el juicio de Dios, estas palabras de N. T. Wright podrían ayudarle a entender:

> La palabra *juicio* conlleva matices negativos para muchas personas en nuestro mundo liberal y posliberal. Necesitamos recordar que, a través de la Biblia, el juicio venidero de Dios es algo bueno, algo digno de celebrar, algo que anhelamos, por lo que clamamos. Es un evento que debería provocar voces de alegría en la humanidad y el aplaudir de los árboles del campo. En un mundo de injusticia sistemática, acoso, violencia, arrogancia y opresión, la idea de que podría venir un día en el que los malvados se van firmemente a donde pertenecen y los pobres y débiles reciben lo que les fue quitado, es la mejor noticia que podemos recibir. Al enfrentar un mundo en rebelión, un mundo lleno de explotación y debilidad, el buen Dios debe ser el Dios de juicio.[2]

Mientras pensamos en la estrategia de «conmoción y asombro» durante la Segunda Venida de Cristo y la batalla del Armagedón, la pregunta no es «¿por qué Jesús tiene que enfocarse en el juicio?» Una mejor pregunta sería: «¿Cómo podríamos llamar a Dios bueno si permitiera que el mal siga corrompiendo por siempre al mundo que Él creó y así decirse que es bueno?»

Para junio de 1944, el pueblo de Francia ya había sufrido durante cuatro años la tiranía de Adolf Hitler. Sus ejércitos habían invadido Francia en 1940 como parte de su ambición impía para hacer de toda Europa una enorme nación nazi. Sin embargo, el 6 de junio de 1944, el general Eisenhower comandó las tropas aliadas para cruzar el canal desde Inglaterra e invadir las playas fortificadas de Normandía. ¿Cuál era el propósito? Liberar a Francia de la opresión.

El editor James M. Kushner describió lo que sucedió en ese fatídico día, conocido como el Día D:

> Antes del amanecer, y durante el resto del día, el mar, la tierra y el aire fueron reemplazados por destellos, estruendos, metales voladores, paracaídas, mientras que en la tierra yacían hombres con heridas frescas que emanaban arena, tierra, sangre y vísceras. Las playas se tornaron rojas. Los árboles estaban explotados, el ganado muerto, los hombres respiraban su último aliento.
>
> El día D era solo el primer día. La batalla de Normandía se prolongó hasta los días de agosto y París fue liberada el 25 de agosto de 1944. Las marcas de Normandía y el derramamiento de sangre fue el resultado de muchos hombres y sus decisiones, ya sea por conquistar y ocupar o por liberar.[3]

En muchas maneras, lo que sucedió en el Día D ofrece una previsualización en menor escala de la batalla final del mundo. Como la Segunda Guerra Mundial en Francia, sufrimos bajo el talón de un tirano brutal que ocupa ilegítimamente nuestro mundo, que ha impuesto muerte, destrucción y miseria. Como los ciudadanos oprimidos de Francia en la década de los años 40, clamamos por liberación de un opresor cruel.

No obstante, en Apocalipsis 19 se nos confirma que la libertad viene. Tenemos un comandante supremo que nunca ha perdido una batalla y que solo está esperando por el momento estratégico en el que descenderá y por siempre aplastará las fuerzas que han invadido su mundo. Porque Él es «fiel y verdadero» podemos descansar con la seguridad de que no fallará. El león de Judá ha conquistado y conquistará en el día final.

CAPÍTULO 30

LA ÚLTIMA INVITACIÓN

Belinda Luscombe recordaba aquel día en el que perdió una gran cantidad de dinero por olvidar reclamar la participación accionaria que le correspondía. Escribió: «un día tenía $ 70.000 esperando a que los reclamara y un mes después me di cuenta de que había olvidado hacer clic sobre el botón de "ejecutar canje" que aparecía en mi computadora y ¡puf!, la oportunidad se había ido».

El primer sentimiento de Belinda fue pánico al no saber cómo decirle a su esposo del error. Luego, el peso de su situación empezó a presionarla. Según lo que dijo:

> Es difícil describir con exactitud el sentimiento. Creo que puede darse idea de los efectos si se recuesta sobre el suelo y un amigo deja caer una bola de boliche sobre su abdomen desde lo alto de una escalera. Habrá impacto, un poco de confusión, dolor, náusea y un deseo profundo de que esto le hubiera sucedido a alguien más. Dolerá, incluso, hasta respirar.

«Tenía que hacer algo», escribió. «Ahí había estado el dinero, pero por pura incompetencia, se había ido. Y ahí estaba, todo era MI culpa».[1]

Espero que no tenga que experimentar ese remordimiento desgarrador de perder decenas de miles de dólares por el descuido. No obstante, eso palidece en comparación del terror devastador de perder la oportunidad de reclamar las riquezas terrenales que ofrece Cristo.

Hemos pasado 29 capítulos explorando la realidad del Rapto. Se aproxima el tiempo de cambio para nuestro mundo y será «en un abrir y cerrar de ojos». El Señor Jesús aparecerá en las nubes y reunirá a su pueblo para sí, primero aquellos que murieron en Él y luego aquellos que tuvieron la dicha de presenciar su regreso en el cielo.

Como hemos visto, ese momento marcará el principio del fin para esta fase de la historia humana. Cuando se dé el Rapto, nuestro mundo experimentará un conteo regresivo de siete años que se llamará la tribulación y terminará con *el fin*: la batalla del Armagedón. Toda persona que no haya aceptado el obsequio de la salvación de Dios, se le habrá terminado el tiempo en ese punto, pues la opción quedará cerrada.

Si dejamos para última hora la oportunidad, se irá y ahí se acabará y será NUESTRA culpa.

La Biblia finaliza con una advertencia final: una última invitación a Cristo. En la última página del último libro de la Biblia la encontrará: «Y el que tiene sed, venga; y el que desee, que tome gratuitamente del agua de la vida» (Apocalipsis 22:17).

Esas podrían ser las palabras más importantes que haya podido leer. Déjeme enseñarle por qué.

SU INVITACIÓN ESTÁ LISTA

¿Quién tiene la opción de aceptar las riquezas de salvación mediante Cristo? Cualquiera. ¡Todos! Y sí, eso también lo incluye a usted. Como vimos en el capítulo 12, el cielo está abierto únicamente para aquellos que aceptan el evangelio de Jesucristo. No existen restricciones cuando se trata de responder al evangelio.

En mis décadas como siervo de Jesús, he tenido el privilegio de compartir el evangelio con miles de personas, muchos de ellos presencialmente. Frecuentemente ese mensaje lo reciben con alegría, con ojos que se iluminan y labios que se curvan en una sonrisa de gozo.

No obstante, en ocasiones la persona escucha el evangelio y baja su cabeza. Su mirada se dirige hacia el piso y suspira con tanto pesor y tristeza que llega a romper mi corazón. Incluso cuando no hablan con voz audible, sé exactamente lo que piensan: *esto no es para mí. Si tan solo supiera lo que he hecho. Si tan solo supiera lo que me han hecho. Si tan solo supiera de lo que soy capaz. No lo merezco.*

¡No! Ninguno de nosotros lo merece y ese es el punto, esa es la belleza del evangelio.

No tienen que ser perfectos para calificar para ser salvos. No tiene que estar por encima de una escala o sobrepasar un nivel para atravesar las puertas del cielo, en su contabilidad personal siempre hay más cosas buenas que malas. No tiene que ser bueno, puro, ni agradable, ni tiene que llegar a una edad específica, ser de un color determinado o vivir en un lugar designado.

Si quiere conocer a Dios, si quiere experimentar su amor y gracia y si quiere disfrutar de la hermandad en Él por la eternidad, solo debe tener sed.

Recuerde las palabras de la última invitación de Jesús: «El que tenga sed, venga; y el que quiera tome gratuitamente del agua de vida» (Apocalipsis 22:17, NVI).

Las dos traducciones de la Biblia dicen: «*Quien* lo desee, que venga». Richard Baxter escribió una vez sobre la maravilla de esas palabras. «Gracias a Dios por esas palabras "quien lo desee". Si Dios dijo que había misericordia para Richard Baxter, que soy un vil pecador, yo hubiera pensado que hablaba de otro Richard Baxter; sin embargo, cuando dice "quien lo desee" ya sé que me incluye, incluye al peor de todos los Richard Baxter».[2]

Sé que «quien lo desee» también me incluye. «David Jeremiah lo desea, que venga». He probado el agua de vida, razón por la cual siento esa anticipación entusiasta por todo lo que ha de venir. Ya sea que mi camino me lleve a través de la puerta de la muerte o a través de la emoción del Rapto, sé que estaré con Cristo.

¿La conoce? ¿La ha probado? Si su respuesta es no, no es demasiado tarde, pero el tiempo se acaba.

ES NECESARIO QUE RESPONDA

Como dije, el ofrecimiento de la salvación no tiene restricciones. Sin embargo, el evangelio requiere algo de todo aquel que necesite el agua viva. El versículo 17 dice: «que tome gratuitamente del agua de la vida».

Lo único que necesita aquella persona con sed es extender la mano y tomar el agua. Está disponible para todos, pero en nosotros está la decisión de beber. *Es usted* quien debe tomar esa decisión.

¿Así de fácil? Sentimos que para ello tendríamos que decir algo realmente importante, o quizás debe haber algo más que tengamos que hacer. Pensamos que debe haber un nivel de madurez o bondad que tenemos que lograr, algún tipo de estudios o educación a la que debemos someternos.

¡No! Solo se trata de acercarnos y beber. Así es como funciona la bondad, es solo la bondad de Dios y su gracia. Extender la mano y recibir un obsequio no significa que hice algo para ganarlo. Ese obsequio se ha ofrecido libremente, por eso es un obsequio. La respuesta del sediento es solo la de tomar lo que se le ha ofrecido libremente, por gracia.

Si hubiera habido algo que pudiera hacer por usted para salvarse, aunque sea algo mínimo, ¿cree que Dios en el cielo hubiera enviado a Jesucristo a esta tierra a morir en la cruz por nuestro pecado? Si existiera alguna forma humana en la que pudiéramos merecer la salvación o recomendarnos a Dios, ¿cree que Él hubiera pagado el alto precio que pagó al dar a su propio hijo en sacrificio?

Dios envió a Jesucristo a este mundo porque no hay absolutamente nada que podamos hacer para salvarnos, nada excepto tomar libremente del agua de vida que nos ofreció. Usamos diferentes términos para hablar de este proceso (*creer, confiar, compromiso*), pero significa lo mismos que «tomar» el agua viva y beberla profundamente.

El profeta Isaías dijo:

> ¿Alguien tiene sed? Venga y beba, ¡aunque no tenga dinero! Vengan, tomen vino o leche, ¡es todo gratis! ¿Por qué gastar su dinero en alimentos que no les dan fuerza? ¿Por qué pagar por comida que les hace ningún bien? Escúchenme, y comerán lo que es bueno; disfrutarán de la mejor comida. (55:1-2, NTV)

El apóstol Juan tomó prestadas las palabras de Isaías para darle forma a la invitación final de la Biblia: «el que desee, que tome gratuitamente del agua de la vida».

No deje de lado su oportunidad de elegir, pues es en realidad, esta es la última palabra de la Biblia en cuanto a este tema. El Rapto es real. Ahora mismo estamos a un día más cerca que ayer, un respirar más cerca a tu último suspiro. En el futuro hay un momento cuando se eliminen todas las opciones y se sellen todos los destinos. Tenemos que orar sinceramente en un acto definido de fe: «Señor, confieso mis pecados. Me siento sediento en mi interior y ahora recibo a Jesucristo, el agua viva. Ven a mi vida y ¡ayúdame a vivir para ti a partir de este día!».

El evangelista presbiteriano Benjamin Mills contaba que un amigo suyo que era pastor estaba predicando una noche en su iglesia. Estaba invitando a que la gente se acercara y se arrodillara al frente del templo si querían recibir a Cristo como su salvador. Algunos lo hicieron y el pastor se arrodilló también y oraba con ellos. Sin embargo, de repente sintió la necesidad de levantarse y dijo que tenía la impresión de que había al menos una persona más que tenía que acercarse. En ese momento, una joven se levantó de uno de los asientos de atrás y se apresuró a ir al frente para arrodillarse con los demás y entregar su vida a Cristo.

Dos semanas después, esta mujer sufrió una enfermedad fatal y repentina. En su lecho de muerte le dijo al pastor: «me gozaré por toda la eternidad gracias a esa última invitación que usted hizo para que me acercara a Cristo».[3]

Uf, quedará agradecido durante toda la eternidad con que Jesús le haya extendido una última invitación. Ahora le haré la pregunta como si estuviera sentado a su lado: ¿Ha tomado del agua viva que Dios ofrece en la persona de Cristo?

La Biblia dice: «TODO AQUEL QUE INVOQUE EL NOMBRE DEL SEÑOR SERÁ SALVO» (Romanos 10:13).

¡Usted puede entrar en «todo aquel»!

CAPÍTULO 31

¿PARA QUÉ ESTUDIAR LA PROFECÍA?

Durante varios años ha existido un sitio web de sarcasmo cristiano llamado *Babylon Bee*, el cual ha publicado contenido cómico, reflexivo y posiblemente hasta un poco irreverente. Algunos informes recientes también sugieren que pueden agregar otro adjetivo a esa lista: profético.

De acuerdo con los lectores, algunos de los artículos sarcásticos de Bee se han vuelto una realidad. Lo que los escritores originalmente insinúan como una ficción atroz, con el tiempo se ha pasado al reino de la realidad.

Por ejemplo, un titular cómico era: «Nuevos y menos problemáticos libros de historia solo incluirán acontecimientos del presente año». El artículo le daba un codazo divertido a la última tendencia en los círculos académicos de catalogar a personajes y acontecimientos históricos como demasiado peligrosos o controversiales para compartir con las mentes jóvenes y vulnerables. Se trataba de un concepto divertido.

No obstante, «divertido» se convirtió en algo «grave» cuando CNN publicó un artículo titulado: «Líderes comunitarios de Illinois buscan abolir las clases de historia en las escuelas».

Durante la pandemia de COVID-19, el sitio *Babylon Bee* circuló un artículo ficticio que decía: «Usuarios de triple mascarilla miran con desdén a los que solo usan dos». Nuevamente, el punto era insinuar con delicadeza que algunas personas tal vez habían exagerado un poco con las máscaras de tela como una forma para combatir las infecciones virales.

El sitio Bee publicó ese divertido artículo en enero de 2021. Al siguiente día, el noticiero de NBC lazó al aire un segmento en la televisión que mencionaba «los beneficios de usar tres mascarillas».

En total, el Bee ha publicado 92 artículos que al final se convirtieron en algo profético; se hicieron reales ya sea parcialmente o por moda.[1]

Seth Dillon es el CEO de Babylon Bee y cuando se le preguntó de la nueva tendencia de que sus escritores también se estaban volviendo profetas, dijo: «El problema no es que nuestro sarcasmo se acerque demasiado a la realidad, es que la realidad se acerca demasiado al sarcasmo, por lo que nuestros chistes siguen volviéndose una realidad».[2]

Tristemente, mucha gente (incluso cristianos) en nuestro mundo piensan que la profecía bíblica se parece en cierto grado a este tipo de sarcasmo, el cual resulta interesante de alguna forma, pero no es útil ni posible en la «vida real». Una vez escuché a alguien decir que los cristianos tratan la profecía como el sacerdote y el levita trataron al hombre herido en la parábola del buen samaritano: pasaron del otro lado. Algunos evitan la profecía porque pareciera difícil de entender. Otros sienten que es muy abrumadora en el presente para ponerse a pensar en el futuro.

Creo fehacientemente que dicho enfoque es un error. Aunque hay muchos cristianos que están satisfechos con dejar las páginas de la profecía bajo la cubierta del misterio y la confusión, el hecho es que sigue siendo nuestra única fuente confiable de información acerca del mañana. Solo Dios conoce el final del principio y nos predice el futuro con una exactitud absoluta. De manera increíble, ha elegido compartir muchas de estas profecías con nosotros y ya solo tenemos que acatar lo que dicen.

Recuerdo una ilustración que leí en el libro *Armagedón, petróleo y terror:*

> ¿Ha conducido alguna vez su auto por un camino extraño y oscuro durante una cegadora lluvia torrencial, deseando a cada momento poder ver lo que hay adelante, más allá de las luces? Si solo pudiera saber lo que viene a continuación, saber intuitivamente lo que hay más allá o predecir lo que encontrará en la próxima curva del camino. Anhelamos ver lo que hay más adelante, quizás para evitar un desastre.
>
> ¿Puede alguien ver lo que vendrá mediante la intuición o un don especial? ¿Puede un profeta conocer el futuro debido a que el sendero de nuestras vidas es parte de un drama mayor que fue escrito con antelación? Esto es lo que aseguran los profetas de la Biblia. ¿Podemos saber dónde estamos ubicados en esa trama de acontecimientos que fue predicha por los profetas, escrita en la Biblia o vista en visiones apocalípticas del futuro? En la tormenta incierta de los días que vivimos, todos ansiamos ver más allá de las luces del automóvil.[3]

¡Solo la profecía bíblica nos permite hacerlo!

Hemos llegado al capítulo final en esta exploración del Rapto, el siguiente acontecimiento en el calendario profético de Dios. No se me ocurre una mejor forma de concluir estas páginas que darle otras pocas razones de por qué vale la pena que como creyentes en Jesús dediquemos tiempo a estudiar la profecía bíblica.

LA PROFECÍA ESTÁ IMPREGNADA EN LAS ESCRITURAS

Quizás la razón principal por la que deberíamos estudiar la profecía bíblica es que no quedaría mucho de la Biblia si tratamos de ignorar los versículos escatológicos. La profecía está impregnada en todas las escrituras.

En el libro *Los planes proféticos de Cristo*, John MacArthur y Richard Mayhue han hecho un trabajo excelente al identificar en qué extensión es profética la Biblia. Dejo algunos ejemplos de sus hallazgos:

- Sesenta y dos de los sesenta y seis libros contienen información escatológica con Rut, Cantar de los Cantares, Filemón y 3 Juan son las excepciones; aquí se representa el 94 %.
- Al desglosar todavía más, hay un total de 31.124 versículos en las escrituras. Es increíble pensar que 27 % de estos versículos (8.352) se refieren a cuestiones proféticas, mientras que 22 % de todos los versículos proféticos se refieren a la Segunda Venida de Cristo.
- Si hablamos de los tiempos finales específicamente, encontramos aproximadamente 333 profecías bíblicas específicas que tratan con las dos venidas de Cristo, un tercio hablan de la primera venida y dos tercios de la Segunda Venida.[4]

Si valora la Biblia, entonces necesita valorar la profecía bíblica.

LA PROFECÍA DEMUESTRA LA SOBERANÍA DE DIOS

¿Alguna vez ha deseado poder probar que Dios es quien dice que es? ¿Qué su palabra es relevante y significativa para nuestras vidas actuales?

¡Puede hacerlo! Los versículos proféticos de la escritura ofrecen evidencia directa de que Dios sabe todo y que está a cargo de todo. A Él nada lo sorprende y lo que haya dicho que hará, lo hace. Es soberano y también evidencia esa soberanía cada vez que se cumplen sus profecías.

Dios mismo nos incentiva a depender de la confiabilidad de la profecía bíblica en el libro de Isaías: «Recuerden las cosas que hice en el pasado. ¡Pues solo yo soy Dios! Yo soy Dios, y no hay otro como yo. Solo yo puedo predecir el futuro antes que suceda. Todos mis planes se cumplirán porque yo hago todo lo que deseo. [...] He dicho lo que haría, y lo cumpliré» (46:9-11, NTV).

Cuando sabemos que el único Dios declara el principio del fin, podemos vivir cada día con confianza.

LA PROFECÍA FOMENTA LA INTEGRIDAD BÍBLICA

La precisión de la profecía bíblica impulsa nuestra confianza en la soberanía de Dios y en su palabra. Entre más estudiemos y entendamos la inefabilidad de los pasajes escatológicos de la Biblia, más confiaremos en cada palabra de las escrituras.

Jesús usó la profecía para validad que es el Mesías, por ejemplo. Aquí vemos lo que les dijo a sus discípulos:

- «Les aviso de antemano, a fin de que, cuando suceda, crean que Yo Soy el Mesías» (Juan 13:19, NTV).
- «Les he dicho estas cosas antes de que sucedan para que, cuando sucedan, ustedes crean» (Juan 14:29, NTV).

Jesús no solo profetizó el futuro a la perfección, sino que Él mismo fue el cumplimiento de la profecía. En la plenitud del tiempo, Jesús cumplió cada detalle que los profetas habían incluido en sus profecías relacionada con el Mesías. Fue descendiente de Abraham y de la tribu de Judá (Génesis 12:3; 49:10). Vino del linaje de David (Isaías 9:7) y nació en Belén (Miqueas 5:2). Su nombre fue Emanuel y nació de una virgen (Isaías 7:14). Fundó su ministerio en Galilea, habló en parábolas e hizo maravillas entre el pueblo (Isaías 9:1-2; 6:9-10, 61:1-2). Fue traicionado, traspasado por nuestras rebeliones y crucificado con delincuentes (Zacarías 11:12-13; Isaías 53:5, 12). Después de haber sido puesto en la tumba de un hombre rico, nuevamente se levantó (Isaías 53:9-11).

Ni una sola persona de los trece mil millones de habitantes que ha tenido este planeta se acerca siquiera a cumplir las 109 profecías que Cristo sí cumplió. Se destaca en la historia humana y permanece sobre el fundamento de la palabra profética de Dios. El estudio de la profecía mesiánica es una travesía extraordinaria hacia la evidencia invulnerable de la integridad de las escrituras.[5]

La profecía del Antiguo Testamento	La descripción	El cumplimiento del Nuevo Testamento
Isaías 7:14	Jesús nacería de una virgen	Mateo 1:22-23
2 Samuel 7:12-16	Jesús vendría del linaje de David.	Mateo 1:1
Miqueas 5:2	Jesús nacería en Belén	Mateo 2:6; Lucas 1:68-75; 2:4, 11
Isaías 40:3; Malaquías 3:1	Un mensajero prepararía el camino para Jesús	Mateo 11:10
Isaías 61:1-2	Jesús proclamaría el favor del Señor	Lucas 4:21
Isaías 49:1-7	Jesús sería la luz a los gentiles	Lucas 2:25-32
Zacarías 11:12-13	Jesús sería traicionado	Mateo 27:6-10
Zacarías 9:9-10	Jesús entraría a Jerusalén humilde y montado en un burro	Mateo 21:1-17; Marcos 11:1-11; Lucas 19:29-40; Juan 12:12-19
Isaías 50:6-7	Jesús vendría como siervo	Mateo 5:17-18
Isaías 53:3-12	Jesús sufriría y sería despreciado	Mateo 26:63
Salmos 118:22	Jesús sería rechazado	Mateo 21:42
Salmos 22:13-18	Jesús sería crucificado	Mateo 27:35, 39-44; Juan 20:25

LA PROFECÍA NOS PROTEGE DE LAS ENSEÑANZAS FALSAS

Una de las principales razones para que Jesús profetizara de los tiempos finales fue para protegernos de los falsos maestros. En Mateo 24:4-5 nos advirtió: «Tengan cuidado de que nadie los engañe. Porque muchos vendrán en Mi nombre, diciendo: "Yo soy el Cristo", y engañarán a muchos». Esta advertencia es tan esencial que las escrituras lo repiten en Marcos 13 y en Lucas 21.

Vivimos en un día en que el engaño es algo común. En Juan 16:1, Jesús dijo: «Estas cosas les he dicho para que no tengan tropiezo». Saber qué es lo que dice la Biblia sobre el futuro nos protege de caer en engaños.

En la misma medida en que Dios quiere colocarnos debajo de la sombrilla de protección de la profecía, así también el diablo quiere tenernos fuera de ahí. Satanás sabe que leer 2 Tesalonicenses 2 revelará su plan para seguir difundiendo la apostasía en los últimos días. Así también, cuando leamos Apocalipsis 20 veremos que Dios ya lo ha designado a ir al lago de fuego.

Ver a Satanás como un enemigo derrotado en el futuro, nos ayuda a obtener la victoria sobre él hoy. La profecía nos protege de los ataques de Satanás.

LA PROFECÍA NOS PREPARA PARA LOS ÚLTIMOS DÍAS

Uno de los grandes temas escatológicos en la Biblia es que Dios tiene un plan para la historia. Ese plan tiene fases y la que viene es inminente, además de que puede llegar en cualquier momento.

Jesús contó varias parábolas para ilustrar la importancia de estar preparados para su venida. Una historia trataba del amo de la casa que había sido saqueada. Si el amo hubiera conocido cuándo llegaría el ladrón, hubiera estado vigilando para evitar el robo. La lección es simple: hay que prepararse. Siempre debemos estar listos para el Rapto, evento que serán tan inesperado como el ladrón que llega en la noche (1 Tesalonicenses 5:4).

Estudiar la profecía nos ayuda a prepararnos para los días venideros. Es difícil que pase un día sin que leamos noticias acerca de guerras, rumores de guerra, desastres naturales o anarquía. Estas realidades desalentadoras pueden romper nuestro corazón. Sin embargo, Jesús les dijo a sus discípulos que se anticiparan a estos acontecimientos, que se tratarían de señales de que el regreso de Cristo estaría en el horizonte.

Las tragedias nunca toman a Dios por sorpresa. Jesús dijo: «Pero les he dicho estas cosas para que cuando llegue la hora, se acuerden de que ya les había hablado de ellas» (Juan 16:4).

Estudiar la escatología bíblica nos da el valor para enfrentar los tiempos de caos. Aunque la vida en la tierra seguirá empeorando, el mero dolor de esas pruebas nos avisa que el día del Rapto se acerca.

LA PROFECÍA NOS DA UNA GUÍA DIARIA

Por definición, toda la profecía se enfoca en el futuro. Aun así, sería un error llegar a la conclusión de que la escatología bíblica no tiene valor para la actualidad. ¡Es todo lo contrario!

En los capítulos iniciales de Apocalipsis la siguiente oración aparece siete veces: «El que tiene oído, oiga lo que el Espíritu dice a las iglesias» (2:7, 11, 17, 29; 3:6, 13, 22).

En otras palabras: «¡Escuchen! Tengo que decirles algo que es importante». La profecía posee instrucciones prácticas para cada cristiano, cada día.

En su libro *Las noticias mundiales y la profecía bíblica*, el académico profético, Charles Dyer, nos recuerda que «Dios dio la profecía para cambiar nuestro corazón, no para llenar nuestra cabeza con conocimiento. Dios nunca predijo acontecimientos futuros solo para satisfacer nuestra curiosidad sobre lo que vendría. En las predicciones incluye usos prácticos para la vida. Los pronunciamientos de Dios acerca del futuro van cargados de consejos explícitos para el "aquí y ahora"».[6]

No se trataría de una exageración decir que la profecía bíblica es la que impulsa al evangelismo y la vida en rectitud. Saber lo que viene nos anima a centrarnos en el ministerio, a alcanzar a los perdidos.

Y no solo eso, sino que al vivir con una consciencia del regreso inminente de Cristo aumenta nuestro deseo de compartir el evangelio. La profecía eleva nuestra perspectiva y llena de vida nuestro caminar con el Señor. Dios nos dio la profecía para ayudarnos a prever lo que viene y para equiparnos para vivir en el mundo del fin.

LA PROFECÍA PROMETE BENDICIÓN ESPIRITUAL

¿Sabía que el libro de Apocalipsis es el único libro de la Biblia que promete una recompensa a sus lectores? Esta promesa la encuentra, no una vez, sino dos:

- «Bienaventurado el que lee y los que oyen las palabras de la profecía y guardan las cosas que están escritas en ella, porque el tiempo está cerca» (1:3).
- «Bienaventurado el que guarda las palabras de la profecía de este libro» (22:7).

La Biblia forma un manual que nos enseña la secuencia de los acontecimientos que encaminan el regreso de Jesucristo. La profecía bíblica puede parecer compleja, pero no tiene que ser confusa si comprendemos lo que significan las profecías de las escrituras para nuestra vida, aquí y ahora.

John O'Neill trabajó por años como un especialista contra el terrorismo para la oficina del FBI. Investigó muchos ataques terroristas, inclusive un ataque de 1993 contra el *World Trade Center* y varios bombardeos en todo el Oriente Medio.

A finales de la década de los años 90, O'Neill manifestó serias preocupaciones por la creciente amenaza de Al Qaeda como una organización y de Osama bin Laden como su líder. O'Neill incluso impidió un ataque de Al Qaeda contra el aeropuerto internacional de Los Ángeles en el año 2000.

O'Neill hizo ver la profunda preocupación que sentía a los funcionarios estadounidenses. Incluso le dijo a la *Associated Press* en 1997 que «muchos de estos grupos ahora tienen la capacidad y la infraestructura de apoyo en los Estados Unidos para atacarnos si desean hacerlo».

Lamentablemente, escucharon sus advertencias, pero no las acataron. Después de su jubilación en agosto de 2001, O'Neill aceptó otro puesto como jefe de seguridad del *World Trade Center*. Murió mientras trataba de ayudar en la evacuación de personas de la torre sur en los ataques del 11 de septiembre.[7]

La lección que aprendemos de esta historia es que las advertencias son útiles únicamente cuando actuamos al respecto. Saber lo que viene nos beneficiaría únicamente cuando lo estudiamos y permitimos que influya en nuestras decisiones presentes.

Que ese sea su caso y el mío. No permitamos abandonar el regalo increíble que hemos recibido por medio de los pasajes proféticos de la palabra de Dios.

En especial, que nunca hagamos de lado la lección fundamental del Rapto: ¡Cristo viene pronto! En la casa de nuestro amo somos siervos encomendados con una obra decisiva. Somos como esos jóvenes que están a la espera del maravilloso esposo y su séquito celestial y cuando Él venga, ¿nos encontrará viviendo como insensatos o prudentes?

El Rapto es una advertencia y una promesa: una amonestación y una bendición. Cada aliento que toma le acerca más a la voz de mando, la voz de arcángel y la trompeta de Dios.

¡El que tenga oídos, que oiga!

¿YA ESTÁ LISTO PARA EL RAPTO?

Después de escribir el último párrafo de este libro y soltar mi pluma, por así decirlo, tuve una sensación inquietante de que algo más faltaba, de que faltaba una media página.

Precisamente para usted, a nivel personal. Una palabra final acerca de recibir a Cristo como su salvador personal y su señor, así como estar realmente preparado para el Rapto. Me dará un inmenso gozo saber que no solo ha escuchado el evangelio, sino que mientras leía este libro, también lo recibió.

También me gustaría saber de usted si necesita ayuda para hacer su compromiso a Jesús.

Esta es una forma fácil de contactarse sobre su decisión o sus preguntas. Le invito a que explore el sitio DavidJeremiah.org/Knowing-God. Hemos diseñado una sección especial que le ofrecerá una gran cantidad de recursos útiles para conocer a Dios y unirse a su misión en el mundo.

Alrededor del mundo, a veces los amigos toman caminos diferentes y dicen: «si no vuelvo a verte en la tierra, ¡te veré en el cielo!».

Ahora usted y yo tomamos caminos diferente y le puedo decir: «¡Le veré en el Rapto!».

¡Dios le bendiga!

NOTAS

INTRODUCCIÓN

1. Erin A. Smith, «The Late Great Planet Earth Made the Apocalypse a Popular Concern,» HUMANITIES 38, no. 1 (invierno de 2017), https://www.neh.gov/humanities/2017/winter/feature/the-late-great-planet-earth-made-the-apocalypse-popular-concern.
2. Mark Hitchcock, *Could the Rapture Happen Today*? (Sisters, OR: Multnomah, 2005), 8.

CAPÍTULO 1

1. «Disappearance of Marvin Clark,» Wikipedia, accesado el 25 de mayo de 2023, https:// en.wikipedia.org/wiki/Disappearance_of_Marvin_Clark.
2. Tyler Hooper, «B.C.'s Granger Taylor Left a Note Saying He Was Boarding an Alien Spaceship—Then He Disappeared,» CBC Docs POV, accesado 1 de mayo de 2023, https://www.cbc.ca/cbcdocspov/features/bcs-granger-taylor-left-a-note-saying-he-was-boarding-an-alien-spaceship
3. Tim LaHaye, The Rapture (Eugene, OR: Harvest House Publishers, 2003), 39.

CAPÍTULO 2

1. «Paul McCartney,» Empire, accesado el 30 de marzo de 2023, https://www.empireonline.com/people/paul-mccartney/.
2. Peter Ames Carlin, Paul McCartney: A Life (New York: Simon & Schuster, 2009), 306. Vea también Hannah Wigandt, «Paul McCartney Said the Lyrics of a "Flaming Pie" Track Are Similar to the Beatles' "It Won't Be Long,"» Showbiz CheatSheet, 7 de febrero de 2023, https://www.cheatsheet.com/entertainment/paul-mccartney-said-lyrics-flaming-pie-track-similar-the-beatles-wont-long.html/

3. John F. Walvoord, End Times: Understanding Today's World Events in Biblical Prophecy, ed. Charles Swindoll (Nashville, TN: Word Publishing, 1998), 17.
4. Mark Hitchcock, Could the Rapture Happen Today? (Sisters, OR: Multnomah, 2005), 45.
5. Van Ho, Too Young to Escape (Toronto: Pajama Press, 2018), 127

CAPÍTULO 3

1. Winston Churchill, «Blood, Toil, Tears and Sweat,» International Churchill Society, accesado EL 21 de abril de 2023, https://winstonchurchill.org/resources/speeches/1940-the-finest-hour/blood-toil-tears-sweat/.
2. Churchill, «Blood, Toil, Tears, and Sweat.»
3. Big Wisdom (Little Book): 1,001 Proverbs, Adages, and Precepts to Help You Live a Better Life (Nashville, TN: W Publishing Group, 2005), 209.
4. Danielle Johnson, «Grab the Tissues: Watch Volusia Child's Surprise Homecoming with Brother in Military,» Daytona Beach News-Journal, 21 de diciembre de 2022, https://www.news-journalonline.com/story/news/good-news/2022/12/21/port-orange-student-gets-surprise-military-homecoming-from-brother/69740687007/

CAPÍTULO 4

1. Cnaan Liphshiz, «Dutch Christian Boatmaker Aims to Sail His Exact Replica of Noah's Ark to Israel,» Times of Israel, 24 de noviembre de 2018, https://www.timesofisrael.com/dutch-christian-boatmaker-to-sail-his-life-size-replica-of-noahs-ark-to-israel/.
2. Katherine Weber, «Billy Graham: "The Days of Noah" Are Returning to Earth,» Christian Post, 1 de junio de 2016, https://www.christianpost.com/news/billy-graham-the-days-of-noah-are-returning-to-earth.html.
3. Jeff Kinley, As It Was in the Days of Noah (Eugene, OR: Harvest House Publishers, 2014), 7–8.
4. Kinley, As It Was in the Days of Noah, 67.
5. Randi Minetor, Death in Glacier National Park (Lanham, MD: Rowman & Littlefield, 2016), loc. 719–36, Kindle.
6. Minetor, Death in Glacier National Park, Kindle location 833.
7. «Pornography Industry Statistics and Trends in 2023,» Gitnux, 24 de marzo de 2023, https://blog.gitnux.com/pornography-industry-statistics/.
8. W. A. Criswell, The Gospel According to Moses (Nashville, TN: Broadman Press, 1950), 19.
9. Carla, «Man Dreams of Finding Jesus Behind a Door,» Team Expansion, January 31, 2018, https://teamexpansion.org/man-dreams-finding-jesus-behind-door/.

CAPÍTULO 5

1. Mandalit Del Barco, «On "Fanfare for the Common Man," an Anthem for the American Century,» NPR, July 19, 2018, https://www.npr.org/2018/07/19/629875534/on-fanfare-for-the-common-man-an-anthem-for-the-american-century.
2. «Aaron Copland, Fanfare for the Common Man,» Kennedy Center, accesado el 20 de marzo de 2023, https://www.kennedy-center.org/education/resources-for-educators/classroom-resources/media-and-interactives/media/music/aaron-copland--fanfare-for-the-common-man/.
3. «Aaron Copland, Fanfare for the Common Man».
4. Arnold G. Fruchtenbaum, *The Footsteps of the Messiah: A Study of the Sequence of Prophetic Events* (San Antonio, TX: Ariel Press, 2004), 144
5. Fruchtenbaum, *The Footsteps of the Messiah.*
6. Fruchtenbaum, *The Footsteps of the Messiah.*
7. «Are the Sky Trumpets People Have Been Reporting Signs of the End Times?» Got Questions Ministries, accesado el 29 de marzo de 2023, https://www.gotquestions.org/sky-trumpets.html.
8. Jessica Foley, «Kingston Residents Attempt to Explain Mysterious Early Morning Sounds,» Kingstonist, January 17, 2023, https://www.kingstonist.com/news/kingston-residents-attempt-to-explain-mysterious-early-morning-sounds/
9. «Keep Hearing Weird Trumpet-Like Sound from Sky. West End of Kingston,» Reddit, January 17, 2023, https://www.reddit.com/r/KingstonOntario/comments/10e7aul/keep_hearing_weird_trumpet_like_sound_from_sky/.
10. John F. Walvoord, End Times: *Understanding Today's World Events in Biblical Prophecy*, ed. Charles Swindoll (Nashville, TN: Word Publishing, 1998), 28–29
11. Roy B. Zuck, The Speaker's Quote Book (Grand Rapids, MI: Kregel Publications, 2009).

CAPÍTULO 6

1. «The Lord of the Rings, the Journey Doesn't End Here,» TheLotrTV, February 24, 2015, YouTube video, https://www.youtube.com/watch?v=O_FmqI7QKck.
2. David Jeremiah, *What Are You Afraid Of?* (Carol Stream, IL: Tyndale House Publishers, 2013), 228.
3. Jeremiah, *What Are You Afraid Of?*, 234.
4. Robert J. Morgan, *The Lord Is My Shepherd* (New York: Howard Books, 2013), 116–17.
5. James M. Campbell, *Heaven Opened: A Book of Comfort and Hope* (New York: Revell, 1924), 178.

6. Michael P. Green, ed., *Illustrations for Biblical Preaching* (Grand Rapids, MI: Baker Book House, 1989), 91.
7. Peter J. Marshall, ed., *The Wartime Sermons of Dr. Peter Marshall* (Tulsa, OK: CrossStaff Publishing, 2005).

CAPÍTULO 7

1. Robert Krulwich, «Are Butterflies Two Different Animals in One? The Death and Resurrection Theory,» NPR, August 1, 2012, https://www.npr.org/sections/krulwich/2012/08/01/157718428/are-butterflies-two-different-animals-in-one-the-death-and-resurrection-theory.
2. W. E. Vine and Terry Kulakowski, *Vine's Expository Dictionary of New Testament Words* (Grand Rapids, MI: Reformed Church Publications, 2015), 66.
3. Arnold G. Fruchtenbaum, *The Footsteps of the Messiah: A Study of the Sequence of Prophetic Events* (San Antonio, TX: Ariel Press, 2008), 144.
4. J. Vernon McGee, *First and Second Thessalonians* (Nashville, TN: Thomas Nelson Publishers, 1991), 78.
5. William Barclay, *At the Last Trumpet* (Louisville, KY: Presbyterian Publishing Company, 1998), 62.
6. A. T. Pierson, *The Gospel,* vol. 3 (Grand Rapids, MI: Baker Book House, 1978), 136.
7. Adapted from Philip Yancey, «What's a Heaven For?,» *Christianity Today*, 26 de octubre de 1998, www.christianitytoday.com/ct/1998/october26/8tc104.html.
8. Hank Hanegraaff's Resurrection: The Capstone in the Arch of Christianity (Nashville, TN: Thomas Nelson, 2000), xi–xii.

CAPÍTULO 8

1. Agatha Christie, *An Autobiography* (New York: HarperCollins, 2010), Kindle.
2. Arnold G. Fruchtenbaum, *The Footsteps of the Messiah: A Study of the Sequence of Prophetic Events*, reversículo ed. (San Antonio, TX: Ariel Ministries, 2010), 651.
3. Gretty Garcia, «There's a Secret Royal Letter from Queen Elizabeth II That Can't Be Opened Until 2085,» Good Housekeeping, September 20, 2022, https://www.goodhousekeeping.com/life/entertainment/a41295930/queen-elizabeth-secret-letter-2085/.

CAPÍTULO 9

1. Vanessa Barford and Lucy Townsend, «Eugen Sandow: The Man with the Perfect Body,» BBC News, October 19, 2012, https://www.bbc.com/news/magazine-19977415.
2. Matthew Henry, Matthew Henry's Commentary on the Whole Bible (Complete), Bible Study Tools, accesado el 4 de abril de 2023, https://www

.biblestudytools.com /commentaries/matthew-henry-complete /1-corinthians/15.html.

3. «The State Funeral of Her Majesty Queen Elizabeth II,» Westminster Abbey, accesado el 26 de mayo de 2023, https://www.westminster-abbey.org /media/15467 /order-of-service-the-state-funeral-of-her-majesty-queen-elizabeth-ii.pdf.

CAPÍTULO 10

1. Sylvia Wrigley, *Without a Trace* (EQP Books, 2019); M. S. Morgan, *Foxtrot 94: Tragic Accident or UFO Conspiracy?* (self-pub., 2022); «William Schaffner,» Wikipedia, accesado el 4 de abril de 2023, https://en.wikipedia.org/wiki /William_Schaffner.
2. Mark Hitchcock, *The End: A Complete Overview of Bible Prophecy and the End of Days* (Carol Stream, IL: Tyndale House Publishers, 2012), 29–30.
3. Tim LaHaye, *No Fear of the Storm: Why Christians Will Escape All the Tribulation* (Sisters, OR: Multnomah Press, 1992), 35.
4. Hal Lindsey, *The Late Great Planet Earth* (Grand Rapids, MI: Zondervan, 1970).
5. «Longest Domino Wall,» Guinness World Records, accesado el 26 de mayo de 2023, https://www.guinnessworldrecords.com/world-records/longest-domino -wall#:~:text=The%20longest%20domino%20wall%20is,USA%2C%20on %202%20April%202022.
6. Harold Wilmington, *The King Is Coming* (Carol Stream, IL: Tyndale House Publishers, 1981), 8.

CAPÍTULO 11

1. Leví es otra posibilidad si revisamos Malaquías 2:6–7.
2. C. S. Lewis, *The World's Last Night* (New York: HarperOne, 2017), loc. 1239, 1258, Kindle.
3. Jo Woolf, «Shackleton and the Men on Elephant Island: A brotherhood of the Sea,» Royal Scottish Geographical Society, accesado el 25 de mayo de 2023, https:// www.rsgs.org/blog/shackleton-and-the-men-on-elephant-island-a -brotherhood-of-the-sea.
4. «Ernest Shackleton,» National Library of Scotland, accesado el 25 de mayo de, 2023, https://www.nls.uk/learning-zone/geography-and-exploration /shackleton-and-wordie/ernest-shackleton/.

CAPÍTULO 12

1. Cody Taylor, «Pistons' Dwane Casey Explains Passport Situation with Jalen Duren,» Rookie Wire, January 19, 2023, https://therookiewire.usatoday.com /2023/01/19/pistons-dwane-casey-jalen-duren-paris-passport/

2. Michael Foust, «Did Billy Graham Say People "Born Christian"?» Baptist Press, February 2, 2011, https://www.baptistpress.com/resource-library/news/did-billy-graham-say-people-born-christian.
3. «Knott's Berry Farm Ride Stuck 148 Feet in Air; 21 Riders Rescued,» ABC7 Eyewitness News, December 31, 2016, https://abc7.com/knotts-berry-farm-ride-stuck-sky-cabin-rescue/1679992.

CAPÍTULO 13

1. Ada Calhoun, «"It Could Be Huge: It Could Be a Nightmare": Attempting the Largest Family Reunion in the World,» Guardian, March 17, 2018, https://www.theguardian.com/lifeandstyle/2018/mar/17/huge-nightmare-biggest-family-reunion-world-record-attempt.
2. «Lilly Family Reunion,» accesado el 3 de abril de 2023, https://lillyreunion.org/.

CAPÍTULO 14

1. Charles Haddon Spurgeon, «Watching for Christ's Coming,» Spurgeon Gems, accesado el 26 de junio de 2023, http://www.spurgeongems.org/vols37-39/chs2302.pdf.
2. Wayne Grudem, Systematic Theology (Grand Rapids, MI: Zondervan, 1994), 1093.
3. John F. Walvoord, End Times: *Understanding Today's World Events in Biblical Prophecy*, ed. Charles R. Swindoll (Nashville, TN: Word Publishing, 1998), 38.
4. Renald Showers, *Maranatha: Our Lord, Come!: A Definitive Study of the Rapture of the Church* (Belmawr, NJ: Friends of Israel Ministry, 1995), 148.
5. Ruthanna Metzgar, «It's Not in the Book!,» Eternal Perspective Ministries, March 29, 2010, https://www.epm.org/resources/2010/Mar/29/Its-Not-in-the-Book/.

CAPÍTULO 15

1. Genny Glassman, «TikTok Mom Sobs After Seeing What Her Son Packed for His Trip to "Heaven" to Visit His Dad,» Café Mom, February 3, 2022, https://cafemom.com/parenting/tiktok-son-packed-for-his-trip-to-heaven.
2. John MacArthur, *Safe in the Arms of God* (Nashville, TN: Thomas Nelson, 2003), 81.
3. Quoted by Woodrow Kroll, «Is My Child in Heaven?» (Lincoln, NE: Back to the Bible, 1996)

CAPÍTULO 16

1. Tim McGraw, vocalist, «Live Like You Were Dying,» words and music by James Timothy Nichols and Craig Michael Wiseman, track five on Tim McGraw, *Live Like You Were Dying*, Curb Records, 2004.

2. «Dying Professor's Lecture of a Lifetime,» ABC News, accesado el 20 de abril de 2023, https://abcnews.go.com/GMA/story?id=3633945&page=1.
3. Vance Havner, *In Times like These* (Old Tappan, NJ: Fleming H. Revell Company, 1969), 29.
4. Charles Haddon Spurgeon, «Wake Up! Wake Up!,» in *The Metropolitan Tabernacle Pulpit: Sermons Preached and Revised* (London: Passimore & Alabaster, 1879), 657.
5. Ray Stedman, *Expository Studies in Romans 9–16: From Guilt to Glory*, vol. 2 (Waco, TX: Word, 1978), 136.
6. Quoted in Leon Morris, *The Epistle to the Romans* (Grand Rapids, MI: William Eerdmans Publishing Company, 1988), 474.
7. *Saving Private Ryan*, directed by Steven Spielberg, written by Robert Rodat, featuring Tom Hanks and Matt Damon (Universal City, CA: Dreamworks, 1998).

CAPÍTULO 17

1. Charles G. Davis, «Heaven, Texas,» Texas State Historical Association, January 1, 1995, https://www.tshaonline.org/handbook/entries/heaven-tx.
2. Lauren Sloss, «National Park Booking App Leaves Users Feeling Lost in the Woods,» *New York Times*, July 29, 2022, https://www.nytimes.com /2022/07/29/travel/nps-recreation-goversículohtml.

CAPÍTULO 18

1. Deyan Georgiev, «How Much Time Does the Average American Spend on Their Phone in 2023?,» *Techjury* (blog), actualizado el 23 de junio de 2023, https:// techjury.net/blog/how-much-time-does-the-average-american-spend-on -their-phone/#gref.
2. Lonnie Lee Hood, «Hong Kong Puts Street Lights on the Ground Because People Won't Stop Looking at Their Phones,» The_Byte, August 24, 2022, https://futurism.com/the-byte/hong-kong-street-lights-phones.
3. Christina Hodgson, «Pedestrians Can Face Huge Fines for Distracted Walking in Spain,» *Olive Press*, 13 de mayo de 2023, https://www.theolivepress.es /spain-news/2023/05/13/pedestrians-can-face-huge-fines-for-distracted -walking-in-spain/.
4. Joan Lowy, «Distracted Walking: Smartphone Wielding Pedestrians Stumble into Danger,» *Christian Science Monitor*, July 30, 2012, https://www .csmonitor.com/USA/Latest-News-Wires/2012/0730/Distracted-walking -Smartphone-wielding-pedestrians-stumble-into-danger.
5. Randy Alcorn, *Heaven* (Carol Stream, IL: Tyndale House Publishers, 2004, 455).

6. C. S. Lewis, *The Complete C. S. Lewis Signature Classics* (New York: HarperOne, 2002), 114.
7. C. S. Lewis, *Mere Christianity* (San Francisco, CA: HarperSanFrancisco, 2001), 134–35.

CAPÍTULO 19

1. Neil MacFarquhar and Andrew E. Kramer, «Russians Pound Ukrainian Cities, As Biden Rallies Anti-Kremlin Alliance,» *New York Times*, 21 de marzo de 2022, https://www.nytimes.com/2022/03/21/world/europe/kyiv-mariupol-bombed.html.
2. MacFarquhar and Kramer, «Russians Pound Ukrainian Cities.»
3. MacFarquhar and Kramer, «Russians Pound Ukrainian Cities.»
4. A. T. Robertson, *Word Pictures in the New Testament*, s.versículo «Matthew 13:21,» Christian Classics Ethereal Library, accesado 6 de junio de 2016, https://ccel.org /ccel/robertson_at/word/word.
5. J. Dwight Pentecost, quoted in Mark Hitchcock, *The End: A Complete Overview of Bible Prophecy and the End of Days* (Carol Stream, IL: Tyndale House, 2012), 235.
6. N. T. Wright, quoted in «The Necessity of God's Wrath,» *Preaching Today*, accesado 13 de junio de 2016, http://www.preachingtoday.com/illustrations/2009/september/6092809.html.
7. Billy Graham, «10 Quotes from Billy Graham on the End Times,» Billy Graham Library, April 8, 2021, https://billygrahamlibrary.org/blog-10-quotes-from-billy-graham-on-end-times/.

CAPÍTULO 20

1. Rachel Lang, «Teen Shares Tearful Goodbye Video Before Pulled Out Alive from Turkey Earthquake Rubble,» UNILAD, February 19, 2023, https://www.unilad.com/news/teen-shares-last-words-on-social-media-before-rescue-turkey-earthquake-411808-20230219.
2. Timothy J. Demy and John C. Whitcomb, «Witnesses Two,» in *The Popular Encyclopedia of Bible Prophecy*, eds. Tim LaHaye and Ed Hindson (Eugene, OR: Harvest House, 2004), 402–3.
3. William R. Newell, Revelation: *Chapter by Chapter* (Chicago: Moody Press, 1935), 152.
4. Henry M. Morris, *The Revelation Record* (Carol Stream, IL: Tyndale House Publishers, 1983), 119.
5. Tim Chester, *The Ordinary Hero* (Nottingham, England: Intervarsity Press, 2009), 207.
6. Paul W. Powell, *The Night Cometh* (Tyler, TX: Paul W. Powell, 2002), 9

CAPÍTULO 21

1. Frank Hoogerbeets, FrankHoogerbeets.com, accesado el 12 de junio de 2023.
2. Patrick Walsh, «Fishermen Fear Imminent Earthquake After Catching Rare Oarfish,» MSN, November 2, 2022, https://www.msn.com/en-us/news/world/fishermen-fear-imminent-earthquake-after-catching-rare-oarfish/arAA13F6s4?li=BBnb7Kz.
3. «Frequently Asked Questions,» United States Geological Survey, accesado 12 de junio de 2023, https://www.usgs.gov/faqs/can-you-predict-earthquakes.
4. Renald Showers, *Maranatha: Our Lord, Come!: A Definitive Study of the Rapture of the Church* (Bellmawr, NJ: Friends of Israel Ministry, 1995), 127.
5. A. T. Pierson, «Our Lord's Second Coming, a Motive to World Wide Evangelism,» in *Prophetic Studies of the International Prophetic Conference*, Chicago, November 1886, ed. George Carter Needham (Chicago: Fleming H. Revell, 1886), 27.
6. Wayne A. Brindle, «Biblical Evidence for the Imminence of the Rapture,» *Bibliotheca Sacra* 158 (April–June 2001): 138–51.
7. John MacArthur, *The Second Coming* (Wheaton, IL: Crossway, 1999), 52.
8. Robert L. Thomas, «The Rapture and the Biblical Teaching of Imminency,» *Evidence for the Rapture: A Biblical Case for Pretribulationism*, ed. John. F. Hart (Chicago: Moody Publishers, 2015), 27.
9. «Taiwan Must Be Ready for a Chinese Invasion "At Any Time," Experts Say,» *Radio Free Asia*, 3 de noviembre de 2022, https://www.rfa.org/english/news/southchinasea/taiwan-invasion-readiness-11032022034156.html.

CAPÍTULO 22

1. Mike M. Ahlers and Lizzie O'Leary, «Broken Toilets Strand United Passengers in Alaska,» CNN, March 21, 2012, https://www.cnn.com/2012/03/21/travel/alaska-passengers-stranded/index.html.
2. Douglas J. Moo, The NIV Application Commentary 2 Peter, Jude (Grand Rapids, MI: Zondervan, 1996), 260.
3. John Piper, quoted by Chris Mueller, «Why Is Christ Taking So Long to Return?,» Media Library, accesado el 10 de mayo de 2023, https://media.faith-bible.net/scripture/2-peter/why-is-christ-taking-so-long-to-return.
4. James Shaddix, *Exalting Jesus in 2 Peter*, Jude (Nashville, TN: B&H Publishing Group, 2018), 121.
5. Sam Storms, «The Christian and Repentance,» The Gospel Coalition, accesado el 29 de mayo de 2023, https://www.thegospelcoalition.org/essay/the-christian-and-repentance/.
6. Elizabeth Wolfe and Saeed Ahmed, «Greyhound Is Giving Free Tickets to Runaways Who Want to Return Home,» CNN, December 31, 2019, https://

www.cnn.com/2019/12/31/us/greyhound-runaway-kids-home-free-ticket-trnd/index.html.

CAPÍTULO 23

1. Based on multiple news reports the week of April 27, 2023.
2. Bodie Hodge, «Methuselah: When Did He Die?,» Answers in Genesis, July 30, 2010, https://answersingenesis.org/bible-timeline/genealogy/when-did-methuselah-die/.
3. W. A. Criswell, «God's Churches and the Great Tribulation,» W. A. Criswell Sermon Library, accesado el 25 de junio de 2023, https://wacriswell.com/sermons/1961/god-s-churches-and-the-great-tribulation/.
4. Debra B. Morton, *Beyond the Storm: How to Thrive in Life's Toughest Seasons* (Nashville, TN: Nelson Books, 2019), 24–25.

CAPÍTULO 24

1. «John Cena Sets Record for Most Wishes Granted Through Make-A-Wish Foundation,» *MovieGuide*, 30 de septiembre de 2022, https://www.movieguide.org/news-articles/john-cena-sets-record-for-most-wishes-granted-through-make-a-wish-foundation.html.
2. Andrew M. Woods, «John and the Rapture: Revelation 2–3,» in Evidence for the Rapture: *A Biblical Case for Pretribulationism*, ed. John F. Hart (Chicago: Moody Publishers, 2015), 196.
3. Michael A. Rydelnik, «Israel: Why the Church Must Be Raptured Before the Tribulation,» in Hart, *Evidence for the Rapture*, 264.
4. Charles Ryrie, *Come Quickly, Lord Jesus: What You Need to Know About the Rapture* (Eugene, OR: Harvest House Publishing, 1996), 130–31.
5. Ryrie, *Come Quickly, Lord Jesus*, 137–38.
6. Arnold G. Fruchtenbaum, *The Footsteps of the Messiah: A Study of the Sequence of Prophetic Events* (Tustin, CA: Ariel Ministries, 2003), 153.
7. *Our Hope Magazine*, August 1950, 86.
8. Ryrie, *Come Quickly, Lord Jesus*, 137.
9. Gerald B. Stanton, *Kept from the Hour* (Miami Springs, FL: Schoettle Publishing, 1991), 44–45.
10. John F. Walvoord, *The Thessalonian Epistles* (Grand Rapids, MI: Zondervan, 1974), 54.
11. Val Lauder, «Remember "The Great Raid" of 1945,» CNN, January 29, 2015, https://edition.cnn.com/2015/01/29/opinion/lauder-great-raid-cabanatuan-pow-camp-1945/index.html

CAPÍTULO 25

1. Arthur Conan Doyle, *The Memoirs of Sherlock Holmes*, vol. 1 (Leipzig: Bernhard Tauchnitz, 1894), 50, 58.
2. J. F. Strombeck, *First the Rapture: The Church's Blessed Hope* (Grand Rapids, MI: Kregel, 1992), 185–86.
3. Tim LaHaye, *No Fear of the Storm* (Sisters, OR: Multnomah Press, 1992), 45–46.
4. Richard Mayhue, «*Why a Pretribulation Rapture?*,» in *Christ's Prophetic Plans: A Futuristic Premillennial Primer,* ed. John MacArthur and Richard Mayhue (Chicago: Moody Publishers, 2012), 89.
5. Mayhue, «Why a Pretribulation Rapture?,» 91.
6. Mark Hitchcock, *The End: A Complete Overview of Bible Prophecy and the End of Days* (Carol Stream, IL: Tyndale House Publishers, 2012), 154–55.
7. J. F. Strombeck, *First the Rapture: The Church's Blessed Hope* (Grand Rapids, MI: Kregel, 1992), 133.
8. LaHaye, *No Fear of the Storm*, 57.
9. Steven Greenhut, «Your Silence May Be Admission of Guilt,» *San Diego Union Tribune*, 18 de agosto de 2014, https://www.sandiegouniontribune.com /news/politics/sdut-suspect-silence-admission-guilt-california-court -2014aug18-story.html.

CAPÍTULO 26

1. Robin Lloyd, «Metric Mishap Caused Loss of NASA Orbiter,» CNN, September 30, 1999, http://www.cnn.com/TECH/space/9909/30/mars .metric.02/.
2. Vance Havner, «Second Coming of Christ—Quotes, Devotionals & Illustrations,» Precept Austin, accesado el 7 de junio de 2023, https://www .preceptaustin.org/second_coming_of_christ.

CAPÍTULO 27

1. Carla Field, «Greenville Traffic Sign Warns of Zombies,» NBC News WYFF, May 7, 2018, https://www.wyff4.com/article/greenville-traffic-sign-warns-of -zombies/20257749#.
2. Mark Hitchcock, *The End: A Complete Overview of Bible Prophecy and the End of Days* (Carol Stream, IL: Tyndale House Publishers, 2012), 109.
3. Wayne Grudem, *Bible Doctrine: Essential Teachings of the Christian Faith* (Grand Rapids, MI: Zondervan, 2014), 427.
4. John M. Frame, *Systematic Theology: An Introduction to Christian Belief* (Phillipsburg, NJ: P&R Publishing, 2013), 1094.
5. Paul N. Benware, «Introduction: The Critical Importance of Bible Prophecy,» in *Understanding the End Times* (Chicago: Moody Publishers, 2006).

CAPÍTULO 28

1. Jenna Rose Alpern, «A Rental Contract for the End of Days,» *Times of Israel*, February 10, 2014, https://blogs.timesofisrael.com/only-in-israel/.
2. Lehman Strauss, «Bible Prophecy,» Bible.org, accesado el 27 de noviembre, 2007, http:/www.bible.org.phph.page_id=412.
3. John F. Walvoord, *End Times* (Nashville, TN: Word Publishing, 2002), 89.
4. Tim LaHaye, *No Fear of the Storm: Why Christians Will Escape All the Tribulation* (Sisters, OR: Multnomah Press, 1992), 79.
5. Maria Wulff Hauglann, «The Amazing and True Story of Hachiko the Dog,» Nerd Nomads, May 4, 2021, https://nerdnomads.com/hachiko_the_dog.

CAPÍTULO 29

1. Tim LaHaye, *The Rapture* (Eugene, OR: Harvest House Publishing, 1998), 143.
2. N. T. Wright, *Surprised by Hope* (New York: HarperCollins, 2008), 137.
3. James M. Kushner, «Onward Christian Soldiers,» Fellowship of St. James, accesado el 18 de abril de 2023, http://campaign.120.constantcontact.com/render?ca=fa215191-1d64-43db-8712-3e2c19d76878cc=a9340410-417c.

CAPÍTULO 30

1. Belinda Luscombe, *Marriageology: The Art and Science of Staying Together* (New York: Random House, 2019), 90.
2. Richard Baxter, quoted in Bryan Chapell, *The Wonder of It All: Rediscovering the Treasure of Your Faith* (Wheaton, IL: Crossway Books, 1999), 189.
3. Benjamin Fay Mills, «The After-Meeting: Drawing the Net,» Independent 47, no. 2425 (May 23, 1895): 2.

CAPÍTULO 31

1. «Book of Prophecy,» Babylon Bee, accesado el 29 de mayo de 2023, https://babylonbee.com/book-of-prophecy.
2. Kassy Dillon, «When Satire Becomes Reality: Nearly 100 Babylon Bee Joke Stories Have Come True,» Fox News, 26 de marzo de 2023, https://www.foxnews.com/entertainment/satire-reality-nearly-100-babylon-bee-joke-stories-come-true.
3. John F. Walvoord and Mark Hitchcock, *Armageddon, Oil, and Terror* (Carol Stream, IL: Tyndale House Publishers, 2007), 1–2.
4. Richard Mayhue, «Introduction: Why Study Prophecy?,» in *Christ's Prophetic Plans: A Futuristic Premillennial Primer* (Chicago: Moody Publishers, 2012), 14.
5. Tim LaHaye, *A Quick Look at the Rapture and the Second Coming* (Eugene, OR: Harvest House Publishers, 2013), 11.

6. Charles Dyer, *World News and Bible Prophecy* (Carol Stream, IL: Tyndale House Publishers, 1995), 270.
7. «John O'Neill's FBI Jacket and Passport Embody His Enduring Fight Against Terrorism,» 9/11 Memorial and Museum, accesado el 5 de mayo de 2023, https://www.911memorial.org/connect/blog/john-oneills-fbi-jacket-and-passport-embody-his-enduring-fight-against-terrorism.

RECONOCIMIENTO

Esta historia tiene su origen en el Dios poderoso y presenta a su hijo, el Señor Jesucristo. David Jeremiah escribió el guion con la ayuda de Rob Morgan y Sam O'Neal. El productor y director es Beau Sager y Katie Long es la ilustradora.

El libro de *La gran desaparición* ha sido publicado por HarperCollins Christian Publishing bajo el sello W Publishing. Mark Schoenwald es el presidente y CEO, mientras que Damon Reiss es el editor.

Turning Point Media se ha encargado de la difusión. David Michael Jeremiah es el presidente, Paul Joiner es el director creativo y BethAnne Hewett es la secretaria ejecutiva.

La representación de David Jeremiah está a cargo de Sealy Yates de Yates and Yates.

ACERCA DEL AUTOR

EL DR. DAVID JEREMIAH es el fundador de *Turning Point*, un ministerio internacional comprometido a proveer a los cristianos enseñanzas bíblicas sólidas mediante la radio, televisión, Internet, eventos en vivo, recursos bibliográficos y libros. Es autor de más de cincuenta libros, incluyendo *Ángeles: Quiénes son y cómo nos ayudan... lo que la Biblia revela.*

El doctor Jeremiah sirve como el pastor general de la iglesia *Shadow Mountain Community* en El Cajón, California. Junto a su esposa, Donna, tienen cuatro hijos y doce nietos.